聖書通読のためのやさしい手引き書

3分間のグッドニュース［預言］

鎌野善三［著］

YOBEL,Inc.

本書の特色と用い方

本書は、著者が牧会していた教会の電話メッセージに手をいれたもので、旧約聖書の「預言書」と言われる部分（イザヤ書からマラキ書まで）を一章ずつ、わかりやすく解説しています。もともとの電話メッセージは、教会員が毎日聖書を一章ずつ読み、その後にこの解説の録音テープ（三分間）を聞くなら、聖書を正しく理解する助けとなると思って始めたものです。その後、聞き逃した教会員からの要望があったので活字にしました。『三分間のグッドニュース』という書名は、ここから生まれたものです。二〇〇一年に、新約聖書全巻を扱ったものを「福音」という副題で出版し、続いて旧約聖書を「律法」「歴史」「詩歌」「預言」の四巻にまとめることができました。

そんな背景のもとにできた書物ですので、幾つかの特色があります。第一に、耳で聞いてわかりやすいようにと、難しいことばをできるだけ用いないようにしました。他の聖書箇所からの引用も最小限にとどめています。第二に、短い時間でその日のテキストの全体をカバーできるように工夫しました。何とか、その章の流れを理解していただきたいと思ったからです。第三に、後半四分の一を、真理を自分にあてはめて考えるためのヒントにしました。そして、各章の最後に、決断を具体的に告白するための祈りの例を挙げています。

初版は『新改訳聖書』第二版に基いて著しましたが、先年、『新改訳２０１７』が出版されたので、この翻訳に準拠して改訂版を書き進めていました。そして、ヨベル社のご助言のもと、装丁も一新して、二〇一九年二月から「歴史」「詩歌」「福音」「律法」の順で出版することができました。ようやくここに、シリーズを完結する「預言」を上梓できることを心から感謝しています。『新改訳２０１７』の預言書の訳文は、以前のものとかなり相違している個所が多く、改訂にはかなり苦労しました。しかし、さまざまな新しい発見があって、楽しい学びの時でした。

旧約聖書は、紀元前二世紀にヘブル語からギリシャ語に翻訳されたとき、現在の順序に配列されるようになりました。「律法」「歴史」「詩歌」の後、最後に置かれたのは「預言」です。ここには、「大預言書」と言われるイザヤ書・エレミヤ書（哀歌も付け加えられる）・エゼキエル書・ダニエル書、そして「小預言書」と言われる十二の書巻が含まれます。「律法」が神と人との正しい関係を教えているとするなら、「歴史」は過去における失敗の記録を、「詩歌」は現在における魂の叫びを、そして「預言」は未来における回復の希望をテーマにしていると言うことができるでしょう。注意していただきたいのは、これらの預言書はすべて、南北両王国が亡国の危機に直面した時代より後に書かれたことです。ここに登場する十六人の預言者はみな共通して、国の危機は自分たちの罪に対する神のさばきであるゆえに悔い改めるべきこと、しかしその後に、神は必ず回復させてくださることを大胆に語っています。どんなに厳しい神のさばきがくだっても、神は決して自分たちを捨てられたのではない、と語る預言者のことばは、亡国・捕囚という苦難の中にあった人々にとって、まさに「グッドニュース」でした。それはまた、現在、様々な試練に苦しむ人々にも、すばらしい「グッドニュース」となるに違いありません。

なお預言は、書かれた当時の時代背景と密接な関係があります。「預言」を読むときには、ぜひ次頁の年表を参考にしてください。そしてすでに学んだ「歴史」の記述を思い出しながら、預言者のことばに耳を傾けてください。繰り返しますが、どんなに多忙でも、本書を読むだけで「デボーション」としないでください。まず聖書そのものを味わい、本書を読んでから、神様に祈ってください。本書はあくまでも、神様と交わるための手引き書です。すでに聖書を何度か読んでいる方から、「この本の説明を読みながら、ある一書を最初から最後まで一気に読み通すと、その書の内容が良く理解できた」というご意見をいただきました。そのような読み方も確かに有益です。

本書でも、各巻のはじめに、その巻の概略を問答形式で説明しています。これは、日本イエス・キリスト教団の機関紙『時報』に連載していただいたものに手を加えました。転載を許可していただき、感謝いたします。

日本イエス・キリスト教団　西宮聖愛教会牧師　鎌野善三

預言者のおよその活動年代			
	南王国の王	北王国の王	預言者
840	アハズヤ、アタルヤ	エフー	**オバデヤ**
820	ヨアシュ	エホアハズ	**ヨエル**
800	アマツヤ	ヨアシュ	
780	ウジヤ	ヤロブアム２世	**ヨナ、アモス**
760		ゼカリヤ、シャルム、メナヘム	**イザヤ、ホセア** ↓
740	ヨタム、アハズ	ペカフヤ、ペカ、ホセア	**ミカ**
720	ヒゼキヤ	北王国滅亡（723/2）	↓
700	マナセ		
680			
660			
640	アモン、ヨシヤ	**ナホム、ゼパニヤ**	
620	エホアハズ、エホヤキム	**エレミヤ、ハバクク** ↓	
600	エホヤキン、ゼデキヤ		**エゼキエル、ダニエル** ↓ ↓
580	南王国滅亡（586）	↓	
560			↓
540	クロス王の帰還命令（538）		↓
520	神殿完成（516/5）	**ハガイ、ゼカリヤ**	
500			
480			
460			
440	ネヘミヤの帰還（445）	**マラキ**	

目次

イザヤ書

イザヤ書　解説

いよいよ、旧約聖書の最終部である「預言書」の通読を始めることになりました。よくがんばってこられましたね。ここで、今までの学びを少し復習しましょう。旧約聖書の最初の五書は「律法」と呼ばれる第一部で、ヨシュア記からエステル記までは第二部の「歴史書」、ヨブ記から雅歌までが第三部で「詩歌」と言われています。律法と歴史書は過去の神の働きに重点を置き、詩歌は現在（書かれた当時）の人間の魂の叫びを記しているとするなら、預言書は未来に向かう神の計画を強調していると言えるでしょう。

しかし聖書に記されている「預言」は、一般によく用いられる「予言」ではありません。未来の出来事を予測して言うのではなく、神の言葉を預かった人物がそれを民に語るのです。過去と現在を導いておられる全能の神の計画に、未来のことが含まれているのは、しごく当然のことでしょう。

ですから、預言書を正しく理解するためには、過去のイスラエルの歴史と、各預言書が書かれた当時の時代背景をしっかり把握しておくことが必要です。これからのイザヤ書も、そういう観点から学んでみたいと思います。

第一問　イザヤはどんな時代に生きていたのですか。

１章１節に「ユダの王ウジヤ、ヨタム、アハズ、ヒゼキヤの時代」と書かれていますが、これは紀元前八世紀頃のことだと思われます。この時代には、北王国は偶像礼拝のゆえに非常に堕落し、南王国も多少良くても、似たような状態でした。その結果、紀元前七二二年、北王国はアッシリア帝国に滅ぼされ、南王国にも危機が迫っていました。

第二問　イザヤはどんな人物だったのでしょうか。

６章からわかるように、彼は祭司であり、王室とも深い関係があったようです。特にヒゼキヤ王は彼を非常に信頼し、アッシリア帝国が攻撃してきたときは、彼に祈ってもらい、その忠告に従いました（37章）。

第三問　イザヤ書の大体の内容を教えてください。

本書は全部で66章ありますが、前半39章までとそれ以降とでは内容がかなり違います。それゆえ、後半部を書いたのは後代の無名の預言者だと推測する学者がいます。さらにまた、56章以降は以上二人とは別の預言者が書いたという研究者もいて、それぞれ「第二イザヤ」とか「第三イザヤ」とかいう名前をつけるのです。

しかし、一人のイザヤが書いたと考えても不思議ではありません。聖書の前半三九巻が旧約で、後半二七巻の新約と内容に違いがあっても、そこには一貫したテーマがあります。

第四問　では、前半の内容はどうまとめられますか。

12章までには、選民である南北両王国の罪が指摘され、そのままでは神のさばきが下ると告知されます。またここには、イザヤの召命の記事や、アハズ王時代の国家的危機の時に与えられたインマヌエル誕生の希望の預言なども含まれています。

13章から23章までは、近隣諸国の罪とそのさばきが宣告されています。アッシリアのみならず、当時はまだ大国ではなかったバビロンの滅びさえも預言されているのです。

その後35章までは、さばきの後の救いが記されています。特に35章は「神は来て、あなたがたを救われる」と将来の救いを明確に宣言します。

36章から39章までは、ヒゼキヤ王時代に、アッシリア軍から奇跡的に守られたことを、歴史的に叙述しています。

第五問　では40章以降の後半部分はどうでしょうか。

「慰めよ、慰めよ、わたしの民を」で始まるこの部分は、まず主の道を用意する者の登場を預言し、また、「主のしもべ」であるキュロスという人物が、バビロンからイスラエルを解放することも預言します。さらに49章以降では、「主のしもべ」というお方は、自ら苦難を背負って人々の罪を贖うという、驚くべき真理が告げられるのです。

そして56章以降は、形式的な礼拝を厳しく批判した後に、エルサレムが回復されて新しい天と地が造られるという、新約聖書最後の書であるヨハネ黙示録に似た内容を明確に書き記しています。

第六問　その説明を聞くと、イエス・キリストの生涯のみならず、聖書全巻がこの一書にみんな含まれているように思われますね。

その通りです。詩篇以外で最長の本書は、「聖書の花」とでも言えるでしょうか。主イエスの生涯を預言する個所が余りにも多いので、「第五福音書」と呼ぶ人もいるほどです。

第七問　本書の中で、現代の私たちに特に重要だと思われる個所を教えてください。

たくさんあるのですが、その一つは6章でしょう。自分の罪を認めた者こそ、主はきよめて尊い働きに用いてくださいます。もう一つは53章です。苦難の中で苦しんでいる兄姉たちよ。苦難の時こそ、この章をじっくり読んでください。

1章

今日から学び始めるイザヤ書は、旧約聖書の三分の一を占める預言書の中で、その位置もその意義も第一番目に来る重要な書です。本書にはイエス・キリストの誕生から昇天までを預言した箇所が幾つもあります。さらに、66章という数は聖書全巻の数と同じですし、旧約三九巻・新約二七巻と二分されるように、イザヤ書も39章でその内容が明確に二分されます。前半はさばきのメッセージが主ですが、後半になると慰めと救いに強調が置かれるようになるのです。

イザヤは紀元前八世紀後半の人でした。当時、強大なアッシリア帝国が北のイスラエル王国、南のユダ王国を脅かしていたにもかかわらず、両国とも真の神を忘れて自分勝手にふるまっていました。イザヤは特に南王国の王と民に対して、その罪を鋭く指摘したのです。今日の1章から、それは始まります。彼らの罪とはどんなものだったのでしょうか。

それは第一に、背きの罪でした。北と南に分裂してはいましたが、どちらもアブラハムの子孫でありダビデの子孫である、神の選びの民です。主が生んで育ててくださった国です。でも彼らは主を捨て、その結果、病と傷とで弱り果ててしまいました。たび重なる敵の侵略で国は荒れ果てていました。以上のことが9節までに述べられています。

第二の罪は、偽善の罪です。そんな中でも、彼らは形だけは神に犠牲を献げ、きよめの集会を開き、祈りを増し加えていました。しかし実際には、やもめやみなしごなどの弱い立場にある人々を苦しめていたのです。

そんな民に主は18節で、「さあ、来たれ。論じ合おう」と訴えられます。「たとえ、あなたがたの罪が緋のように赤くても、雪のように白くなる」と、主の声を聞くならば赦されると宣言されるのです。さらに24節以降では、主ご自身が敵に復讐するばかりか、民の中の金かすなどの不純物を取り除いて、純粋な者にすると約束してくださいます。

現代も、イザヤの時代と似た面があります。政治的にも経済的にも、社会は混乱しています。しかしその背後にあるのは道徳的な混乱です。神に背く者は言うに及ばず、神を信じる者さえも形式的で偽善的な行為をしているのです。今、私たちも主のみ声を聞く必要があるのではないでしょうか。

主よ。信仰が形だけのものとならないよう、私はへり下って主のみ声を聞く者となります。

2章

イザヤ書2章は、4章まで続く「終わりの日」の描写の最初の場面です。これはイザヤがまだ青年だった頃に神から啓示されたものだと推測されています。若い時に世界の終わりを見ていたイザヤは、やはり偉大な人物だったのでしょう。「終わりの日」とか「終末」とか言うと、暗いイメージのみでとらえられやすいのですが、聖書はそんな単純な見方ではなく、次のような二重の意義を教えています。

まず1節から5節までには、終わりの日の平和な世界が述べられています。「主の家の山」とは、文字通りには神殿があるシオンの山、つまりエルサレムを指しているのですが、地理的な場所というよりも、神の臨在のある場所と理解するほうが適切でしょう。終わりの日には、すべての国々の民が神のもとに集い、主の道を歩む決心をするのです。その結果「彼らはその剣を鋤に、その槍を鎌に打ち直す。国は国に向かって剣を上げず、もう戦うことを学ばない」というすばらしい平和が世界に実現します。現代でも、主のことばに従って歩むなら、必ずこのようになるでしょう。

しかし6節以降には、そのように歩まない者に対する、終わりの日の厳しいさばきが宣告されています。神の選民であるはずのイスラエルも、異邦のペリシテと同じように、占いや偶像であふれている。経済力や軍事力に頼っている。それは結局、人間の力を誇ることだ。高くそびえる木々や山々、また堅固な城壁や豪華な船のように高慢になっている人々を、神は厳しくさばかれる。主が立ち上がってさばかれるとき、彼らは主の恐るべき御顔を避けて、岩のほら穴や土の穴に逃げ込む。銀や金で造られた神々を、もぐらやこうもりに投げやる。偶像や、鼻で息をする人間に頼る者は、みなこのように滅ぼされると、イザヤは大胆に預言します。

私たちは、このような「終わりの日」があることを本気で信じているでしょうか。主の道を歩むならばいつか必ず平和が実現するが、自分の力を過信して高慢になるならばいつか必ず滅ぼされるという預言は、イザヤのみならず、聖書全体のメッセージでもあります。「終わりの日」を、恐れをもって迎えるか、それとも喜びをもって待ち望むか。それはあなたが現在、主の道を歩んでいるか否かで決まるのです。

主よ。争いに満ちた今の世界に、真の平和をもたらす終わりの日が来ることを、私は心から待ち望みます。

3章

イザヤ書3章でも、前の章からの「終わりの日」の描写が続きます。前章では終わりの日の平和とさばきが描かれていましたが、この章ではもう二つの状況が述べられます。それらは当時の南ユダ王国の実情と関連していました。

まず前半15節までには、終わりの日の無政府状態が記されています。これは神のさばきでもありました。神はユダの国から支えと頼みになるものをみな除かれるというのです。当時の人々は主なる神に頼ろうとせず、食料、軍隊、裁判官、宗教家、政治家、官僚、まじない師などを頼みとしていました。神はそれらを取り除かれるのみか、気まぐれな若い者を君主とされるのです。あまりの悪政に「だれか他の人を」と願っても、だれも指導者になろうとしません。

そういう状態になったのは、8節に書かれているとおり、ユダの人々がその舌と行いで主に背いたからです。それでも主は彼らに「わが民よ」と呼び掛け、当時の長老たちや君主たちをさばきの座に招き、論争しようとされます。「なぜ、あなたがたは、わが民を砕くのか」と、民を愛されるゆえに、彼らの指導者としての責任を問われるのです。

後半部ではもう一つ、終わりの日の女性の堕落を告発しています。当時、ユダ王国は経済的に豊かだったようで、男性のみならず女性さえも高ぶっていました。頭から足先に至るまで数々の飾りをつけ、また、豪華な服を着ていました。そして色目を使って町を歩いていたのです。

しかし主は、そのようなシオンの娘たちをさばかれます。その頭をかさぶただらけにし、飾り物を取り除き、晴れ着を粗布の腰巻きに変えると宣言されます。また男性を戦いに駆り出し、剣で倒れさせられます。エルサレムは荒廃し、その門はあまりの惨状に悲しみ嘆くというのです。

このような終わりの日を迎えるようになるのは、1章に記されていたユダの国の罪のゆえでした。イザヤはすき好んでこのような悲惨な終わりの日を預言したのではありません。罪を悔い改めねばこのようになるのだ、と警告していたのです。これが預言者の使命でした。そしてイザヤは、現在の私たちにも警告しています。今の日本も同じような状態です。まず私たちが悔い改めねばならないでしょう。

主よ。あなたにそむき、自分勝手に生きている祖国日本の罪を赦してください。この国をあわれんでください。

4章

イザヤ書4章は、2章から始まった終わりの日のできごとを記す最後の章です。すでに終わりの日の平和とさばき、また、終わりの日の無政府状態とが描かれていましたが、4章ではもう二つのことが描かれています。

一つは1節に述べられている結婚の悲劇で、これは前章の女性の堕落に続く内容です。どんなに美しく外見を飾ったとしても、戦争でアッという間にその飾りは失われ、そればかりか男性が多く戦死するので結婚さえもできなくなります。そして七人の女性が一人の男性に結婚を申し込み、「自分で食物も着物も用意しますから、ただあなたの名前で呼ばれるようにしてください。結婚できなければ、皆から恥辱を受けますから」と哀願するのです。

それと対照的に、2節以降には終わりの日の希望が預言されています。「主の若枝」とは、これからも何度か出てくる表現で、来たるべき救い主、メシアの象徴です。今まで述べられた終わりの日の悲惨な状態のまっただ中に、この救い主がおいでになり、エルサレムに残った者は、聖なる者と呼ばれるようになるのです。

ここから、イザヤ書の大きなテーマの一つである「残りの者」の思想が展開されます。すでに1章にも短く出てきていましたが、終わりの日にどれほど厳しい神のさばきがあろうとも、そのさばきから逃れる者がいる。彼らこそ、聖なる者と呼ばれ、いのちの書に名前が書き記される。神はさばきの霊を通してエルサレムを清め、昼は雲、夜は火でもってご自身の臨在を現し、「残りの者」をすべての災いから守ってくださるという、明るい希望が預言されています。

「残りの者」とは、どんなに厳しいさばきの中にあろうとも、主の救いを信じ貫く者のことです。主はさばきの霊をもって「シオンの娘たちの汚れを洗い落とし」てくださいます。さばきとは、金かすを取り除き、純粋な者とすることです。

神を信じている私たちにも試練はやってきます。試練自体は決して楽しいものではありません。でもその試練を通して私たちはより聖なる者、より純粋な者へと造り変えられるのです。だから試練を恐がってはなりません。試練の中でこそ希望を強く持ちましょう。それが「残りの者」なのです。

主よ。試練の中にあっても、私はあなたによって希望を抱きます。私を「残りの者」の一人としてください。

5章

イザヤ書5章には、ユダ王国に対する神の厳しいさばきが述べられています。すでに今までの預言にも、ユダが神に背いている状況が指摘されていましたが、この章ではその罪がより徹底的に糾弾されていると言えるでしょう。

まず7節までには、ぶどう畑の譬えが記されています。神は良いぶどう酒を作るために、ぶどう畑を手入れし、ぶどうの踏み場まで掘って備えられたが、できたのは甘いぶどうではなく質の悪い酸いぶどうだった。ぶどう畑とはイスラエルの家、ユダの人々だ。主は公正と正義の実を望まれたのに、実際には流血と悲鳴の実を結んでしまっている。神はなすべきことを全部されたのに、こんな悪い実を結ぶ畑なら、荒すたれてしまうぞ、とイザヤは鋭く警告します。

続いて8節から23節までには、彼らがみのらせた悪い実の例が、「わざわいだ」という句の後に六つ示されています。第一に貧しい人の家や畑を奪い取ること。その結果、家は荒れすたれ、多く種を蒔いても少しの収穫しかなくなる。第二に朝から宴会をして歌い騒ぐこと。その結果、民は外国に捕らえ移され、高ぶる者は低くされる。第三に嘘をついて咎を犯すこと。第四は悪を善、善を悪と言うこと。第五に自分を知恵ある者とみなすこと。第六に強い酒を飲み、また賄賂のためにさばきを曲げること。神は、こんな実を結ばせるために、ぶどう畑を作られたのではありませんでした。

24節以降の最後の部分では、悪い実を結んだ畑に対する神の厳しいさばきが宣告されています。そのさばきとは、ぶどう畑の刈り株までも焼き尽くされるように、民はみな死んでしまい、屍が通りで、あくたのようになることです。何年かしたら、遠い国から強い軍隊が襲ってくる。彼らは獅子のようにうなり声をあげて、イスラエルの国を滅ぼしてしまうぞと、イザヤは民に厳しく宣言します。

この預言の通り、北王国はアッシリア帝国に滅ぼされ、南王国もバビロニア帝国に滅ぼされることになります。神は二つの王国を憎んで、そうされたのではありません。彼らがイザヤの預言を聞いて、悔い改めることを求めておられたのです。現代でも同じです。聖書の預言は、私たちがそれを聞いて悔い改め、神に立ち返るために書かれているのです。

主よ。もし私の生活で悪い実をみのらせているのなら、今、悔い改めます。罪深い私をあわれんでください。

6章

イザヤ書6章は、「イザヤの召命」などの題でしばしば説教される有名な箇所です。1章から5章まで、南北両王国に対して厳しいさばきのメッセージをしてきたイザヤでした。しかし南王国を繁栄に導いた有能な王ウジヤが晩年傲慢になり、神のさばきを受けて死んでしまったとき、彼は厳粛な思いにうたれました。神殿に駆け込み、祈っていたイザヤは、そこで神の臨在に接し、四つのことを経験したのです。

第一に罪を自覚しました。神の御使いのセラフィムが聖なる神を賛美している姿を見、その声が神殿を揺り動かしている中で、彼は自分も神にさばかれると思ったのでしょう。5章では民の罪に対して警告していたのですが、本章では「ああ、私は滅んでしまう」と叫ばざるを得ませんでした。罪深いのは民だけでなく自分もだと自覚したのです。

しかし第二に、赦しの確信をもつことができました。犠牲の動物が献げられた祭壇から、火で焼かれて燃えさかる炭になったその動物の一片がセラフィムによって運ばれ、彼の口に触れたのです。「唇の汚れた者」であっても、その犠牲の動物のゆえに、「あなたの罪も赦された」と神は宣言されました。これが彼に赦しの確信を与えたのです。

そして第三は、献身の告白です。「だれが、われわれのために行くだろうか」と言われる三位一体の神の招きに、彼は「私を遣わしてください」と応えました。罪赦された確信を持つ者は、その喜びを語らないわけにはいきません。自分のすべてを献げて、主のために奉仕したくなるのです。

でも神は第四に、彼に水をかけるようなことばを言われました。9節以下の民の頑固さの宣言です。彼らは聞いても悟らない。最後に神のさばきで町々が荒れ果てるまで、そんな状態が続くが、その中に将来の希望となる切り株がある、と神は語られます。神から与えられたこの希望を抱いて、イザヤはそれからも預言者として語り続けるのでした。

本章のイザヤの経験は、預言者として活動していた最中にあったことと推察されています。私たちも、クリスチャンとして歩む中で同じような経験をすることがあるでしょう。あなたも今日、罪赦された一人として、回りにいるだれかのために8節のような祈りをすべきではないでしょうか。

主よ。ここに私がおります。まだ救われていない家族や友人のために、この私を遣わしてください。

7章

イザヤ書7章は、ウジヤ王が死んだ年から約六年後のできごとを記しています。この頃、北王国の王ペカが、アラムという外国と同盟を結んで、兄弟分であるはずの南王国に攻め寄せてきました。この知らせを聞いたとき、南王国の王アハズの心も、民の心も「林の木々が風に揺らぐように揺らいだ」のです。この時イザヤはアハズ王に会い、以下の三つにまとめられる神のことばを彼に告げます。

第一に、「信じなければ、堅く立つことはできない」ということばです。敵の攻撃の知らせを聞いたアハズ王が最初にしたことは、エルサレム篭城のための備えとして水を確保することでした。でもイザヤは王に言います。北王国やアラムの国を恐れる必要はない。その国のかしらを恐れなくてもよい。私たちの国のかしらである主は、彼らよりはるかに強い方なのだから、この方を信じるべきなのだと。

第二のことばは、主がこの国を守られるしるしは「インマヌエル」と名づけられた男の子の誕生だ、という預言です。これはクリスマスによく引用されますが、この時代にも必要な神の約束でした。これは、真に頼りになるのは武力ではなく、たとえ赤ん坊でも「神がともにおられる」ということを示す人物なのだ、という宣言です。しかも処女から生まれる奇跡的な人物こそ、それにふさわしいお方でした。

第三には、近い将来に北王国とアラムの王の土地は見捨てられ、また南王国もアッシリアという大国に荒らされるという預言です。昨日学んだように、アハズ王を含め多くの人々は頑固で、イザヤの語る神のことばを信じようとはしませんでした。またそれから七〇〇年後、主イエスを信じなかったユダヤの国も、紀元七〇年にローマ帝国に滅ぼされました。

なぜ神はこのとき、当時五歳くらいの息子、シェアル・ヤシュブを一緒に連れて行くよう、イザヤに命じられたのでしょうか。この子の名前は「残りの者は帰って来る」という意味です。神に頼らない民は滅ぼされる。しかし神とともに歩む「残りの者」は必ず回復されると、神はこの子を通して教えたかったのでしょう。現代の私たちにとっても大切なのは「神われらとともにいます」という信仰です。その信仰に生きてこそ、罪ある国に希望を与えることができるのです。

主よ。あなたはいつも私とともにいてくださることを感謝します。今日も私は、あなたと一緒に歩みます。

8章

イザヤ書8章は、7章の続きです。北王国とアラムとの連合軍が南王国を攻めようとしているとき、神はイザヤを通して、南王国の王と民に、さばきと希望の両面に関する預言を与えられました。今日の箇所にも、その両面を表す預言が三つ述べられています。

第一に、預言は子らの名前を通して示されています。昨日はイザヤの長男の名前が「残りの者は帰って来る」という意味だと学びました。今日の箇所では次男が生まれ、その名を「マヘル・シャラル・ハシュ・バズ」とつけたと記されています。それは「速やかな分捕り物」という意味です。確かに長男は希望を表し、次男はさばきを表しています。次男が二、三歳になる前に、ダマスコを首都とするアラムの国もサマリアを首都とする北王国もアッシリアに滅ぼされると預言したのです。紀元前七三四年、それは実現しました。

第二に、預言の内容は「インマヌエル」という表現に示されています。この語は昨日のクリスマス預言の中にあったばかりでなく、本章8節と、「神が私たちとともにおられる」という訳で10節にも用いられています。5節からの一連の預言の中で、アッシリアは洪水のようにアラムと北王国、それに南王国のユダにもさばきをもたらすと宣告されました。しかし、私たちとともにおられる神は必ず守ってくださるのだという希望も、この預言の中に含まれているのです。この預言は、イエス・キリストの誕生によって実現しました。

第三に、このさばきと希望の預言は、記録としてしっかりと保存されています。11節以降で、神はイザヤに語られました。「この民は敵の攻撃を恐れているが、あなたは恐れるな。神は信頼する者を守る岩だが、信頼しない者にはつまずきの石となる。この証しの書を束ねよ。弟子たちのうちで封印せよ」。これに応答して、イザヤは「私はこの方に望みを置く」と告白します。そして死人に尋ねるのではなく、生ける神のことばに聞き従えと、民に命じるのです。

聖書のことばは両刃の剣です。信じない者にはさばきを宣言する妨げの石ですが、信じる者には希望を与える救いの岩です。私たちにとってはどちらでしょうか。今日も聖書を読みました。でも聞いても悟らない者であってはなりません。今日も、確かに主はあなたとともにおられます。

主よ。みことばを悟らせてください。私は、臨在の主が私に希望を与えてくださることを信じます。

9章

イザヤ書9章にも、前の章と同じく、希望とさばきの両面の預言が記されています。前半7節までが希望、後半がさばきです。特に前半は、前の章と密接につながっています。

前の章の最後の節で、イザヤは当時の南北両王国の暗黒のさまを記しました。アラムと北王国の連合軍は、南王国がアッシリアに要請した援軍によって打ち破られました。南王国自体は難を逃れたものの、北王国には大きな被害が生まれたのです。南北両王国が神を信頼せず、このように互いに争っているのは、まさに闇が地をおおっている状態でした。

しかしこの箇所には、その暗やみに光が与えられることが預言されています。ゼブルンとナフタリというのは、北王国の二部族の名前で、当時アッシリアに占領されていた地域です。そこは三つに分割されました。西側が海沿いの道、東側がヨルダンのかなた、中間部分が異邦人のガリラヤと、詩的に表現されています。この所に光が照るのです。

この預言は、主イエスがガリラヤ地方を中心に神の国の福音を宣べ伝えられたときに成就しました。6節7節は、クリスマスによく読まれる箇所です。力のないと思われるひとりのみどりごが、「不思議な助言者、力ある神、永遠の父、平和の君」と呼ばれるようになります。敵に支配された所が、この方によって平和に治められるようになるのです。

8節以降には、「それでも御怒りは収まらず、なおも御手は伸ばされている」という句が三度繰り返され、北王国に対する三つのさばきが述べられています。第一は、アッシリアに占領されながらも悔い改めずに自力に頼ろうとするので、アラムとペリシテがさらに北王国を侵略するというさばき、第二は、上は指導者から下はみなしご・やもめに至るまで、一日で切り取られるというさばき、第三は、自分の肉を食べるほどの食料難に陥り、マナセ族とエフライム族という北王国の二大部族が南王国を襲うまでになるというさばきです。

聖書は、今の時代に生きる私たちにも希望とさばきの預言を語っています。闇が地をおおっていると思われる今の世界に、神のことばに従うならば希望が、従わないならばさばきが、宣言されているのです。私たちがこの希望の預言を語らないならば、誰が語ることができるでしょうか。


主よ。愚かな私ですが、聖書の示す希望のことばを友人たちに語ります。どうか助けてください。

10章

イザヤ書10章にも、さばきと希望の預言が述べられていますが、まず4節までは、前章後半からのさばきの預言が続きます。北王国は、正しい裁判をしないため、神の刑罰の日にはどこにも逃げ場がないことを述べ、最後に「それでも御怒りは収まらない」という定型句が繰り返されます。

5節からは、北王国ではなくアッシリアに対するさばきの預言です。北王国を滅ぼしたアッシリアは、神の怒りの杖であり、神の計画の中で用いられたにすぎない。しかしこの国自身はそうとは思わず、自分の力でカルノから始まってダマスコに至るまでの多くの町々を滅ぼし、またその神々を滅ぼしたとうぬぼれている。でもこれは、斧がそれを使って切る人に向かって高ぶることと同じだ。それゆえ主は、アッシリアの最も頑丈な者たちにやつれを送り、その国の美しい林も果樹園も滅ぼし尽くす、と厳しく宣言されるのです。

それと対照的に、20節から27節までには、希望の預言が述べられます。アッシリアがさばかれた後、「その日」には、海辺の砂のように多くのイスラエル人の中で、少数の「残りの者」が神に立ち返ります。彼らは義をこの国にあふれさせる者たちです。だからアッシリアを恐れる必要はない。もうしばらくすれば、アッシリアの重荷はイスラエルの肩から除かれるのだからと、イザヤは民を励ますのです。

最後の28節からは、再び神のさばきが預言されます。アッシリアは北王国を滅ぼした後、さらにすさまじい勢いで南王国のエルサレムにも攻め寄せてきます。エルサレムから一番遠いアヤテから始まって、幾つかの町を占領して進んでいく軍隊のようすが、ちょうど山の上から見下ろすような書き方で描写されています。しかしその軍隊も、万軍の主の手にかかったらひとたまりもありません。主は恐ろしい勢いで、枝を切り払うようにアッシリア軍を滅ぼされるのです。

以上のように、イザヤは国の興亡はすべて神の御手の中にあることを大胆に宣言しています。アッシリアがどのように行動しようとも、それは主の計画の一部でした。同様に、私たちの人生も神の御手の中にあります。たとい私たちが栄えても、それは主の御手の中にあることです。決して自分の力でこのようになったとうぬぼれてはなりません。

主よ。私はすべてがあなたのご計画の中にあることを認めます。私が傲慢にならないよう、守ってください。

11章

イザヤ書11章には、もはやさばきの預言はありません。章全体が、神の支配される新しい時代の希望あふれる預言となっています。新しい時代は、エッサイの根株から生え出る新芽、つまり7章と9章で預言されていた「インマヌエル」と呼ばれる一人のみどりごによって実現するのです。この章は、この新時代がどんなものであるかを、5節と10節で区切られる三つの部分で次のように説明しています。

第一に、それは正しいさばきがなされる時代です。エッサイとは、あの有名なダビデ王の父親でした。そこからダビデ王家が始まったのですが、すぐに南北に分裂し、まず北王国がその悪のゆえに滅ぼされました。残った南王国も、大多数の王が悪をもって治めてきたゆえに、ちょうど木が切り倒されるように滅びてしまうというのが、イザヤの厳粛な預言です。でもその切り株から生え出る若枝は、主の霊によって正しいさばきをするのだ、とイザヤは記します。

第二に、それは絶対的な平和の時代です。単に人間同士が争わないという平和ではなく、動物たちも互いに害を与えることをやめ、弱肉強食から平和共存の時代へと変わるというのです。それは、神と人とが自由に語り合い、また動物と人間が調和して生きていたエデンの園のような世界です。主を知る知識が地に満ちるとき、これは実現します。

第三に、それは全世界から「残りの者」が集められる時代です。「残りの者」とは、今までにも何度か言及されていましたが、神のさばきによって散らされても、そこで真実に神に従う人々のことです。彼らは11節に記されている広い範囲から集められます。シンアルとは、バビロンがある場所です。このとき、エフライムとユダ、つまり北王国と南王国とはもはや争いません。また「残りの者」が自由に集まれるように、神は海や川を干上がらせてくださいます。ちょうど出エジプトの時になされたように。

ひとりのみどりごが生まれることによって、こんなに大きな出来事がおこるのです。主イエスこそ、まさにこのみどりごであり、この預言の半分ほどは主の時代に実現しました。実現していない預言も、主が再び来られるときにはその通りに成就します。その日を待ち望もうではありませんか。

主よ。旧約時代にみどりごの誕生を待ち望んだ人々のように、私も主の再臨の日を心から待ち望みます。

12章

イザヤ書12章は、1章から続いていた、南北両王国に対する神のさばきと希望の預言の総まとめといえます。すでに前章に記されていた「その日」に、つまり「インマヌエル」と呼ばれるお方が全世界を支配される新しい時代に、神を信じ貫いた「残りの者」たちが何をするかが書かれているのです。この章は2節で前半と後半に二分されるでしょう。以前詩篇で学んだ交唱歌の形式によって、前半はだれか一人が、後半は会衆が声を合わせて歌ったものだと推測されています。

まず前半は個人の感謝の歌です。ここに出てくる「私」とは「残りの者」の一人と思われます。彼は自分が主の怒りを受けるべき者であることを自覚していました。しかし、その怒りは過ぎ去り、今は神の慰めを受ける者となったことを心から感謝しています。そして2節で、自分の救いであり、力であり、ほめ歌である主を信頼すると告白するのです。

3節からの後半部分は、集団の感謝の歌です。「残りの者」は一人ではありません。彼らは、全世界に向かって「主はすばらしいことをされた」と喜んで語り告げるように勧められています。「救いの泉から水を汲む」とは、文字通りに理解するよりも、救いの喜びを伝えることを意味していると考えるほうが適切でしょう。「イスラエルの聖なる方」とは「インマヌエル」と呼ばれるメシアのことを指しています。このお方が彼らの中におられるからこそ、喜び歌うこともできますし、大胆に宣べ伝えることもできるのです。

このメシアである主イエスは、二千年前この地上に誕生されました。そしてご自身が神のさばきを受けて、罪人がさばかれずにすむ道を実現してくださったのです。彼を信じた者たちは教会を作り、この預言通りに救いの福音を宣べ伝え、それはついに全世界に広がりました。「その日」はすでに実現したのです。でも11章の絶対的平和の日はまだ実現していません。私たちは今、その中間の時に生きています。

現代に生きる私たちも、まず個人的に罪人である自分が救われたことを感謝する者となりましょう。そしてその救いを感謝する者たちが共に集う教会で、祈り合い、励まし合いながら、この世界に福音を伝えていきましょう。主が再び来られる日までそれを続けることが私たちの任務なのです。

主よ。私は、救いの恵みを心から感謝して、この喜びを私たちの回りの人々にも伝える者となります。

13章

イザヤ書13章から23章までには、今まで南北両王国に注がれていたイザヤの目が、より広く周辺の諸外国に対して向けられています。まず13章と次の章は、イザヤの時代から一〇〇年後に強大な国となるバビロニア帝国が滅ぼされる有様を描写します。この預言はそれから二〇〇年後に文字通り実現することになりますが、当時はだれもこんなことを考える人はいませんでした。でも神はすべての国を正しくさばかれるのです。三つのことがこの章に書かれています。

第一に神のさばきの手段です。8節までには、主が軍隊を召集してバビロンを攻撃されることが宣告されています。バビロンとは「神の門」という意味で、紀元前二五〇〇年頃から栄えていた町でした。でも主の憤りの器である軍隊がこの町を破壊します。戦争は人間の支配欲によって起こりますが、神はそれをさばきの手段として用いられるのです。

第二にそのさばきの理由が9節から16節に書かれています。例えば11節には、「わたしは、世界をその悪のゆえに罰し、悪しき者をその咎のゆえに罰する」と記されています。6節と9節に出てくる「主の日」とは「主が支配される日」のことで、この日には主がこの世の支配者から民衆に至るまですべての人を正しくさばかれるのです。天も地も主の支配の中にあるので、罪人はそこから逃れることはできません。

第三に、神のさばきの結果が17節以降に宣告されています。メディア人とは、ペルシア人と共にバビロンを滅ぼした民族のことです。彼らは残虐な国民性をもっていたようで、銀や金を得るよりも人を殺すことを好んでいました。こうしてバビロンは紀元前五三九年に陥落し、その後、20節以降に描かれているような悲惨な状態になります。神のさばきの結果は、歴史の上にはっきりと表れるのです。

イザヤは、古代の王国の盛衰を普通の歴史家の見方ではなく、神から遣わされた預言者として述べています。しかもそれがおこる何百年も前に。彼の原則はただ一つ、「神は罪人をさばかれる」ということでした。今もその原則は変わっていません。日本の国が今、難しい状況にあることは誰もが認めています。今こそ罪を悔い改め、正義を貫くべき時です。聖書を知る私たちは、日本のために祈らねばなりません。

主よ。今の日本もバビロンのように悪が栄えています。この国をあわれみ、悔い改めに進ませてください。

14章

イザヤ書14章には、前章に続いて、諸外国をさばかれる神の宣告が記されています。まずバビロンへのさばき、24節からはアッシリアへのさばき、28節からはペリシテへのさばきと、三つの部分からなっています。

最初のバビロンについてのさばきの預言は、さらに三つに分けられるでしょう。3節までには、バビロンが滅ぼされるのと対照的に、イスラエル民族は回復されることが預言されています。彼らは全世界の人々に迎えられるようになるのです。この箇所は、バビロン捕囚からの解放だけでなく、終末の日におこるできごとをも含んでいると思われます。

4節から21節までは、バビロン王に対するあざけりの歌です。彼は自分が神のようになろうとしたため、よみにまで落とされるのだ、と宣言します。この部分も、単にバビロンの王だけでなく、人類の敵であるサタンが終末の日にさばかれることの象徴的な預言だと推測されています。

22節と23節は、バビロンのさばきの預言の最後の部分です。かくして神はバビロンを断ち滅ぼし、運河によって栄えた水の都を、針ねずみの住む荒れ果てた沢とすると宣告されます。確かに現在、バビロンは廃墟となっています。

24節から述べられているアッシリアへのさばきもまた厳しいものです。北王国は、多分この預言がなされる前の紀元前七二二年にアッシリアに滅ぼされていました。しかし神はそれから約二〇年後、南王国に攻め寄せてきたこの国を打ち破られたのです。25節はこのときに成就しました。

28節からの、長年イスラエルを苦しめてきたペリシテへの預言も、その通り実現します。アハズ王が死んだ年とは紀元前七一五年です。アッシリアは、アハズ王の要請で、何度かペリシテを攻撃しました。その王が死んだのですからペリシテ人は喜びました。でもアハズ王が死んでからもアッシリアの攻撃は続き、ついにペリシテは占領されます。

世界の歴史は同じことの繰り返しで、ある時は戦いに勝った国も、いつかは負けてしまいます。それが武力に頼る人間世界の現実です。しかし私たちは、32節のように主に身を避ける者となりましょう。たとい異邦の使者や友人たちが、軍事同盟や人間の力に頼るように勧めたとしても。

主よ。目に見える人の力がどんなに強いように思われても、私はあなたのみに頼って生きていきます。

15章

イザヤ書15章は、次の16章とともに、モアブに対するさばきを宣告しています。モアブは、死海の東側に位置する国で、アブラハムのおいのロトの子孫が住んでいたと言われています。ルツもこの国の出身でした。ですから、昔からイスラエルとは深い関係にあった国です。

しかしこの国にもアッシリアが攻め寄せ、イザヤがすでに預言者として活動していた紀元前七三四年、この章に書かれている悲惨なできごとがおこりました。さらに一〇〇年後、アッシリアがバビロニアに滅ぼされた後には、今度はバビロニアがこの国に侵入し、同じような悲劇がおこったのです。神は、すでにおこった事とこれからおこる事とを一緒にして、イザヤを通してこのように宣告されました。

まず4節までで、一夜のうちにモアブの北部の町々が滅ぼされるありさまが描写されています。ここに出てくる町々はみな、モアブの北から中央部分に位置しています。アッシリアもバビロニアも、北から攻めてきました。二つの強大な帝国は、まさに怒濤のようにモアブに攻め込んだのです。

5節6節では、モアブの人々が泣きながら南部の町々へ逃げていくようすが述べられています。注目したいのは、5節の「わたしの心はモアブのために叫ぶ」ということばです。この「わたし」とは、9節から考えてみても、さばきをなされる神ご自身であることは明白です。このような悲劇のゆえに泣き叫ぶのは、モアブ人だけでなく、神ご自身でもあります。ちょうど親が涙を流しながら、悪いことをした自分の子どもを懲らしめるように、神は悲しみながらモアブにさばきを下されたのでした。

7節以降には、モアブ南端にあったアラビム川を越えて隣のエドムの国に逃げ込む人々の叫び声が、モアブ全国に響き渡ったと、かなりの誇張をこめて記されています。しかし神は、さらに彼らにわざわいを増し加えると言われるのです。それは、彼らが悔い改めなかったからでしょう。

主はモアブが憎くてこのようにさばかれたのではありません。彼らが悪を悔い改め、神に従うことを求めておられたのです。それは今の私たちに対しても同じです。あなたが苦しむとき、主も悲しんでおられることを忘れないでください。なすべきことは、悔い改めて従うことです。

主よ。あなたが悲しみながら私を懲らしめておられることがわかりました。今、私は悔い改めて従います。

16章

イザヤ書16章では、昨日と同様にモアブへのさばきの宣告が続きます。ただ、前の章ではさばきの様子が客観的に描かれていたのですが、この章では二人称の「おまえたち」や「あなた」という呼び掛けとか命令文が何度も出てきますので、より直接的な宣告であることがわかります。2節と5節で三つの部分に分け、学んでみましょう。

第一の部分はモアブの指導者たちへの宣告です。アッシリアの攻撃によって南方のエドムの国に逃げていったモアブの人々は、エドムの首都セラから死海の西側の荒野を通って、「娘シオンの山」、すなわちエルサレムに避難しようとしていました。そのために子羊を南王国の支配者に贈ろうとしたのです。その頃、死海の対岸のアルノンの渡し場では、逃げ遅れたモアブの人々が鳥のように逃げ惑っていました。

3節からの第二の部分は、モアブの指導者が南王国の支配者に助けを求めたことばと解釈できるでしょう。どうか私たちモアブから逃れてくる者をかくまってください。私たちを虐げるアッシリアの王が死んだ後には、ダビデの子孫であるあなたがたの国の王が、正義をもって私たちも支配されるようになるのですからと、頼み込んでいます。

6節からの最後の部分はこれに対する南王国の答えです。私たちはモアブが高慢な者だと聞いている。今はこのように言っているが、これからどうなるか信用できない。あなたがたは自分の罪のために泣き叫んでいる。外国の侵略によってぶどう畑は荒れ果ててしまい、収穫の喜びの歌もなくなってしまった。しかし、わたしもあなたがたのために泣いている。わたしのはらわたは、悲しみのために竪琴のようにわなないている。あなたがたが異教の神に祈るのはむだなことだ。

ここでモアブのために泣いているのはだれでしょうか。昨日の箇所と同様、主であるかもしれません。しかし、イザヤが泣いているとも解釈できます。彼は主の心を自分の心とし、涙を流しながら14節のさばきを預言したのです。

私たちは、苦難の中にある誰かのために、涙をもって祈ることがあるでしょうか。たといその苦難がその人の罪の結果であるにしても、神がどれほど悲しんでおられるかを思い、自分も同じ気持ちで祈るべきではないでしょうか。

主よ。罪のゆえに苦しむ人々のために、この私も涙をもって祈ります。どうか彼らをあわれんでください。

17章

イザヤ書17章は、ダマスコを首都とするアラムの国と、エフライムという名で呼ばれている北王国イスラエルに対するさばきの宣告です。以前にも学んだように、この二つの国はアッシリアに対抗するために同盟を結び、これに同調しない南王国を攻撃したことがありました。しかし最終的には、南王国の要請で出動したアッシリアの軍隊により、二つの国は紀元前七二〇年までに滅ぼされることとなります。この章の預言は、多分、この事件の前になされたのでしょう。

まず3節までには、アラムに対するさばきが宣告されています。首都ダマスコは廃墟となり、そこをアッシリアの攻撃から自国が守られる要塞と考えていたエフライムも滅ぼされて、どちらの国もその栄光を失ったのです。互いに頼りになると思っていたのに、実際はそうではありませんでした。

4節から6節までには、北王国に対するさばきが述べられています。「その日」と言われるさばきの日には、レファイムの谷の豊かな収穫は掠奪され、わずかな落穂を拾うようになります。オリーブの実も敵によってほとんどが取り去られてしまい、幾つかの熟れた実が残されるだけです。でもその後、この残りの実が大切な働きをすることになります。

7節からも、「その日」が強調されています。それは救いの日でもあり、滅びの日でもあります。その日には、残されたわずかな人々が「自分を造った」本当の神に目を留め、「自分の手で造った」偶像には見向きもしなくなります。しかし、神に信頼せず堅固な町々に頼る者は見捨てられます。救いの神を忘れて他国に頼る者は、自分の植えて育てたものであっても、その収穫を得ることはできません。

12節以降には、「多くの国々の民」と記されているアッシリアの軍隊が攻め寄せてくる情景が描かれています。でも神がお叱りになると、その軍隊は籾殻のように吹き飛ばされるのです。これは紀元前七〇一年にアッシリアが南王国に侵入しようとしたときに、文字通り実現しました。

私たちは人を頼りとする者でしょうか。それとも主なる神を信頼する者でしょうか。イザヤはこの問いを人々につきつけたのです。あなたはどちらでしょうか。今、静かに祈りの時をもち、どちらに頼るかを考えてください。

主よ。目には見えなくても、私を造り、私のすべてをご存じのあなたを、私は心から信頼いたします。

18章

イザヤ書18章はクシュに対する宣告ですが、この章の中心点はさばきではなく、クシュの将来についての預言ということができます。クシュという国はナイル川の上流にありました。現在のエチオピアの位置ですので、イザヤの時代には地の果ての国と思われていたようです。そんな遠い国も神の支配のもとにあることが、ここに述べられています。

何人かの学者は、この章の背景は列王記第二の19章に記録されていることだと推測しています。紀元前七〇一年、アッシリアが南王国を攻撃していた時、クシュの王ティルハカの軍隊がアッシリアを攻めるために進んできたのです。

最初の三つの節には、クシュから南王国に使者が来て、自分たちと同盟を結んでアッシリアに対抗しようと誘ってきたことが暗示されています。イザヤは当時の王のヒゼキヤから相談を受け、この預言を語りました。クシュからの使者に「行け」と言い、どんなにクシュが「恐れられている民」であっても「力強い、踏みにじる国」であっても、自分たちは神に頼ると、「世界のすべての住民」に宣言するのです。

4節は、イザヤがそう言うことができる根拠となった主のことばです。天において、「わたしは静まり、わたしのところから眺める」と仰せられる主が、ご自身に信頼する者を裏切られることは決してありません。

そして5節以降には、主が働かれる結果が描かれます。人がぶどうの木の枝を鎌で切り取るように、それらを野獣のために投げ捨てるように、アッシリアは神の御手によって滅ぼされる。その時にはクシュも、「万軍の主の名のある場所」つまりエルサレムに、贈り物を運んでくるようになると、イザヤは大胆に預言するのでした。

イザヤは当時の世界情勢をよく知っていました。しかし、それらはすべて、自分たちの信じる神の御手の中にあることを確信していたのです。現在の世界もそうです。神を認めない共産主義国家ソビエトは、七〇年で倒れました。北朝鮮も危機的な状態にあります。ある時はどんなに強く思われる国でも、神を認めず傲慢になるなら必ず滅びるのです。

私たちも世界は主の御手の中にあることを認めましょう。本当の平安は、主のご計画を信じる者にこそ与えられます。

主よ。私は、すべてが主のご計画の中にあることを信じて、謙遜に毎日を歩んでいきます。

19章

イザヤ書19章は、古代文明の発展した強大な国エジプトに対する宣告です。もう一つ古代文明の栄えた地域がメソポタミアで、ここにもバビロニアとかアッシリアなどの強い国が次々と生まれ、昔からエジプトと対抗していました。イスラエルは地理的にこの二大文明にはさまれているゆえ、イザヤの時代は特に双方からの脅威を感じていたのです。しかし主なる神は、これらの強国をも支配しておられました。

まず前半15節までには、エジプトの滅亡が預言されています。その滅亡の理由は、第一に内乱です。エジプトの歴史をみると次々と支配民族が入れ変わり、イザヤの時代までに二五の王朝を数えるに至っています。人々は兄弟や友人さえも信頼できなくなり、偽りの神々に走っていくのでした。

第二の理由は自然災害です。ナイル川はしばしば氾濫し、時には旱魃となり、農業・漁業・織物業に多くの被害を与えました。神のさばきはこのような形でも下されます。

滅亡に至る第三の理由は、11節から述べられている指導者の悪政です。彼らが愚かな政策を実行したために、国民の頭から尾まで、なすべきことがわからなくなるのです。

しかし後半16節からは、そんなエジプトに対しても、主は救いの手を伸ばされることが述べられています。ここにも終末を表す「その日」という語が用いられ、その日にはエジプト人が主のための祭壇を築くようになることが預言されます。それは彼らが主に叫んだために主が救い主を送られるからです。エジプトもさばきの後に回復されます。

全世界を支配されている主は、中東にあった二つの大国アッシリアとエジプトを、イスラエルと同様にその御手に握っておられました。そして終末の日、彼らはみな主に仕え、主の祝福を受けるようになるのです。これらはみな等しく、主がお造りになった国々なのですから。

この預言を学ぶとき、愛する祖国日本のことを思わずにはおれません。現在の日本も、人々の不和と自然災害と愚かな政治とで、将来の姿が描けない状況にあります。しかし主はこの国をも御手に握っておられます。私たちクリスチャンは、愛するこの日本が悔い改め、真の神を礼拝する民になるようにもっと熱く祈るべきではないでしょうか。

主よ。祖国日本が罪を悔い改め、あなたのもとに立ち帰ることができるよう、この国をあわれんでください。

20章

イザヤ書20章は、今までのことばによる預言と違って、行動による預言と言えます。すでに18章と19章で、イザヤは「クシュやエジプトも主の御手の中にあるのだ。頼るべきなのはこれらの国々ではなく、主ご自身だ」と宣告してきました。しかし、アッシリアの脅威から逃れるために、当時クシュ人の支配者によって治められていたエジプトと同盟を結ぼうという意見が、南王国の有力者の間で強かったようです。それに対してイザヤは、王族と深い関係にありながら、裸になって、エジプトの将来を預言するのでした。

まず1節に、イザヤがこの行動を取った時期が示されています。アシュドデは、エルサレムから西へ約五〇㎞の所にあった地中海沿岸の町で、当時エジプトと同盟を結んでいたようです。この町は南北を結ぶ重要な通商路にあったので、紀元前七一二年、アッシリア軍がエジプトに進軍する途中に占領していました。すでに北王国はアッシリアに滅ぼされており、その脅威は南王国にも迫っていました。

このとき主は、荒布を着て預言していたイザヤに、腰の粗布を解き、履き物も脱いで、丸裸で人前に出るように命じられたのです。常識では考えられません。けれどイザヤはその通りに行い、「エジプト人とクシュ人とは捕らえられ、こんな姿になる」と言われる主のことばを人々に語りました。人々はきっと大きなショックを感じたことでしょう。

この行動によってイザヤが言いたかったことは、最後の節に記されています。海辺の町アシュドデの住民は、「アッシリアの王の前から逃れようと、助けを求めて逃げて来たのに、クシュやエジプトが敗北するのなら、どうして助かることができるだろうか」と嘆いていました。そうです。人間に頼る者は、結局そうならざるをえません。南王国よ、おまえも同じ姿になりたいのか、とイザヤは問い掛けるのです。

イザヤは、現代の私たちにも同じ質問をしています。わが国も軍事同盟を結んでいます。だれでも、強く思えるものや目に見えるもの、例えば権力者、お金、名誉、有名な医者などに頼りがちです。これらを無視する必要はありませんが、本当に私たちが信頼するものではありません。あなたは、今も生きておられる真の神に拠り頼んでいるでしょうか。

主よ。イザヤが裸になっても伝えたかった、人に頼らず神に頼れという主の命令を、今日私は受け入れます。

21章

イザヤ書21章は、「海の荒野」と言われているバビロンとドマとアラビアとに対する宣告です。まず10節までに扱われているバビロンについてですが、13章と14章では紀元前五四〇年頃にペルシアによって滅ぼされた時のことが預言されていたのに対し、この章では紀元前七一〇年、まだバビロンが小さな国であったころに、アッシリアによって攻撃された時のことが記されていると考えられます。

バビロンはペルシア湾に繋がっていたので「海の荒野」と呼ばれていました。そこにつむじ風のようにエラムとメディアの軍隊が攻めてきたのです。これら両国は一時バビロンと同盟を結んでいましたが、裏切ってアッシリアの側につき、残虐な攻撃をしかけます。イザヤはその状況を伝え聞いたのでしょうか。バビロンが異邦の国であろうとも、その悲惨な結末を悲しみました。そして主のことばに従い、敵の襲来を見張っている人のように、「私の民」である南王国に対して「同盟は愚かなことだ」と警告するのです。

11節と12節は短い箇所ですが、ドマ、すなわちエドムに対する宣告がなされています。この国も紀元前七一二年にアッシリアの攻撃を受け、苦難の時代に入りました。そのとき、セイルつまりエドムは苦しみの中から「いつになったらこの暗い夜は明けるのか」と問い掛けます。そこでイザヤは夜回りのように、「しばらくすれば朝は来る。しかし悔い改めなければまた夜が来るぞ」と戒めたのです。

13節以降は、紀元前七一二年のアッシリアのアラビア遠征を記録しています。デダン人はアラビア半島の西側、紅海沿いに住む民族で、当時は地中海沿岸のツロにまで商売のため行き来していました。イザヤは彼らに「アッシリアの攻撃から逃れて来た人々を助けてやれ」と命じます。そしてアラビアでも勇敢な民として有名だったケダル人もこの戦いで戦死し、一年で数少なくなると預言したのです。

アッシリアは、多くの国々を滅ぼし、暴虐の限りをつくしました。それは悪い行動ですが、神はそれを通してすべての人々に悔い改めを求められたのです。苦しみの夜に自分の罪に気づき、悔い改めて神に立ち帰るなら、明けの明星である主イエスは私たちに明るい朝を与えてくださいます。

主よ。苦しみにあう時に、私は自らを深く省み、罪を悔い改めてあなたに従う者となります。

22章

イザヤ書22章の冒頭は、「幻の谷」で始まりますが、これはエルサレムを指しています。この町は北側以外が谷となっており、攻撃されにくい地形でした。イスラエルの首都であるこの町についての幻をイザヤは何度も見たのでしょう。この章は、まず前半14節まででこの都の滅びの幻を描き、後半ではその滅びの理由を述べているのです。

イザヤは今までの章で、アッシリアがイスラエルの周辺諸国を次々と侵略していく有様を述べ、罪を悔い改めなければ同じように滅ぼされると警告してきました。しかし、エルサレムの住民はその警告にも耳を傾けず、屋上でどんちゃん騒ぎをしていたのです。戦いに出ても勇敢に戦って戦死する者はなく、みな逃げ惑っているうちに殺されてしまう者ばかりでした。イザヤはこのような自分の国の姿を見て、「私は激しく泣きたい」と真情を吐露しています。

5節からは、エルサレムが滅ぼされる日の預言です。外国の軍隊がこの町を攻撃してくるとき、武器に目を向け、水の確保にやっきとなり、城壁を補強することには熱心であっても、さばきを計画された神に目を留めないエルサレムの人々は必ず滅ぼされると、イザヤは厳しく宣告します。

15節からの後半部で、イザヤはこのような滅びをもたらした者の一人として、執事シェブナの名をあげています。彼は外国人でしたが、有能なために宮廷で重く用いられていたようです。それで彼は高慢になり、自分の名前を岩に刻むようなことさえしました。主はそんなシェブナを投げ捨て、新たにエルヤキムを召して彼の代わりにすると宣言されます。しかしこのエルヤキムも、ダビデの家の鍵を預かるような高い地位に着いた後に高慢になったため、打ち込まれた杭が抜き取られるように取り去られるのです。

滅びの原因は何でしょうか。それは高慢です。国としても個人としても、神を恐れないで自分の力に頼ることが一番恐ろしいことなのです。現在の私たちも、豊かな生活に慣れ、「飲めよ。食べよ。楽しく暮らせ」などと言うようになれば、いつかは滅んでしまいます。主の前に身を低くせねばなりません。ただ主のあわれみによって生かされていることを自覚し、感謝して日々を過ごしましょう。

主よ。自分の力に頼りやすい私をあわれみ、常にあなたを恐れ、みことばに従う謙遜な者としてください。

23章

イザヤ書23章は、13章から始まったイスラエルの周辺諸国に対する宣告の最後の部分です。本章では、地中海沿岸の二大都市、ツロとシドンが扱われています。両者とも貿易で非常に栄えた町でしたが、紀元前七〇一年、アッシリアによって占領されました。14節まではこれら二つの町の滅亡について、それ以降はその回復について述べています。

ツロは、陸地から約五〇〇メートル沖合にあった島にできた町で、今のスペインにあった町タルシシュからの船がよく貿易品を運んでいました。しかし、この船が地中海の島キティム、つまり現在のキプロス島まで来たときに、ツロ滅亡のニュースが知らされたようです。それを聞いて、同盟関係にあったエジプトはひどくショックを受けます。

ツロとシドンが「私は産みの苦しみをしなかった」と言うのは、自分たちが苦労して物を生産することがなかったからでしょう。さらに、自分たちの町の歴史が古く、地中海沿岸諸国に移住するほど繁栄し、その商人の才能は尊ばれていたゆえに、彼らはおごり高ぶっていました。万軍の主はその高慢の罪のゆえに、彼らを卑しめられたのです。

ツロが滅びたために、その支配下にあったタルシシュの人々は自由になります。けれどツロと共に滅ぼされたシドンの人々は、キプロス島に逃げこまざるをえません。すでにアッシリアに滅ぼされたカルデア人の国、つまりバビロンが廃墟になったように、ツロもシドンも荒らされるのです。

しかし15節以降でイザヤは、そのような町ツロでさえも主は顧みられ、七〇年の後に回復されると預言します。七〇年というのは象徴的な数でしょうが、確かにツロもシドンも後に再興し、再び「地のすべての王国」と貿易をするようになりました。でもその儲けは「主の前に住む者」たちの益になるように用いられると記されています。

諸国に対する宣告の最後の部分に、経済的に栄えた国の滅びが預言されていることの意義は大きいでしょう。戦前の日本は軍事的に拡大し、戦後の日本は経済的に繁栄しました。しかしここ数十年、日本経済はどんどん弱くなっています。今こそ高ぶりを悔い改め、謙遜に神の前に平伏さねばならない時です。まず私たちから始めなければなりません。

主よ。豊かだと高ぶっていたこの国を、この私を、お赦しください。どうかこの国をあわれんでください。

24章

イザヤ書24章から35章は、全世界のさばきを主題としています。イザヤは、本書の12章まででまず南北両王国に目をとめました。続いて23章までで周辺諸国に、そしてここからは全世界にと、次第にその視野を広めています。今日の24章は、ヨハネの黙示録を思わせるようなタッチで、終末の日において全世界がさばかれる様を描くのです。

まず7節までには、民と祭司、奴隷と主人、買い手と売り手、貸し手と借り手、債権者と債務者などの違った立場の者たちが、等しく神のさばきを受けねばならないことが示されています。それは彼らが皆等しく律法を犯したからです。交通規則を守らなければ、事故がおこって多数の死傷者がでるように、律法を守らねば必ず悲劇がおこります。

8節からはその悲劇のありさまの描写と言えるでしょう。ぶどう酒を飲んでのどんちゃん騒ぎはいつか終わり、家に入ることができなくなります。町を囲む城壁にある門もこわされ、町は荒れ果てます。しかし、オリーブやぶどうを収穫するとき、貧しい人々のため取り残される実があるように、滅びの中にあっても守られる少数の人々がいるのです。

14節と15節には、それらの人々を通してのかすかな希望が見えます。彼らは、海の向こうから主の威光をたたえて叫ぶのです。しかしイザヤ自身は、神を裏切った者たちへの厳しいさばきを思うと喜ぶことなどできない、と嘆きます。さばきの日には大きな地震がおこり、地は落とし穴のようになって、多くの者が滅びるからです。

神のさばきはさらに続きます。21節の「天の大軍」とは悪の霊どもを指すでしょうし、「地の王たち」とは、サタンによって動かされている悪い政治家たちのことだと思われます。彼らはある期間その働きができなくなり、最後には神の厳しい罰を受けねばなりません。その日には、月も太陽も輝きを失います。しかし主ご自身はエルサレムで王となり、栄光に輝かれるのです。まさに黙示録のようです。

今から二七〇〇年も昔に、イザヤはこのような終末の幻を見ていました。現在の世界はこの幻にもっと近づいているように思えます。私たちは果たして、このような状況になったとしても賛美の歌を歌えるでしょうか。

主よ。終末が近いこの時代だからこそ、救いの恵みを確信して、あなたのあわれみに拠り頼みます。

25章

イザヤ書25章は、昨日の14節と15節に登場した「残りの者」が賛美した歌ではないかと思われます。終末の預言のまっただ中で、不似合いに思われるかもしれませんが、ヨハネの黙示録の中にも多くの賛美があります。終わりの日は、滅ぼされる者にとっては苦難の時でしょうが、救われる者にとっては喜びと賛美の時なのです。

まず5節までで、イザヤは賛美の理由を表明します。主は終わりの日に、「遠い昔からの不思議なご計画」を忠実に成し遂げられます。その計画とは、神の正しい審判です。神を恐れない者の都は廃墟にされますが、弱っている者や貧しい者は守られます。あの信仰深いヨブでさえ悩んだ、正しい者が苦しんで悪い者が栄えるという不条理を、神は終末の日にすっきりと解決されるのです。この神の審判を見るなら、「横暴な国々の都」も神を恐れてたたえるようになるでしょう。当然ながら、貧しい者は神を賛美するでしょう。

そして6節から9節までには、主が招かれた人々のために催される宴会の様子が描かれています。そこには四種類のごちそうが万民のために用意されているのです。第一に、神を理解するのを妨げていた「ベール」が取り除かれるというごちそう。第二に、どんな医学や薬によっても克服できなかった死が永久に呑み込まれるというごちそう。第三に、苦難や別離のゆえに流されていた涙がぬぐい取られるというごちそう。そして第四に、神を信じる者が受けていた恥辱が取り除かれるというごちそうです。上等の肉やぶどう酒よりもはるかにおいしいこんなごちそうをいただける人々が、神を賛美しないでおれるはずはありません。

最後の三つの節には、以上のこととは対照的に、神の民を迫害したモアブの滅びが預言されています。自分の力でどんなに堅固な要塞を作っても、主はそれらを引き倒されます。人の手の巧みさや高ぶりは、長くは続きません。

私たちは、人類のすばらしい科学文明や、立派な業績や、国家の繁栄をほめたたえるでしょうか。それともそんなものは終わりの日には崩れ去るものであることを認めて、罪人である貧しい自分を救ってくださる主をほめたたえるでしょうか。今日も全能の主の前にへりくだり、ただ主のみを賛美して生きる者となりましょう。

主よ。こんな罪深い私を救い、天の御国の宴会に招いてくださるあなたを、心から賛美し、ほめたたえます。

26章

イザヤ書26章は、昨日の25章に続く神への賛美の歌です。「その日」と言われる終末の日に、悪人は滅ぼされるが義人は救われるという対照的な状態が、詩的な表現で歌われています。三つの部分に分けて学んでみましょう。

第一の部分は6節までで、ここに主題が示されています。1節の「ユダの国」とは文字通り南王国と解釈するよりも、24章からの流れを考えて、終末の日に救われる全世界の人々のことと理解するほうが適切でしょう。そのような人々を神は堅固な城壁で守ってくださるのです。たとい貧しい者や弱い者であっても、ただ神を信頼するという志を堅固に持つ人こそ、神が引き倒されたそびえ立つ都に住む者を踏みつけることができるのだ、とイザヤは声高らかに歌います。

第二の部分は19節まで続きます。ここでイザヤは、神を「あなた」と親しく呼び掛け、義人とは「あなた」を待ち望む者だが、悪者は「あなた」の御手を認めない者だと、その違いをはっきりと示します。特に13節以降では、自分たちを治めた多くの君主がいたが、彼らはもう死んでしまい、もはや生き返ることはない。あなたが彼らを罰して根絶やしにされたからだと、イスラエルの歴史を振り返りながら記すのです。でもそれと対照的に、神はこの国民、すなわち神を信頼する霊的なイスラエルを増し加え、妊婦の産みの苦しみのような苦難のときにも彼らを助けて、ついに死人の中から生き返らせてくださる、との信仰を告白しています。

最後の部分は20節と21節で、これは神に信頼している者への勧めです。この背後には、出エジプトの時、門柱と鴨居に塗られた子羊の血のゆえに神のさばきから逃れることができた故事が隠されています。厳しいさばきの日でも、主に信頼する者には隠れ場があることを教えているのです。

現在の私たちにとっては、主イエスの十字架こそが隠れ場です。いつか必ず主が全世界をさばかれる日がきます。でも私たちは、十字架のもとに逃げ込めばよいのです。自分の行いや能力に頼る必要はありません。主は、苦難の中で死んだような状況になっている私たちを生き返らせてくださるお方です。今日、もう一度、このお方に信頼するという志を堅固にしようではありませんか。

主よ。罪深い私だからこそ、あなたの十字架に拠りすがります。今日も私はあなたに信頼して歩みます。

27章

イザヤ書27章は、終わりの日における世界のさばきを黙示録的に描いた、24章以降の部分をまとめる章です。この章を、終末の日を意味する「その日」ということばで始まる三つの部分に分けて、理解を深めましょう。

まず1節には、終末における大国の運命が預言されています。「逃げ惑う蛇」とはアッシリア、「曲がりくねる蛇」とはバビロン、「海にいる竜」とはエジプトのことでしょう。これらの国々がどんなにその武力を誇っても、主はもっと強い剣でその国々を滅ぼされるのです。

2節から11節までの第二の部分には、終末におけるイスラエルの運命が述べられています。以前5章で用いられた比喩がここで再び登場し、イスラエルがぶどう畑に譬えられるのです。5章では、主の熱心な世話にもかかわらず悪いぶどうをみのらせたイスラエルに対するさばきが主題でした。でもこの章では、そんなぶどう畑をさらに手入れし、イスラエルの敵の象徴である茨とおどろを踏みつぶし、世界の面を実で満たすまでに見守られる主のあわれみが強調されています。

しかし主は、イスラエルを甘やかしてそうされるのではありません。他の国々と同様、イスラエルも自分が犯した罪のゆえにさばきを受けねばなりませんが、その不信仰の罪を悔い改めて偶像と決別するなら、主は彼らの不義を赦してくださるのです。確かに、城壁のある堅固な町エルサレムも一度は見捨てられます。でもそれで終わりではありません。

12節からの最後の部分で、イザヤは24章からの部分をまとめてこう言います。終わりの日に主は、東の文明の発祥地、大河ユーフラテスの流れる地域も、南の文明の発祥地、エジプト川(ナイル川)の流れる地域も、その罪のゆえに滅ぼされる。しかしイスラエルの子らの中から、またアッシリアやエジプトの地に散らされていた者たちの中から、「残りの者」が集められ、彼らがエルサレムの聖なる山で主を礼拝する。これがイザヤの結論でした。

主は罪を見逃されるお方ではありません。でも、その罪を認めて悔い改める者は、どんなさばきの中にあろうともそこから救い出してくださいます。私たちにとってもこれは大切な真理です。罪が示されたならすぐに悔い改めること、これこそ、今日あなたがすべきことではないでしょうか。

主よ。あなたの愛に囲まれながら、良い実を結べない私をあわれんでください。今、罪を悔い改めます。

28章

イザヤ書28章は、33章まで続く南王国への警告の第一のものです。今までイザヤは「終わりの日」がどういうものかを示してきましたが、その日に対して備えをするようにとこの章から六つの警告をするのです。それらはみな「わざわいだ」という叫びで始まっています。今日の箇所は、特に指導者に対しての警告ということができるでしょう。

まず6節までは、紀元前七二二年におこった北王国の滅亡のようすを記します。エフライムとは北王国の別名で、その首都のサマリアは小高い丘の上にあって美しい冠のような形をしていました。しかしそこに住む指導者たちは酔いどれのようになり、その結果、アッシリアに滅ぼされてしまったのです。ただ少数の「残りの者」は、主を信じ続けました。

7節から15節は、その北王国の姿を知っていながら、同じように酔っ払っている南王国の指導者の描写です。祭司も預言者もふらつき、イザヤの預言に対しても「乳離れした子に言うようなことを言うな」と嘲るのでした。死と契約を結び、偽りに身を隠して生きている彼らには、主のことばも異国のことばとしか思えなかったのです。

16節から22節には、そんな彼らに対して主が語られた有名なことばが示されています。主は、建物の礎の石のように大切なお方を与えてくださる。その方に信頼する者は、たといアッシリアが攻めてきても慌てることがない。しかしエジプトとの同盟に頼る者は、短すぎる寝床のように、いざという時には役にたたない。私は全世界に下る定められた全滅について主から聞いている、とイザヤは警告するのです。

23節以降の最後の部分には、主がなぜこんなさばきをされるのかが教えられています。農業には手順があるように、神のなさることにも手順がある。万軍の主は、さばきの後になさることをちゃんと考えておられるのだ。だから、自分の考えではなく神の計画に頼れ、と勧めるのでした。

イザヤがこの預言をしたのは、北王国の滅亡後であることは明らかです。その滅亡を知りながら彼のことばを聞こうとしなかった南王国の指導者は、何と愚かなことでしょうか。私たちも同じ過ちをしがちです。今日あなたは、神のことばを聞き、それに従う志をもっているでしょうか。

主よ。すぐに自分の考えに頼る愚かな私をお赦しください。今日私は、礎の石である主イエスに聞き従います。

29章

イザヤ書29章には、南王国に対する第二と第三の警告が記されています。1節と15節の冒頭に「わざわいだ」ということばがあることからそれがわかるでしょう。前半部は形式的な信仰生活をおくる者への警告、後半部は自分を神よりも高くする者への警告ということができます。

前半部で、イザヤはまず南王国の首都エルサレムに「アリエル」と呼び掛けますが、これは2節にある「祭壇の炉」と同じ意味です。エルサレムには神殿があり、毎年いろんな祭りが催され、犠牲の動物がたくさん祭壇の炉で焼かれていました。でもこの町はいつか敵に攻撃される。そしてこの町自身が敵の軍勢もろとも、主のさばきの雷や地震によって焼き尽くされると、イザヤは5節6節で預言するのです。

このさばきの理由は9節以降に記されています。それは、神のことばが封じられた書物のようになり、読み書きのできない一般民衆はもちろんのこと、たといどんなに学識のある人でも理解できなくなったからです。口先では神をあがめ、形式的に神を礼拝しているが、その心は神から遠く離れているからだと、イザヤは鋭く指摘し、警告します。

15節からの後半部では、当時の南王国の人々が傲慢にも主に対して、「彼は私を造らなかった」とか「彼にはわきまえがない」と言っている姿を描写します。でもそんな本末転倒の考え方をしている者を主はあわれみ、耳や目の不自由な者でも見たり聞いたりできるようにしてくださると、イザヤは救いの希望を高らかに預言するのです。

この希望の理由が22節以降に書かれています。それは、この国がアブラハムとヤコブの子孫だからです。神が彼らと結ばれた契約のゆえに、この国は再び主の名を聖とし、イスラエルの神を恐れるようになります。主はご自身のなされた約束に何と忠実なお方でしょうか。

主なる神は、信仰の弱い私たちに対しても同じく忠実なお方です。主イエスの十字架のゆえに、罪が全く赦されるという約束は、今も変わりません。聖書を読むことも、祈ることも、教会出席さえも形式的になりがちな私たちですが、今日も主のあわれみによりすがり、もっと真実に、もっと真心をこめて主に感謝する者となろうではありませんか。

主よ。毎日のデボーションが形式的なものになりませんように。私は今日も生けるあなたと交わります。

30章

イザヤ書30章は、南王国への第四の警告です。この章は17節で大きく二分され、前半にはエジプトに頼ろうとする者への警告が、後半には神に頼る者への祝福が、対照的に記されています。

前半部も三つに分けられます。まず7節までで、アッシリアの軍事力に恐れをなした指導者が、主に聞こうともしないでエジプトの陰に身を隠そうとしている姿を、主は厳しく批判されます。たとい貢ぎ物を贈っても、エジプトは「何もしないラハブ（海にいる巨大な獣）」、日本風に言えば「うどの大木」だ、と主は言われるのです。

11節までには、このような厳しい預言を語るイザヤに対して、神に反逆する人々は「われわれに心地よいことを語れ」と迫りますが、イザヤは神に従って、この預言を後の日の証拠となるように書物に記す様子が述べられます。

12節からは、反逆者へのさばきの預言です。神のことばをないがしろにするゆえ、この国は陶器師のつぼが粉々に砕かれるように滅ぼされる。でも今からでも、「立ち返って落ち着いていれば、あなたがたは救われる」のだ。馬に頼って逃げても追っ手は迫ってくる、と主は語り続けられます。

18節からの後半部は、「それゆえ主は、あなたがたに恵みを与えようとして待っておられる」という麗しい表現で始まります。この恵みの主に頼る者は、たとえ苦しみのパンと虐げの水が与えられるような時でも、主を見続けるのだ。右に行くにも左に行くにも、「これが道だ。これに歩め」と主が教えてくださる。そして偶像は捨てられ、食物が豊かに育ち、傷は癒やされ、主の栄光が輝く。さらに、主は破滅のふるいで敵の国々をふるい、威厳のある御声でアッシリアを打たれる。主は、このようにご自身に頼る者をしっかりと守ってくださるのです。

エジプトに頼るか、神に頼るか。これは当時の南王国にとっては究極の選択でした。人間的な考えによれば、当然強大な軍事力を誇るエジプトに頼りたくなります。でも、神の選びの民との自覚を持つならば、神に頼るべきなのです。

私たちクリスチャンも神の民です。祈りか、テレビか。神か、富か。信仰か、仕事か。そう簡単に答えを出せない場合もあるでしょう。でも基本は明確でなければなりません。

主よ。二者択一で悩む時もあります。でもどんな場合でも、あなたのみ心を考える余裕を与えてください。

31章

イザヤ書31章は南王国に対する第五番目の警告で、これは次の32章まで続きます。今日の31章は、3節と5節で区切れる三つの部分からなり、エジプトに頼るのかそれとも主に頼るのかを、南王国の人々に鋭く問いかけています。

第一の部分では、目に見えるエジプトの馬や戦車や騎兵隊に拠り頼む者にイザヤは警告します。どんなに強く見えてもエジプト人は人間であって、神ではありません。いずれは死んでしまう者です。永遠に生きておられる主は、語られたことを取り消されません。悪を行う南王国も、それを助けるエジプトも、主は等しく滅ぼされるのです。

第二の部分では二つの比喩が対照的に用いられています。まず獅子に譬えられた主は、悪を行うシオンの山、つまり南王国を獲物のように攻め寄せられます。エジプトが牧者のようにこれを守ろうとしても、主は動じられません。歴史的には、この獅子はアッシリアを指すのでしょう。

しかし主は鳥にも譬えられています。主は親鳥が雛鳥を守るようにエルサレムを守り、救い出されるのです。この二つの比喩は矛盾するように見えますが、そうではありません。主はその正義のゆえに悪をさばかれます。でもその愛のゆえに、正しいさばきの後に民を救われるのです。

第三の部分には、将来の救いの様子が預言されています。「あなたが犯行を強めているその方のもとに帰れ」とのイザヤの警告に南王国が従うなら、彼らは当然その罪を悔い改めて偶像の神々を退けるようになります。また、アッシリアは神の剣に倒され、若い男たちは捕らえられます。神は火をもって正しいさばきを行われるからです。

神は、今の私たちに対しても、ある時は獅子のように、ある時は鳥のように対応されます。罪に対してはさばきを、悔い改めに対してはあわれみを与えられるのです。罪を犯しながら、「愛の神は見逃してくださるから大丈夫だ」と思ってはなりません。それは神をあなどることです。

もちろん誤って罪を犯すことはあります。その時はすぐに悔い改めましょう。「御子イエスの血がすべての罪から私たちをきよめる」からです。主イエスに頼ることは、他のどんなものに信頼するよりもはるかに優ることなのです。

主よ。今日も弱い私を支えてください。共におられるあなたを信頼しますから、全ての悪から守ってください。

32章

イザヤ書32章は昨日に続く第五の警告ですが、文字通りの警告は真ん中の部分だけで、その前後には、終わりの日の祝福された姿が描かれています。ですから

この章も、三つの部分に分けて考えるのが適切でしょう。

最初の部分は8節までです。この箇所は、「一人の王が義によって治める」時代が来ることを預言しています。この王とはメシアである救い主、具体的にはイエス・キリストのことで、彼とともに治める「首長たち」とはクリスチャンのことだと解釈できるでしょう。彼らは人々を危険から守る隠れ場のようになり、人々もそのことばに耳を傾けるようになります。迷いごとを語る愚かな者や、悪事を企むならず者さえも、神を恐れる高貴な人へと造り変えられるのです。

第二の部分は9節から14節までです。ここでは、安逸を貪る女やうぬぼれている娘に対して、厳しい警告がなされています。彼らは、自分の力によって豊かなぶどうの収穫を得たと考え、それが毎年毎年同じように続くと思っています。でもその取り入れができなくなる日が来るのです。その時には彼らは胸を打って嘆くようになります。畑は荒れすたれ、町はさびれてしまうからです。安逸を貪りうぬぼれているのは女性だけではなく、男性もではないでしょうか。

15節以降が第三の部分で、ここには再び終わりの日の麗しい姿が述べられています。それは、「いと高き所から霊が注がれる」日です。それはヨエルが預言し、使徒の働き2章で成就した聖霊降臨の日です。その日には荒野が果樹園となり、さらに果樹園は、イスラエルの国ではほとんど見ることのできない緑いっぱいの森となります。公正と義が国をおおい、民は安らかな憩いの場に住むという平和な社会です。何と素晴らしく、何と幸いな預言でしょうか。

これらの預言は、新約聖書の時代にある程度まで実現したと言えます。主イエスを信じた人は、ならず者やうぬぼれ者であっても造り変えられるからです。しかし、社会や国家は、残念ながらまだここに描かれている姿になっていません。それは、主が再びおいでになる時に完成されるのでしょう。だからこそ、造り変えられた私たちは、このような社会となるよう、聖霊の力に拠り頼みながら、祈り労すべきではないでしょうか。

主よ。私があなたを愛する者へと造り変えられたことを感謝します。どうかこの社会をも造り変えてください。

33章

イザヤ書33章は第六の警告ですが、ここだけは南王国に対してではなく、敵国アッシリアに対してのものです。紀元前七〇一年、アッシリアは南王国に向かって進軍してきました。そこで南王国は使者を遣わして和解を申し入れ、アッシリアから要求されるままの莫大な財宝を用意しました。しかし彼らはその和解の契約を裏切り、エルサレム近辺まで兵を進めてきたのです。これがこの章の背後にある事件です。

まず9節までで、イザヤはアッシリアと主なる神に、交互に呼び掛けています。最初にアッシリアに「あなたは私たちを裏切ったので、あなたも裏切られる」と警告し、次いで主に対して「私たちをあわれんでください」と祈ります。そして4節ではアッシリアの滅びの姿を描き、5節6節で主はいと高き方であり、この方を恐れることが財宝であると宣言するのです。最後の三つの節には、横暴なアッシリアが荒らした北王国の様子が描写されています。

10節から16節までには、主が立ち上がって正しくさばかれることが預言されています。主は、遠くの者であるアッシリアを茨のように燃やされるだけでなく、近くの者である南王国の人々でも神を敬わない者は焼き尽くされます。しかし義を行う者、賄賂を受け取らない者、悪いことを聞いたり見たりしない者は安全に守られ、飲食物も確保される、とイザヤは神の公平なさばきを宣告するのでした。

17節以降の最後の部分には、メシアが来臨される終わりの日の情景が述べられています。メシアが麗しい王としておいでになるとき、アッシリアの恐ろしい軍隊はもはやいません。神殿は破壊されても、主がおられる天幕は動くことはなく、そこで主は司法・立法・行政の三つの権威をもって治められます。豊かな水の流れる川に敵はおらず、足の萎えた者も獲物を得ることができます。どんな病気も癒やされ、どんな咎も除かれ、主への感謝が満ちあふれるのです。

横暴な政治家が戦争をおこし、暴利を貪る経営者が国民を苦しめているような今の世界に、この麗しい王がおいでくださったら、どんなに幸いなことでしょう。再臨の主がおいでになる日は、決して遠くではありません。あなたは、今日、あるいは今晩、主をお迎えする心備えはできていますか。

主よ。あなたが来られる日を私は心から待ち望みます。その日まで、全力であなたを証しできますように。

34章

イザヤ書34章は、次の35章とともに、24章から始まった全世界のさばきについての預言の総まとめの部分と言うことができます。今日の箇所で、世界の徹底的なさばきは神の栄光を現すためであることが記され、明日の箇所では同じく神の栄光を現すために、世界が救われることが預言されるのです。今日の箇所は四部分に分けられるでしょう。

第一の部分は4節までで、「主がすべての国に向かって激しく怒り、すべての軍勢に向かって憤る」姿が描写されています。南王国やアッシリアに限らず、世界のすべての国々に対しての怒りです。それは、すべての国々が罪を犯して暴虐にふるまったからです。地上の戦いのみならず、天の万象も朽ち果てるという、終末の様相が現されています。

5節からの第二の部分では、全世界のさばきの一例としてエドムの聖絶の時が述べられます。それは、エドムに苦しめられたシオンの町、つまり南王国が自分で復讐するのではなく、主ご自身が彼らに復讐される日です。聖書は決して虐殺を勧めているのではありません。神がさばかれるから、人間は早まってさばいてはならないと教えているのです。

第三の部分は9節から15節までです。さばきの結果としての荒れ果てた状態が、これもエドムを例として語られています。エドムは火で燃やされて廃墟となり、もはや人間が住むことなどできない荒地となります。もちろん王も指導者も存在しません。もし第三次世界大戦がおこるなら、ちょうどこのような状況となるのではないでしょうか。

16節以降が最後の部分です。「主の書物」とは聖書を指していると考えて良いでしょう。イザヤは主の口が命じた通り、この滅びの預言を書き記しました。それは「主の御霊」によって集められ、今私たちが読んでいるような形にまとめられたのです。そしてその預言は必ず成就します。

今から二七〇〇年も前に書かれたイザヤの預言は、部分的にはすでに成就しました。でも全世界のさばきはまだ実現していません。それは実現の日を待っているのです。その日は必ず来ます。あるいは地球温暖化や感染症の蔓延のゆえにその日が来るのかもしれません。その全世界のさばきの日には、私たちは皆、主の御前に立たねばならないのです。

主よ。終末の日がいつやってきても、決してあわてることがないよう、日々心備えをする者とさせてください。

35章

イザヤ書35章は、昨日と対照的に、世界の救いが預言されています。終わりの日に、主の栄光がここに記されているような形で現されるのです。

まず1節2節では、主のさばきで荒れ果てた土地が回復される姿が描かれます。レバノンは杉の木の産地として有名でしたし、カルメルは豊かな森、シャロンは美しい花で知られていました。主はご自身の栄光を現すために、義をもって悪を行う国々をさばかれるのですが、その後には、あわれみをもって回復されます。義とあわれみは切り離されないからです。主の栄光はこの両者を通して現されます。

3節から7節までには、土地とともに人々も回復されることが宣言されます。さばきのゆえに恐れ悩んでいた人々に、主は「恐れるな。神は来て、あなたがたを救われる」と語られます。目や耳や足や口に障害をもっていた人々が全く癒やされ、水のない荒野に豊かな水が湧きだすようになるという奇跡がおこるのです。これは文字通りにも理解できますし、また、主のみわざを見ても主のみことばを聞いても主を信じなかった人々が、悔い改めて主を信じ、喜びに満たされることだとも解釈できます。

8節以降では、救われた者が神の国の象徴であるシオンへの大路を歩んでいく様子が述べられています。この大路を歩むことができるのは、正しい者ではなく贖われた者です。人間の表も裏もすべてご存じの主の前では、「自分は正しい」などと主張できる者は誰もいません。しかし、自分の罪を素直に認めて悔い改め、主のあわれみにすがる者は、贖われた者です。この道には、彼らを恐れさせる獅子も猛獣もいません。彼らはこの聖なる道を、喜びの賛美をもって神の国へと進んでいくことができるのです。

私たちも日々、このような道を歩みたいと思います。今までに、あるいは神のさばきとも感じられるようなことがあったかもしれません。でもそれが自分の罪のゆえであったならば素直に悔い改め、十字架によりすがって、「贖われた者」としていただきましょう。そして主と共に天国への聖なる道を歩んでいきましょう。あなたの歩みが、あなたの回りの荒地にサフランの花を咲かせ、水を湧きださせるものともなり得ます。そこにこそ神の栄光が現されるのです。

主よ。贖われた私です。喜びの賛美をもって聖なる主の道を歩んでいきます。どうか良い証人としてください。

36章

イザヤ書36章から39章までは、今までと違って、詩の形ではなく普通の散文の形で書かれています。この部分は預言と関連した紀元前七〇〇年頃の南王国の歴史なのです。紀元前七四〇年前後に預言者として召命を受けたイザヤは、約四〇年間預言者として活動し、南王国の最大の危機となったこのアッシリアの侵入事件にでくわしました。そしてこの事件は彼の預言の正しさを立証するものとなったのです。

アッシリア王センナケリブは北方から軍を進め、アラムと北王国を占領し、地中海沿岸にそって南下してエルサレムの南西四五㎞の所にある要塞都市ラキシュを取りました。そこを足場として将軍ラブ・シャケをエルサレムに遣わし、居丈高に南王国に無条件降伏を勧告したのです。

ラブ・シャケが南王国の三人の高官に対して話した勧告は次の二点にまとめられるでしょう。第一に、エジプトに頼っても裏切られるだけだ。第二に、おまえたちの神、主に頼っても、われらの総督の一人さえも撃退できないだろう。その主なる神がこの国を滅ぼせと私に言われたのだから。

さらに彼は、城壁にすわっている一般の兵士に対しても次のように第三の勧告をします。ヒゼキヤ王を信じるな。彼は主が救い出してくださると言っているが、今までアッシリア王の手から民を救い出した神などどこにもいない。降伏さえするなら、おまえたちを安全な別の国に連れて行って、平和に暮らせるようにしてやろう。

これら三つの勧告は実によく考えられています。第一のものは、エジプトとの同盟を見抜いての言葉です。同盟の危険性はイザヤも王や高官に言っていたことでした。他国に頼ることほど危ういことはありません。第二は、主への信頼を崩すために勝手に主の御名を用いるという策略です。そして第三は、王に対して不信感をもたせ、自分たちのほうがおまえたちを幸せにできるのだと思わせる方法でした。

サタンは現在の私たちに対しても同じような誘惑の手口でささやきます。「神などに拠り頼んでも役にたたないぞ。このお金、この仕事、この快楽のほうがずっとおまえを幸せにするものだ。どうだ。こちらのほうに来ないか」と。そんなとき、あなたは何に信頼するでしょうか。

主よ。あなたから目を離させようとするサタンから、私を守ってください。私はあなたにのみ拠り頼みます。

37章

イザヤ書37章には、無条件降伏を求めるアッシリア軍への南王国の対応のようすが書かれています。13節で区切ると、そこに二つの段階があったことがわかるでしょう。

第一の段階です。ラブ・シャケの脅迫的な勧告を伝え聞いた南王国の王ヒゼキヤは、衣を引き裂くほど嘆くのですが、その後すぐに主の宮に行って神に祈りました。その時に示されたからでしょう。王はイザヤに使者を遣わし、現状を訴えたのです。イザヤは彼らに主のことばを語りました。「恐れるな。アッシリアの王は、あるうわさを聞いて自分の国に引き揚げる。わたしは、その国で彼を剣で倒す」と。

そしてこの通りのことがおこりました。今のエチオピア地方にあったクシュの王で、エジプトを征服していたティルハカが、アッシリアと戦うために北上してきたというのです。アッシリア王は、南王国を早く降伏させせなければエジプト軍と対戦できないと考えたのでしょう。ヒゼキヤに使者をおくり、さらに強い態度で「おまえの信頼する神でも決して私の軍隊から守ることなどできない」と脅したのです。

第二段階は14節から始まります。この二度目の脅迫に対してもヒゼキヤ王は前と同じように主の宮に行き、その手紙を主の前に広げて、「あなたこそ本当の神ですから、必ず私たちを救ってください」と祈りました。主はその祈りに答え、イザヤを通してアッシリアに語られます。「あなたはだれに向かって高慢な目を上げたのか。あなたはわたしが計画したことを実行しているだけだ。あなたの高慢のゆえに、わたしはあなたの鼻に鉤輪をつけて引き戻す」と。

続いて30節からはヒゼキヤ王に対して、「二年間は苦しむが三年目からは繁栄する。万軍の主の熱心がこれを成し遂げる。アッシリアの王がエルサレムに侵入することはない」と、王を力づける預言をします。そしてその預言の通りに、一晩で十八万人以上の大軍が全滅し、アッシリア王も息子によって暗殺されるというできごとがおこったのです。

私たちも、国家存亡の危機に主の宮にとびこんで祈ったヒゼキヤ王に倣いたいと思います。日本も世界も、あるいは私たちの職場や家庭さえも、いつ何がおこるかわかりません。でもまず主に祈るならば、そこに奇跡がおこるのです。

主よ。危機的な出来事に直面しても、私はすぐにあなたに呼び求めます。信仰の弱い私を訓練してください。

38章

イザヤ書38章は、時間的には36章や37章よりも前におこっていたできごとを記しています。ヒゼキヤ王が、アッシリアの侵略という国家的危機に際しても神への信頼を持つことができたのは、その前にこの章に記されている病気の癒やしという奇跡的な経験をしていたからかもしれません。この章は、8節と20節で無理なく三つの部分に分けることができるでしょう。

第一の部分には、ヒゼキヤとイザヤの対話が述べられています。病気になったヒゼキヤ王に、イザヤは「この病気は治らないから、国政のことなどちゃんと整理しておけ」との主のことばを告げます。王は当時四〇歳位で、次の王になるマナセはまだ生まれていませんでした。アッシリアのことなど考えると、とてもまだ死ねません。彼は病床の回りにいる人々から目を転じて壁に向かい、泣いて主に祈ります。そのとき主は、帰りかけたイザヤに語られます。彼は引き返し、王の寿命が延ばされ、またアッシリアの攻撃からも守られることを伝えました。しかもそのしるしとして、先代の王アハズが設けた日時計の影が戻るという奇跡もあったのです。

第二の部分はヒゼキヤがその病気から回復したときに作った歌です。最初に病気になった時の苦しみを、14節からはその中でうめいて神に祈ったことを、そして17節からは癒やされた喜びを、様々な比喩を用いて歌っています。

第三の部分は、時間的な流れとしては6節の後に入れられる出来事だと思われます。イザヤは、主の癒やしのことばを語った後、干しいちじくを王の腫物の上に塗りました。これは当時の民間療法だったのかもしれませんが、癒やしのしると考えるほうがより適切でしょう。しかしそれでもまだ信じられないヒゼキヤは、より大きなしるしを求めたのです。実はこのしるしを求める心こそ、次の章に出てくるヒゼキヤの過ちを引き起こした大きな原因となりました。

ヒゼキヤは信仰深い王でした。特に病の時でも、アッシリアの攻撃の時にも、ひたすら主に祈り求めたその姿は私たちの模範とすべきところです。しかし、彼は完全無欠ではありませんでした。目に見える保証としてのしるしを求めることは、見えない神のみを信じる純粋な信仰ではありません。けれど主はヒゼキヤ王をあわれみ、守られたのです。

主よ。あなたのみを信じることができない弱い私です。
それでも私は、純粋な信仰を求めて歩んでいきます。

39章

イザヤ書39章は38章の直後のできごとです。ヒゼキヤ王の病気が奇跡的に癒やされたとの知らせを聞いて、バビロンの王メロダク・バルアダンがわざわざお祝いにやって来ました。ヒゼキヤはこの遠来の賓客を喜び、自分の国の宝物蔵も武器庫もみんな見せたのです。しかしこれはヒゼキヤ王の大きな過ちでした。なぜそれが過ちだったのでしょうか。三つほどの理由がこの章から浮かび上がってきます。

第一の理由は、ヒゼキヤにはバビロンに拠り頼もうという下心があったことです。メロダク・バルアダンという王は、アッシリアに反抗していた人物でした。彼がやって来たということは、当然ながら、当時アッシリアの脅威のもとにあったヒゼキヤに百万の味方を得たような気持ちを与えたことでしょう。しかし、神以外の者に頼ることは、イザヤが今まで何度も警告していたように、最も大きな罪でした。

第二の理由は、宝物や武器に拠り頼もうとしていたことです。ヒゼキヤは、「自分の国が危うくなったら助けてくれ。これらの武器を用いても良いし、これらの宝物を渡しても良いから」と言ったのかもしれません。たといそこまでは言わなくても、宝物や武器を誇る気持ちがきっと心のどこかにあったことでしょう。他国の王に自分の国の武器や財宝を見せることは、金庫の鍵をわたすようなものでした。

第三の理由は、イザヤには何の相談もなかったことです。3節から、これはイザヤには「寝耳に水」の事件だったと推測されます。もっと大きな問題は、王は一言の祈りもしなかったことです。病気の時にはあれだけ必死に祈ったのに、元気になったとたんに、目に見えないお方のことなどすっかり忘れてしまったのは、大きな過ちでした。

かくて6節の預言通り、それから一〇〇年余り後、南王国はバビロンに滅ぼされることとなります。しかしヒゼキヤが生きている間は、あのアッシリアからは守られました。王は8節で、自分の過ちにもかかわらず、その後のアッシリアの攻撃から守られることには感謝しているのです。

目に見えるしるしや物には信頼しやすいが、目に見えない方を忘れがちなのは、現在の私たちも同じです。ヒゼキヤの過ちを繰り返さないように注意せねばなりません。

主よ。苦しい時に必死に祈り求めたように、苦しみのない時でも、心から主に祈る私とさせてください。

40章

イザヤ書は40章から後半部となり、前半部とはうってかわって、救いが強調される預言になります。これまでとあまりにも内容に違いがあるので、この章以降は後代の無名の預言者が書いたものだと推測する人々もいます。しかし、紀元前六八〇年頃、イザヤの晩年に主が示された預言と考えても決して無理ではありません。今日の40章には「エルサレムを救われる主」という題をつけて学んでみましょう。

まず11節までは後半部の序曲とでも言える箇所です。その罪のゆえにさばきを受けたエルサレムに対して、神は「慰めよ、慰めよ、わたしの民を」と仰せられます。民の咎が償われたことを叫ぶ声が荒野から聞こえ、たとい民は草のようにしおれても、この神のことばは永遠に立つと宣言されるのです。良い知らせとは、神である主がエルサレムに来られて、羊飼いのように民をやさしく抱かれることでした。

12節から26節までには、なぜ主がこの民を救うことができるのかという理由が記されています。それは主が天地をはかり、国々を手桶の一しずくのようにみなされる偉大な方だからです。鋳物師が造る偶像とはわけが違います。主はこの天地を創造し、君主たちを無に帰し、彼らを藁のように散らす方です。この方は天の万象を呼び出すことのできる精力に満ちた、力強いお方なのです。

27節以降には、このお方を待ち望む者に与えられる力が麗しい譬えで表現されています。苦難の中にある者は「私の訴えは私の神に見過ごされている」と言うかもしれないが、そうでない。目先だけを見ないで、測り知れない神の英知を認めよ。そのお方がなされることを待ち望む者は新しく力を得、鷲のように、翼を広げて上ることができるのだ。そうイザヤは民を励ますのでした。

今まで民の罪を指摘し、悔い改めを訴えてきたイザヤにとって、このような慰めと励ましの預言を語れるのは本当に嬉しいことだったでしょう。苦難の中にあった民も、どれほど喜んだことでしょう。そしてこの預言は、今のこの時代に苦しんでいる人々にも語られているのです。試練のただ中にある兄弟や、失望のどん底にいる姉妹よ、このみことばを、今日あなたに語られたものとして受け入れてください。

主よ。天地を造られたあなたは、私の悩みをすべてご存じです。あなたの力で私を天に舞い上らせてください。

41章

イザヤ書41章は前の章の思想を発展し、イスラエルを救うお方はそのために主のしもべをお用いになることを預言しています。その主のしもべとはどのような人物かを、7節と20節で区切れる三つの部分から学んでみましょう。

第一の部分では、主は「一人の者を東から起こし、その行く先々で勝利を収めさせる」と書かれています。その人物とはだれでしょうか。まずアブラハムという説があります。次に、イザヤの時代から約一五〇年後に、バビロンに捕らわれていたイスラエル人を解放したペルシア王キュロスだという説もあります。しかし彼らをも含め、「神の選びの民を救うために用いられる人物」と、広く解釈するのはどうでしょうか。でもこのような人物が登場しても、偶像に拠り頼む者はより熱心に鋳物師に偶像を造るよう求めるのです。

第二の部分では、このしもべは「イスラエル、ヤコブ、わたしの友」と言われており、主はこのしもべを強め、助け、守られることが宣言されています。またこのしもべを贖う人物は「イスラエルの聖なる者」と呼ばれています。ここでの「義の右の手」という語句は「勝利の右の手」とも訳すことができます。第一の部分でこのしもべが勝利を得ることができたのは、神の御手がその背後にあったからにほかなりません。神の御手がある故に、荒野が水のある沢となったり、貴重な樹木が生長したりするのです。

第三の部分では、将来実現するこのしもべの登場を告げることができるのは、真実の神のみであることを宣言します。主はこのしもべを北から来させられます。また、このしもべによってエルサレムに良い知らせを伝えられます。主が起こされるこの人物以外には、どこを見回しても、神に返事ができる助言者を見つけることはできないのです。

この時点では、このしもべが誰かは明白ではありません。でも歴史が進むにつれてだんだんはっきりしてきます。それはキュロス王と言うこともできましょう。でも実は、このお方はメシアなるイエス・キリストであることが、イザヤ書53章あたりから明確になってきます。いえ、それのみならず、主イエスを信じる者もまた、「主のしもべ」として大きな働きをすることができるようになるのです。

主よ。主イエスを信じる私は、喜んであなたのしもべとなりたいです。どうか、私の心に働いてください。

42章

イザヤ書42章も主のしもべについての預言です。この章も9節までの部分と、17節までの部分と、そしてそれ以降の部分の三つに分けられるでしょう。

第一の部分は、主のしもべは「傷んだ葦を折ることもなく、くすぶる灯芯を消すこともない」ような柔和な人物であると述べます。彼は叫ばず、言い争わないのに、この地にさばきを確立するのです。さらに主はこのお方を民の契約とし、国々の光とし、この方によって見えない目を開き、罪のとりことなっている囚人を牢獄から連れ出してくださいます。この所を読むと、主イエスこそこのしもべであることがわかってくるでしょう。事実、この箇所はマタイ福音書12章に引用されています。イザヤの時代から約七〇〇年後におこるできごとがここに預言されているのです。

第二の部分では、このことをなさる主に向かっての賛美の歌と、主のなさるわざとが記されています。悪人が繁栄し、善人が苦しむ状況を見るなら、「神はいつまで黙っておられるのか」と言いたくなることもあります。しかし主は必ず勇士のように出で立ち、戦士のように奮い立って、敵をさばかれます。また目の見えない人に光を与え、起伏のある地を平らにしてくださいます。だからこそ、主に向かって新しい歌を歌うことができるのです。

第三の部分はこれまでとは対照的で、不信仰なしもべに対する神の宣告です。主に買い取られたしもべであるはずなのに、目が見えず、耳の聞こえない人々もいます。彼らは「多くを見ながら、心に留めず、耳が開いているのに、聞こうとしない」人々です。イザヤ書6章で預言されている心の頑なな人々は、いつの時代にも存在するのです。イスラエルの中にこのような人々がいるために、主は燃える怒りを彼らに注がれたことを、イザヤは大胆に指摘します。

アブラハムの子孫が全員主のしもべなのではありません。主なる神のみことばに従って主の道に歩む者こそが、本当の主のしもべなのです。私たちクリスチャンも同じです。主のみことばを聞き、主のみわざを見て生きる者、日々主イエスに従って生きるものこそが本当の主のしもべです。私たちは名ばかりのしもべとなってはいないでしょうか。今日もみことばを聞き、そしてそれに従いましょう。

主よ。聞くだけで終わりやすい私をお赦しください。どうか私を、本当の主のしもべとなしてください。

43章

イザヤ書43章は、前の章の最後の部分で言われていた不信仰なしもべ、不信仰なイスラエルに対する、神のあわれみの預言と言うことができます。この章も、その内容から考えて三つの部分に分けると理解しやすいでしょう。

第一の部分は7節までです。どんなに不信仰な民であっても、主は彼らを形造ったからこそ、彼らを贖われます。出エジプトの時に、彼らが紅海の中を歩み、ヨルダン川を越えることができたのは、主が彼らの救い主だったからでした。それと同様に、どんな苦難の時にあろうとも、主は彼らを救うためならば、あの大国のエジプトやクシュさえも身代金とされます。イスラエルの民に対して、「わたしの目には、あなたは高価で尊い」と言ってくださり、全世界に散り散りになったとしても、彼らを再び集めてくださるのです。

第二は21節までの長い部分です。この箇所のテーマは、創造主である神がイスラエルの民を贖い出されるのは、この民が主の栄誉を宣べ伝える証人となるためだ、ということができるでしょう。14節にはバビロンという地名が出てきますが、すでに39章などに預言されていたように、イスラエルの民がこの地に捕囚となることは神のご計画に入っていたことでした。でもそこから贖い出すことこそ、「先のこと」である出エジプトと比較される「新しいこと」なのです。

22節以降が第三の部分です。主はそれほどまでにイスラエルの民を愛されていたのに、彼らはそれに気づかず、主に感謝のいけにえさえも献げようとはしませんでした。かえって彼らはその罪で主に苦労を与え、その不義で主を煩わせたのです。しかしそれでも主は、「わたし自身のためにあなたの背きの罪をぬぐい去り、もうあなたの罪を思い出さない」と仰せられます。何と忍耐深く、何とあわれみ深いお方でしょうか。

イスラエルの民をこれほどまで愛された主は、今は全世界の民を同じように愛しておられ、私たちすべてに「わたしの目には、あなたは高価で尊い」と言ってくださいます。そしてどんな試練の中からも贖い出してくださるのです。それは主が私たちを造られたからにほかなりません。今日、もう一度それを確認し、心から主に感謝する者となりましょう。

主よ。こんな私を造り、私を愛し、私をどんな苦難の中からも贖い出してくださることを心から感謝します。

44章

イザヤ書44章は、昨日の43章で展開された創造主は贖い主でもあることを再度強調し、偶像との違いを明確に述べます。

この章もやはり三つの部分に分けられるでしょう。

第一の部分は8節までで、前の章の冒頭と同じような表現で始まります。イスラエルを母の胎内に形造られた主は、ご自身の祝福をその子孫に注がれると約束されるのです。彼らは喜んで「私は主のもの」と告白するようになります。エシュルンとは「真っすぐな者」という意味で、ヤコブが「押しのける者」という意味であるのと対照的です。イザヤの時代にはまだ苦難の中にいたイスラエルでしたが、主は必ずこの民を贖われると明言されました。そのように未来のことを告げられるのは、本当の神だけです。

9節からは第二の部分で、本当の神ではない偶像がどれほど空しいものかが描かれています。偶像は、腹が減ると力がなくなってしまう人間によって造られたものです。そんな偶像が未来を予告できるでしょうか。あるいは木を加工して造られる偶像もあります。ある時は暖をとるためにたきぎとして燃やし、またある時は肉を焼くために用いるような木で造った偶像の前で、「私を救ってください」と祈るのはおかしいのではないでしょうか。けれど偶像を礼拝する者は知識も英知もないので、それがわからないのです。

第三の部分は21節から始まります。主は再びイスラエルに対して「あなたはわたしのしもべ」と呼び掛け、その背きの罪を消し去り、贖ったと宣言されます。そして「わたしに帰れ、そして喜び歌え」と励ましてくださるのです。そして、イスラエルを形造られた主は、エルサレムを回復されます。逆にエルサレムを苦しめた国の淵、多分これはバビロンを流れるユーフラテス川だと思われますが、それを干上がらせられます。さらに驚くべきことに、キュロスという人物をおこして主の計画を成し遂げさせ、神殿を再建させると言われるのです。

これはイザヤの時代から一五〇年後に文字通り実現しました。主は本当の神だからこそ、未来のことを告げ、その通り実現なさることができます。そして現代に生きる私たちが信じているのも、このお方です。偶像の神々とは比べものにならない知恵と力を持つお方なのです。

主よ。あなたこそ真の神。私は他のものに頼りません。ただあなたのみを信じ、あなただけに拠り頼みます。

45章

イザヤ書45章は、前の章に続き、ペルシア王キュロスによるイスラエルの救いについて預言しています。この章も13節と19節で三つに区分すると理解しやすいでしょう。

第一の部分は、まず7節までに注目してください。主は異国人の王キュロスに三つのことをさせるため、選びのしるしとしての香油を注がれました。第一に彼が主を知るため、第二に彼を通してイスラエルが救われるため、第三にすべての人々が主を知るためです。しかしイスラエルの民は、異国人にそんな大切な働きをさせていいのだろうかと疑問に思いました。そこで主は8節以降で、「粘土が自分を形造る者に抗議することはできない」と答えられます。あくまでも主が中心です。主が天地を造り、主が人間を創造されたのです。

第二の部分では15節と19節に注目しましょう。主はある時にはご自分を隠されますが、必要な時には明確に語られます。天地を創造され、歴史を支配しておられる主は、ものが言えない偶像ではありません。はっきりと正義を語り、公正を告げられます。そのために異国人であるキュロス王さえ用いて、神の正義を打ち立てようとされたのです。

第三の部分では主は異国人に語られています。偶像を信じていても逃亡せざるを得なかった人々よ、本当の神であるわたしのもとに近づけ。「地の果てのすべての者よ。わたしを仰ぎ見て救われよ。わたしが神だ。ほかにはいない」。イザヤは当時のイスラエルの民のためだけではなく、後の日にこの預言を読むであろう異国人をも念頭において、この神のことばを書き記したのでしょう。

ある学者は、キュロス王はもともとアグラダテスという名であったが、このイザヤの預言を知って「キュロス」と名乗るようになったと言っています。それが事実なら、イザヤの預言は確かに異国人に主を知らしめたことになります。

単にキュロス王だけではありません。新約聖書の時代になってからは、この神のことばは全世界の人々に伝えられるようになりました。そして現在、私たち日本人も主こそ創造主であり贖い主であることを知ることができるようになったのです。イザヤの預言は文字通り実現しました。確かに、聖書の示す神こそ唯一の神であり、ほかに神はありません。

主よ。あなたこそ真の神です。全世界の人々がこのことを知ることができるよう、この私をも用いてください。

46章

イザヤ書46章にも、主は本当の神であるからこそ偉大なはかりごとをなされる、という今までのテーマが繰り返して述べられています。この章も三つに分けて学びましょう。

まず4節までには、偶像の神と本当の神の違いが描かれています。ベルやネボというのはバビロンで拝まれていた偶像の神々です。それらは祭りのたびごとに家畜の引く馬車に載せられて、あちこちに運ばれていました。また戦いに負けた時には、人も偶像も捕らわれの身となるのでした。それとは対照的に、主なる神は、人がまだ胎内にいる時からその人を担ぎ、白髪になっても背負ってくださる方です。偶像の神は「人に背負われる神」ですが、主なる神は「人を背負う神」です。どちらが本当の神でしょうか。

5節から11節までには、動けない神と事を行う神との対比がされています。金や銀をもち出して細工人に頼み、神を造ってもらったとしても、それらの神は置かれた場所から動けない神です。そんなものに叫んでも答えてくれず、苦しみからも救ってもらえません。それとは対照的に、主なる神は後のことを初めから告げ、その望むことをすべて成し遂げられる方です。主は東から猛禽、つまりペルシアのキュロス王を呼ばれ、イスラエルを救い出すと宣言されています。

最後の12節以降の部分には、それでも主を信頼せず、イザヤの預言を信じようとしない「頑なな者」に対しても、主はさらに「わたしに聞け」と呼び掛け、「わたしの救いが遅れることはない」と告げられます。イザヤ書6章に記されている、聞き続けても悟らない民であったとしても、主はなお呼び掛けられるのです。そして約束通り、「シオンに救いを、イスラエルにわたしの栄えを与える」と言われるのです。なんと忍耐深く、なんとあわれみ深い神でしょうか。

このように見てくると、イザヤ書40章以後は、キュロス王によってイスラエルが解放される前に預言されてこそ意義があるものです。実現後にする預言など、事実を述べるだけでだれにでもできます。どんな人間にも偶像にもできないことをされたからこそ、本当の神なのです。私たちはこのお方を信じています。すべてを計画し、すべてをその通り行われる主を信じるからこそ、平安が心に満ちるのです。

主よ。私を、生まれる前から担ぎ、白髪になっても背負ってくださるあなたを信頼し、すべてをお委ねします。

47章

イザヤ書47章はバビロンの滅びについての預言です。これはすでに何度も預言されていたことですが、この章では、次の章でイスラエルの民がバビロン捕囚から解放されることを述べるため、その準備として書かれています。主は、次の三つの理由のゆえに、バビロンを滅ぼされました。

第一の理由が7節までに書かれています。それは、「娘バビロン」「娘カルデア人」と記されているその国の人々が、イスラエルをあわれまなかったからです。バビロンは当時の最高の文化を持ち、上品な国であったはずなのですが、イスラエルを苛酷に扱いました。主は、イスラエルの罪を罰するために彼らを用いられたにすぎません。でも彼らはその主のご計画を知らず、女王のような気になって、イスラエルの民の老人にも重いくびきを負わせ、酷使したのです。

第二の理由は、彼らが高慢になったからです。10節までの間に二度、彼らが「私だけは特別だ」と言っていたことが記されています。これは、8節の注にもあるように、「私だけで、ほかにはいない」と直訳でき、神の唯一性を奪い取るような表現です。彼らの持っていた知恵と知識が彼らを迷わせたのです。それゆえ彼らは夫も子どもも、つまり王も国土も失ってしまいます。日本でも「おごる平家は久しからず」と言われる通り、これは普遍的な真理です。

12節以降には第三の理由が示されています。カルデア人は多くの呪文や呪術を用いていました。星占いはもともとバビロンにその源流があり、今でも多くの人々の間に大きな影響力をもっています。しかし主のさばきの手がのばされたなら、どんな占いも呪文も役に立ちません。焼畑農業で刈り株が燃やされるように、彼らは滅ぼされてしまいます。

戦前の日本も高慢になり、「アジアの盟主」と豪語していました。日本軍はアジア諸国を踏み躙り、その結果、先の戦争で一旦は滅ぼされたのです。しかしアメリカを中心とした連合国も決して傲慢になってはいけません。神が用いられただけなのですから。今のアメリカを見ると、将来が危ぶまれます。いえ、日本も同じです。常に主の前にへりくだっていなければ、神はさばかれます。私たちも、自分が高慢になっていないか、十分注意せねばなりません。

主よ。すぐ高慢になってしまう私をあわれんでください。今日、私は謙遜に神と人とに仕えるよう努めます。

48章

イザヤ書48章は、バビロン捕囚からの解放の預言です。イザヤはこのことが起こる一五〇年も前に、主が現実に歴史に働かれる神であり、偶像とは全く違うお方であることを示すために、これを預言しました。この章は、11節と16節で区切れる三つの部分に分けると理解しやすいでしょう。

第一の部分では、将来起こることがあらかじめイスラエルに知らせられる理由が述べられています。イスラエルは昔から、苦しい時には主を呼び求めますが、その後は不誠実になるような人々でした。だから主は、エジプト脱出のときも、それを前もって告げておられたのです。彼らが「私の偶像がこれをした」と言わないためでした。このたび、主が起こそうとされている「新しいこと」また「秘め事」は、彼らが今まで聞いたこともない事件です。主はイスラエルの神という名が辱められないために、このことをなされるのです。

第二の部分には、その新しいことがどんなものかが記されています。イスラエルを呼び出し、天地を創造された主は、また歴史をも支配されている方です。その方が「主に愛される者」をおこし、バビロンに向かわせられるのです。主はこれを隠れたところで語らず、明確に民に示されました。「主に愛される者」とは異国人の王であるキュロスのことです。これはイスラエル人にとっては信じられないことでした。

第三の部分で主は、この預言に聞き従うかどうかを鋭く民に問い掛けておられます。主はイスラエルの益になるように、歩むべき道を彼らに命じられました。それに耳を傾けてさえいれば、彼らの平安は川のように豊かになり、彼らの子孫は真砂のように多くなります。また出エジプトの時に岩から水が流れ出たように、今回も奇跡的なことがおこるのです。しかし主に聞かないならば、平安はありません。

出エジプトの時はモーセが救い手でしたが、第二の出エジプトとも言えるバビロンからの救いは異国人の王によってなされました。モーセと同じような人物を期待していた人々には信じられないことだったでしょう。それと同様に、神は第三の出エジプトとも言える全人類の救いを、御子イエスによって成し遂げられたのです。しかしこれを信じられない人々は今でも多くいます。悲しいことです。

主よ。あなたのなさることを信じられない人々に、主は確かに語られた通りになさると証言させてください。

49章

イザヤ書49章から、預言は新しい展開を見せます。偶像やキュロス王に関することは言われなくなり、イスラエルを導く主のしもべと、イスラエルへの慰めが強調されるようになるのです。これは55章まで続く特色です。この章も6節と13節とで三つの部分に区切って学んでみましょう。

第一の部分では、すでに42章に言及されていた主のしもべが再び登場します。彼は生まれる前から主の召しを受け、主のことばを民に語ったのですが、民はそれを受け入れませんでした。失望する彼に対して主は仰せられます。「わたしはあなたを国々の民の光とし、地の果てにまでわたしの救いをもたらす者とする」と。このしもべはイザヤとも、また来たるべきメシアとも解釈できます。重要なのは、彼が苦難の中で主からのメッセージを語ったことです。

第二の部分は、人に蔑まれ、忌み嫌われている者に対する主の慰めのことばです。そのような者の祈りに主は答え、助け、ゆずりの地を継がせてくださいます。彼らは飢えず渇かず、水のほとりに連れて行かれるのです。しかも、全世界からそのような弱い者たちが集められるという、終末の状況と思える姿が描かれています。これこそ「恵みの時」、「救いの日」と言われる時代なのでしょう。人々は主がしてくださったこのことのゆえに喜び歌うのです。

第三の部分は、悲惨な状況にあったシオン、つまりイスラエルの民も回復されることを預言しています。彼らは主に見捨てられたと思っていました。しかし女が自分の乳飲み子を忘れたとしても、主は彼らを忘れないと明言されます。廃墟となった町は再建されて多くの人々が住むようになり、諸国に散らされていた民は再び集められ、とりことなった勇士も助け出されます。そして全世界のすべての者が、主こそ救い主であり贖い主であることを知るようになるのです。

イザヤは、自分の預言が受け入れられないために挫折感を味わったことがありました。イスラエルも神に捨てられたような状況でした。でも彼は主の回復のわざを信じていたのです。乳飲み子を忘れる母親があっても、主は忘れられないことを確信していました。たとい失望のどん底に陥る時があったとしても、私たちもこの信仰を持ちましょう。

主よ。挫折感に襲われるときこそ、あなたは決して私を見捨てられないことを思い出します。

50章

イザヤ書50章では、すでに42章と49章に登場していた「主のしもべ」が三度目に言及され、以前より明らかにその姿が示されます。彼は、イスラエルの民の一人とも、キュロスのような人物とも、イザヤ自身とも、また来たるべきメシアとも理解できるのですが、ここではさらに一歩進んで、彼が「苦難のしもべ」であることが教えられています。この章も3節と9節で三つの部分に分けられるでしょう。

第一の部分は、主は決してイスラエルの民を見捨てられたのではないゆえに、今でも彼らを救い出す力があることを明言しています。ここで母親とはイスラエルの国であり、その民は子どもたちに譬えられています。確かに子どもたちは彼ら自身の咎のために奴隷として売られたのですが、父親である主は決して母親に離婚状を渡したのではありません。たとい別居状態であったとしても、主は、出エジプトの時のような奇跡をもって彼らを救おうとしておられるのです。

第二の部分は、主のしもべたる人物のことばと解釈できるでしょう。彼は弟子のように朝ごとに主のことばを聞き、また弟子の舌を与えられて疲れた者を励ます人です。彼はどんなに侮辱されても悪態をつくことをしません。それは彼を義とする方が彼の近くにおられるからです。他の人々が彼を訴えても、神である主が彼を助けられるのでひるむことはないのです。新約聖書のローマ書8章の末尾を思い出します。

第三の部分は、イスラエルの民に対するイザヤの訴えと理解できるでしょう。民よ、主を恐れて主のしもべの声に聞き従え。主を自分の神として信頼せよ。もし、自分自身が明かりをもっているというなら、それをもって歩くがよい。でもそういう人は苦悶の場所で伏し倒れるであろう。だから自分に頼まず、主に拠り頼め。イザヤは、民がどんなに彼を嘲っても、このメッセージを語り続けました。

主のしもべは「苦難のしもべ」です。しかし主が彼を助けられるからこそ、その中でも主のことばを語り続けられるのです。私たちも主のしもべとなりましょう。主は朝ごとに私たちを呼びさまし、弟子のように聞く者にして下さいます。みことばを聞き続けるなら、苦難の中でも人を励ますことができる者とさせていただけるのです。

主よ。苦難の中でも、私は朝ごとにあなたの前に出て、
あなたのことばを聞くしもべとなります。

51章

イザヤ書51章は前の章を受け継ぎ、主がそのしもべを遣わされるのはイスラエルを慰めるためであることを述べています。「わたし」とか「あなたがた」とか言われているのは誰かに注意し、四つの部分に分けて学んでみましょう。

まず8節までで、主はイスラエルに「あなたがた」と呼び掛け、アブラハムとサラから切り出されたこの民を慰め、荒野をエデンのようにすると約束されます。そして何度も何度も「わたし」ということばを用いて、「わたしに聞け」「わたしの義は近い」「わたしの救いは代々にわたる」と、主の真実な取り扱いをはっきりと宣言しておられるのです。

続いて9節から11節までは、イザヤが「主の御腕」に対して「あなた」と呼び掛けていると思われます。ラハブとか竜とかはエジプトを譬えているのでしょう。出エジプトのとき、主は紅海を分けて贖われた人々を通らせたように、今度も主は、捕らわれていた民が喜びながらシオンに帰って来れるようにしてくださると預言するのです。

11節からは再び主がイスラエルの民を「あなたがた」、あるいは「あなた」と呼び掛けて、慰められます。あなたは自分を造られた主を忘れ、虐げる者の憤りにおののいている。確かにあなたはわたしの憤りの杯を飲んだ。暴行と破滅、飢饉と剣があなたを見舞った。しかしわたしはどのようにしてあなたを慰めようか、と主は言われるのです。

そして最後の21節からは、イザヤ自身が「これを聞け。苦しむ者よ」と呼び掛け、「主はこう言われる」と民に語りかけます。見よ、わたしはあなたの手からよろめかす杯を取り上げた。今度はこの杯を、あなたを悩ます者たちの手に渡す。わたしはあなたを乗り越えて行った者たちをさばくのだ、とイスラエルの敵の滅びを力強く宣言されます。

すべての歴史の背後には、それを支配されている主の御手があります。イスラエルはその罪のゆえにさばかれるが、アブラハムへの約束のゆえに再び慰められる。これが主のご計画でした。そのために用いられるのが「主のしもべ」です。バビロン捕囚の時はキュロス王でした。しかしもっと重要な主のご計画は、神の御子による全世界の救い、いえもっと具体的には、あなたまた私の救いだったのです。

主よ。こんな罪深い私を救うために、あなたがずっと昔から抱かれていた救いのご計画に心から感謝します。

52章

イザヤ書52章には、イスラエルの慰めとは捕囚からの解放であることが記されています。しかしこの国家的な解放だけではなく、もっと深い意義がありります。特に、13節から登場する「主のしもべ」は、全人類をその罪から解放するために来られるお方を示唆するのです。この章は6節、10節、12節で四つの部分に区切れるでしょう。

第一の部分はエルサレムへの呼び掛けです。昔はエジプトに寄留し、アッシリアに苦しめられ、また捕囚ともなったこの民を、神は買い戻される。もはや無割礼の汚れた者が聖なる都に入ってくることはない。主の聖なる御名が侮られないため、また主がエルサレムにおられることを示すため、主は彼らを救い、解放されるのだと宣言されています。

7節からの第二の部分では、この解放の良い知らせを伝える者の喜びが描かれています。ここで注目したいのは、主がシオンに帰られ、そこで王となられることが良い知らせだと言われていることです。主は、廃墟となっているこの町を見捨てず、贖い、その民を慰められます。そのことによって、地の果てのすべての者が、神の救いを見るのです。

11節からが第三の部分で、捕囚の民に対する「そこから出て行け」との呼び掛けだと思われます。しかし「そこ」がどこかははっきり書かれていません。これは、バビロンというだけでなく、罪の生活のすべてを指しているのでしょう。主が王となられるなら、汚れた生活から離れるべきです。主が前を進み、またしんがりから励ましてくださいます。

第四の部分は、次の章にもつながる大切な所で、「旧約聖書の中の新約聖書」とも言われています。ここではすでに三度述べられてきた「主のしもべ」の姿がさらに明確にされ、彼は多くの者たちの驚きとなる人物であると預言されます。なぜ彼が驚きであるのか、これは、イザヤ書全体の中でも最も重要なメッセージとして次の章に展開されるのです。

主は、出エジプトの時も、バビロン捕囚の時も、驚くべき方法をもってイスラエルを救われました。そして、もっと驚くべき方法で、国家的な救いだけでなく、罪からの救いという最も「良い知らせ」を実現しようとされました。私たちも、この二一世紀にその良い知らせを聞ける者なのです。

主よ。罪の奴隷から私を解放してくださったあなたを、
私の心に王としてお迎えいたします。

53章

イザヤ書53章は、6章からイザヤが語り続けていた「人の心を頑なにするメッセージ」の究極の形とも言える箇所です。1節にあるように、この預言を当時のだれが信じることができたでしょうか。しかしこれこそ、神の御子が苦難を受けることによって全人類の贖いをなされるという、驚くべき神のご計画を、預言したものだったのです。この章は、9節で前半部と後半部に二分されるでしょう。

前半には、「彼」と言われる人物が苦難を受ける有様が克明に描写されています。彼には人々が慕うような見栄えがないばかりか、かえって蔑まれ、悲しみの人で病を知っていました。その病は、実は人々の病を身代わりに負うことだったのですが、人々はそれを神からのさばきだと思ったというのです。本当は彼の打ち傷のゆえに人々は癒やされたにもかかわらず、人々にはそれがわかりませんでした。

さらに、彼は不正なさばきによって死に至らしめられました。しかし彼は屠り場に引かれて行く羊のように黙っていました。彼の口に欺きはなかったのですが、彼は悪者と同じ墓に葬られました。彼が民の背きの罪のために殺されたなどと思う人は、当時ほとんどいなかったのです。

しかし後半には彼の苦難の意義が示されています。第一に彼の苦難によって主のみこころが成し遂げられます。第二にそれによって多くの人が義とされます。第三に多くの人が彼のものとなります。これらはすべて12節に記されているように、「彼は多くの人の罪を負い、背いた者たちのために、とりなしをする」からこそ、なされることなのです。

旧約聖書には、背いた人たちのためにとりなしをした人々が何人か記されています。アブラハムやモーセ、またイザヤ自身もエレミヤもそうです。でも、ある限られた期間の限られた人々のためでした。しかし、本章に示されている「苦難のしもべ」は、自分の命を捨てて人々の罪を負い、しかもその後もずっと背いている人間のためにとりなし続けてくださるお方です。それはイザヤの時代から約七〇〇年後のイエス・キリストにおいて、この預言の通り実現しました。この事実を知るなら、聖書の神は本当に生きておられ、本当に罪を赦すお方であると信じることができるのです。

主よ。預言されたことをその通り実現されたあなたは真の神です。私はあなたを信じ、御子イエスを信じます。

54章

イザヤ書54章は、前章の「主のしもべ」のとりなしゆえに回復され、最後の17節にあるように「主のしもべ」と呼ばれるようになった人々に告げられた恵みの預言です。この章は6節と10節で三つに区分されるでしょう。

第一の部分は、自らの罪のゆえに夫である主から捨てられたと思っている民に、主は大きな祝福を与えられることを記しています。「あなたの天幕の場所を広げ、住まいの幕を惜しみなく張れ」という聖句は、宣教の拡大のためにもよく用いられる聖句です。たとい現在は一人も子孫がいなくても、将来必ず増え広がるからその備えをせよ、と主は励ましてくださるのです。主は、一度妻とした者を決して見捨てられず、多くの子孫を与えてくださる方です。

第二の部分には、主の「永遠の真実の愛」について述べられています。この章で「あなた」と言われているのは、第一義的にはイスラエルの民でしょうが、それのみならず、イエス・キリストの救いを信じた者たちをも意味しています。ほんのしばらくの間は主から見捨てられたと思われる時があるかもしれません。でも、ノアの洪水の後にもう二度とそのようなさばきを送らないと誓われた主は、「わたしの平和の契約は動かない」と明確に宣言されているのです。

第三の部分でさらに主は、一度は敵によって破壊された町の城壁が宝石によって再建され、そこの住民はもはや攻め寄せる者たちを恐れる必要がなくなることを約束なさいます。紀元前六世紀、バビロンによって破壊されたエルサレムの町は、その七〇年後にこの約束通りに再建されました。でも、宝石によってではありませんでした。この預言が文字通り実現するのは、終末の日になることでしょう。その日こそ、イスラエルの民のみならず、主を信じる者はすべて、宝石によって造られた新しいエルサレムに住む者とされるのです。

私たちの人生にも、時々、主に見捨てられたと思うような時期があることは否定できません。でも、「わたしの真実の愛はあなたから移ることはない」という約束を信じ貫きましょう。その約束を保証するため、神は愛する御子イエスを十字架につけ、「その打ち傷のゆえに、あなたは癒やされたのだよ」と私たちに語りかけておられるのです。

主よ。苦難の時にこそ、私は十字架を思いおこします。
そしてあなたの真実の愛を信じ貫きます。

55章

イザヤ書55章は、苦難の中にいる人々に対する神の招きのことばです。前の章で学んだように、これはイスラエルの民だけでなく、全世界の人々に語りかけられています。5節で前後に区切って、この章を学んでみましょう。

前半には、これは無条件の招きであることが教えられています。どんな人でも生きていくためには、水や穀物、またぶどう酒や乳が必要ですが、これらの品物を手に入れることが非常に困難な時もあるものです。しかし主は、代金を払わないでこれらの物を買えと言われます。化粧品やゲームのために大金をはたいている愚かさに気づき、本当に必要なもの、しかも無代価で提供されているものを受け取れ、と主は勧めておられるのです。

これは、神からの霊的な祝福は無代価で与えられることの比喩です。ダビデに与えられた真実の契約は、いつまでも変わらないゆえに、また「主のしもべ」が身代わりになってくださったゆえに、何の善行も積まない者でも、諸国の民の君主、いえそれに優る神の子としていただけるのです。

後半には、前半と矛盾するようですが、この招きには一つの条件があると記されています。その条件とは、主を求めて主に帰ることです。これは、その人の能力とか人格に関する条件ではなく、心の持ち方に関する条件です。だれにでもできる条件です。今この時に「主よ」と呼び掛け、「自分の道」を捨て去って主に帰りさえすれば良いのです。

人間の世界では考えられないこの条件こそ、人知をはるかに超えた神の思いでした。このことを宣言される主のことばは決して空しくならずに、その通り実現します。このことばを信じて主に立ち帰る者こそ、喜びの歌声をあげることができるし、茨の代わりにもみの木が生えるという奇跡的なしるしを見ることができるようになるのです。

主は現在の私たちにも同じことばをかけてくださっています。今、あなたには何か困難があるでしょうか。家族や職場についての悩みや不安、あるいは良心の痛みや罪責感があるでしょうか。主は「渇いている者は求めよ。自分の道を捨て去ってわたしに帰れ」と招いておられます。ありのままの姿で今、「主よ」と呼び掛けようではありませんか。

主よ。何の長所もない私ですが、無代価ですべて与えてくださるあなたに立ち帰ります。あわれんでください。

56章

イザヤ書56章からは、「主のしもべ」の贖いによって義とされた人々の礼拝する姿が、最後の66章に至るまでずっと描かれます。形式に流されやすかった旧約時代の礼拝から新約時代を示唆する礼拝へ、そしてさらに終末時代を思わせる礼拝へと発展していくのです。今日の箇所は、3節と8節とで三つの部分に分けることができるでしょう。

第一の部分で主は、「正義を行え。わたしの救いが来るのは近いからだ」と命じられます。しかしその正義とは単に善行を積むことではなく、安息日を守ったうえで悪事に手を出さないことです。まず主なる神との関係を正しくし、このお方の望まれるように生きるのです。前の章で学んだ「主に帰った者」として歩むのです。そういう人々は、たとい異国の民であっても宦官であっても、神の民とされるのです。

第二の部分には、旧約時代には神の民とされなかった宦官や異国の民も、共に主を礼拝できるようになることが記されています。申命記23章では、宦官は主の集会に加われないことが明記されていました。しかしここでは、彼らも安息日に主を礼拝することができ、永遠の名が与えられると預言されています。またイスラエル民族でない者は、旧約時代には神殿で祈ることができませんでした。でも主は彼らを聖なる山に来させて、彼らのいけにえを受け入れられます。全世界から、このような礼拝の民が集められるのです。

これとは対照的に、第三の部分では、たといイスラエルの指導者であっても、主を忘れて自分勝手な道に向かって行く者に対して厳しい叱責がなされています。彼らは見張り人と言いながら見えない者のようで、危険が迫ってもそれを知らせることをしません。牧者なのに、強い酒を浴びるように飲む酔っ払いになっています。そこで主は、野の獣のような敵に命じて、彼らを食わせてしまわれるのです。

安息日を守り、主を礼拝する人々には、どんな差別も存在しません。ただ「主に連なって主に仕え、主の名を愛して」いるならば、みな等しく、共に主を礼拝できるのです。現在の私たちにとっては、教会が「あらゆる民の祈りの家」です。現在私たちの教会は、そのように、どんな人々をも受け入れる「祈りの家」となっているでしょうか。

主よ。外見や好みで人を判断することなく、だれでも共に祈ることのできる教会を建てあげさせてください。

57章

イザヤ書57章は、56章末尾で述べられたイスラエルの自分勝手な歩みが、偶像礼拝から生まれたものであることを、その前半部に記しています。でも15節からの後半部では、そんな人々さえも顧みられる主の姿が描かれます。

当時でも義人はいました。彼らは死後に安らぐことができましたが、実際生活ではだれからも心に留められません。女卜者や遊女の子孫は、そのような義人の生き方をからかっていました。そして偶像礼拝を行い、子どもを犠牲として屠ったり、性的な快楽に身を焦がしたりしていたのです。高価な香油を携えて、異国の偶像のところへ旅をすることまでしていました。しかし偶像は、彼らが苦難の中で叫ぶときに、決して助けてはくれません。真の神である主に身を寄せる者だけが、地を受け継ぐことができるのです。

後半15節からは、主に背くそのような人々に対するあわれみのことばです。高く聖なる所に住んでおられる方が、心の砕かれた人、へりくだった人とともに住んでくださると言われます。この方は永遠に争うことはありません。不正な利得の咎に対して怒られる方が、「それでもわたしは彼を癒やす」、また「彼とその嘆き悲しむ者たちに、慰めを報いる」と約束しておられるのです。

主なる神は何と謙遜なお方でしょうか。いと高き方がみずからを低くし、罪ある民の中に住んでくださることなど、他のどんな偶像ができるでしょうか。実は、あの53章の「主のしもべ」は主ご自身の姿でした。こうする以外に、傲慢なイスラエルの民を救い、平安を与える道はなかったのです。しかもこの平安は、単にイスラエルの民のみならず、遠くの者である全世界の人々にも広げられることになりました。これを信じる者には平安が与えられますが、あえて信じない「悪しき者」はいつまでも平安がありません。

イザヤは、私たちにも決断を迫っています。自分の都合の良い偶像を造ってそれに従うのか、それともへりくだって主なる神の愛のことばに耳を傾けるのか。今までどんなに主を無視していた者であっても、今、主のみことばに聞き従いさえするならば、平安が与えられます。しかしあえて聞かないならば、荒れ狂う海の中の小舟のようになるのです。

主よ。私は今、へりくだってあなたのみことばに従う決断をします。傲慢な私をおゆるしください。

58章

イザヤ書58章は、57章に続いて、イスラエルの民が犯している偽りの礼拝の罪を告発しています。前の章は偶像礼拝という明確な罪でしたが、この章では「断食」という立派に思える行動に潜む偽善の罪でした。まず5節までの前半部でその偽善性を述べ、後半部で真の断食を教えています。

イスラエルの民は、確かに外見上は主を求め、断食によって主に近づくことを望んでいました。しかし断食を、自分の願いがかなうための条件と考えていたようです。ですから、断食しても自分の思い通りにならない場合には、3節のように主を非難していました。それは「背きの罪」に他ならないことを知らせるため、主はイザヤに「精一杯大声で叫べ」と命じられたのです。

彼らは断食している時に、祈るのではなく、自分の好むことをしていました。断食しても、争いとけんかが満ちていました。労働者を働かせておきながら、断食を強制していたこともあったようです。たとい粗布と灰を敷き広げても、それが「主に喜ばれる日」と呼べるでしょうか。

そこで主は、6節からの後半部で主の好まれる断食とはどういうものかを示されます。それは、虐げられた者を自由の身とし、飢えた者にパンを分け与え、肉親を顧みることでした。そのとき、「あなたが呼ぶと主は答え」てくださいます。あなたの光は闇の中に輝き上り、潤された園のようになり、さらに廃墟を建て直す者とさえなるのです。

たとい断食をしても、安息日に出歩いて、自分の好むことをしているなら、何の意味もありません。安息日が「喜びの日」と呼ばれるのは、心から主を礼拝し、主を自分の喜びとするからです。そのときこそ、主も「わたしはあなたに地の高い所を踏み行かせる」と言ってくださるのです。

さて、現在の私たちの歩みはどうでしょうか。たとい断食はしなくても、デボーションや礼拝出席や教会奉仕をする場合、主に何かをしてもらいたいからという下心があるなら、いつしか3節のような不満が出てくるのではありませんか。そんな態度は偽善です。真の礼拝ではありません。本当の礼拝は、主を喜び、その喜びのゆえに、身近な所で愛の行いが生まれることです。それができているでしょうか。

主よ。私はあなたを礼拝することを喜びます。そこから愛の行動が生まれてくることを信じます。

59章

イザヤ書59章は、神を礼拝することを妨げるものは人間の罪であることを鋭く指摘しています。しかしそれとともに罪の解決の道をも教えているのです。この章は、四つの部分に分けて考えてみると理解しやすいでしょう。

8節までの第一の部分には、罪は人間と神とを断絶させるものであることが示されています。人の罪のゆえに神の御顔が見えなくなるのです。そして「神などいない」と考えるようになり、その手で他人の血を流し、舌で不正を告げるようになります。心にまむしの卵を抱くゆえに、毒蛇が飛び出してくるのです。そこには本当の平和はありません。

9節から11節までは第二の部分です。その罪の結果、たとい光を待ち望んでも闇しか来ません。そして熊や鳩のように絶望のうめき声をあげるようになります。神が人を救えないのではなく、人間が神を認めないのでそうなるのです。

12節から15節までの第三の部分で、イザヤはそのような悲惨な状態を自分のこととして悲しみ、「それは、私たちの背きが御前で多くなった」からだと正直に告白します。11節までは「あなたがたの罪」とか「彼らの思いは不義の思い」とか言っていたイザヤは、ここからは自分もその一人であることを認めて、神の御前に謙遜に出ているのです。イザヤ書6章での姿と似ていますね。

15節後半からの第四の部分では、このような罪の現状を見られた主が、ご自分の御腕で救いをもたらされたことが述べられています。人間に何一つ義がないのを見て、ご自分の義のゆえにシオンに来られるのです。しかしそれは救いとともに復讐をももたらします。主を認めて罪を悔い改める者には救いが来ますが、最後まで主を認めない者には報復が用意されています。これが神の契約であり、アブラハムの時代もイザヤの時代も、そして現在も変わりません。

イザヤでさえ、「私たちは罪を犯しました」と告白しました。罪を犯さない人間はだれもいません。でも重要なのは、その罪を認めて悔い改めることです。自分の罪のためだけでなく、他の人々の罪のためにも祈ることです。あなたは、家族の罪、友人の罪、教会の兄弟姉妹の罪を「私たちの罪」と受けとめ、砕けた心で祈っているでしょうか。

主よ。私は、誰かが犯した罪を非難しません。かえってその人のためにとりなしの祈りをします。

60章

イザヤ書60章は、終末の時にささげられる真の礼拝について預言しています。昨日の59章の末尾で、主はご自身の義のゆえに罪深い民にも救いを示されました。その救いにあずかった民が、大きな祝福と栄光に満ちた者となることが、今日のこの章に描かれているのです。この章は、3節と16節で三つに区分すると分かりやすいでしょう。

第一の部分では、主の栄光が「あなた」と呼ばれる人に現されるので、彼の光によって暗闇の中を歩む諸国の民が照らされるという麗しい姿が記されています。「あなた」とは、外見上のイスラエルの民ではなく、罪から贖われた民のことです。そしてその輝きの源は主ご自身です。

第二の部分では、その栄光のゆえに全世界から人々が財宝を携えて集まってくる様子が述べられます。ミディアンやエファやシェバなどはイスラエルの南の地方、タルシシュなどは遥か西にある都市です。レバノンの高価な材木で主の聖所を美しくします。また異国の民が崩された城壁を建て直し、さらに、贖われた民を苦しめた人々も、その時はひれ伏して仕えるようになるというのです。しかしこれは、バビロン捕囚から解放されたときにも、あるいはイスラエル共和国建国のときにも実現しませんでした。将来、主が救いと復讐の衣を着ておいでになるときにのみ、成就することです。

19節からの部分には、黙示録の最後を思わせるようなタッチで、終わりの日の栄光が描写されています。その日には太陽や月をはるかにしのぐ主の栄光が輝くようになります。嘆き悲しむ日は終わり、民はみな正しい者となり、最も小さい者が軍団となると言われています。しかも主は、最後に太鼓判を押すように、「時が来れば、速やかにそれをする」と保証してくださっているのです。

この二十一世紀においても、闇が世界を覆っているのではないでしょうか。その世界に主は突然やって来られ、贖われた民を輝かせてくださるのです。二千年前おいでになられた主は「わたしは世の光である」と言われ、また「あなたがたは世の光である」とも語られました。主が再び来られる日まで、私たちは世の光として輝こうではありませんか。「起きよ。輝け」と力強く命じられているのですから。

主よ。あなたは私の心に光を与えてくださいました。だから私は、暗い世の中でもひかり輝く者となります。

61章

イザヤ書61章には、60章と同様、贖われた民への祝福が描かれています。ただ昨日の章では主ご自身が民に語られる形式で記されていましたが、今日の章では三人の語り手がいるところが違っている点です。この語り手の違いから、この章を三つに分けて考えてみると、興味深いことに気づきます。

まず7節までを語っているのは、以前に数度登場した「主のしもべ」と解釈できます。ルカ福音書4章で、主イエスはこの1節と2節を引用し、ご自分にあてはめておられます。しかし主は、2節後半の「われらの神の復讐の日を告げ」以降の箇所をあえて省かれました。なぜなら、主は貧しい者や心の傷ついた者に「主の恵みの年」を宣言され、「神の復讐の日」を再臨の時まで延期されたからです。主イエスの救いの恵みを知った者は、確かに「賛美の外套」を着て喜びます。彼らによってイスラエルの町も復興され、また他国の人も同じように祝福されるのです。これらのことはすべて、主イエスの十字架の福音によって成就されました。

8節と9節は、主なる神ご自身のことばです。「主のしもべ」によって民を救われた主は、公正を愛されるお方です。不法な略奪を憎まれますが、ご自身に従う者には真実に報いられるのです。このお方と契約を結ぶ民こそ、国々のうちで豊かに祝福されます。

最後に10節以降では、イザヤ自身が贖われた民の喜びを代弁して語っているようです。贖われた者は正義の外套を着て歩み、栄冠に輝きます。また救われた者からは、種が芽生えるように、正義と賛美とが生まれてくるのです。

私たちは、主イエスの十字架の贖いによって罪を赦され、神の民とされました。サタンの手から解放され、律法からも自由な者とされました。しかし、常に喜びの油に満たされ、賛美の外套を着ているでしょうか。花嫁のように宝玉で飾られ、感謝があふれているでしょうか。

もしそうでないなら、「主のしもべ」であるお方を今、思い起こしましょう。イザヤ書53章に記されていたお方、私たちの身代わりに苦しんでくださったお方は、今日もあなたと一緒におられます。主イエスを常に思いおこすことこそ、真の礼拝であり、喜びと義が実現する秘訣なのです。

主よ。あなたが私のために遣わしてくださった主イエスを、今日も身近に感じ、喜んで一日を歩みます。

62章

イザヤ書62章も、「シオン」と呼ばれる、主に贖われた民への祝福の預言です。荒れ果てたこの国に住む民に、主は「あなた」と呼び掛け、回復を約束されます。5節と9節で三つの部分に分けて学んでみましょう。

第一の部分では、主ご自身が「わたしは黙っていない」と言われます。シオンを新しい名で呼び、主の冠となされるのです。そして「見捨てられた」と思われていた国を、ご自身の花嫁として迎え入れてくださいます。5節は、「あなたの息子たち」をシオンの住民と考え、彼らがシオンの町を所有すると理解するのが良いでしょう。神が呼ばれる新しい名とは何でしょうか。新約聖書に記されている答えは、「教会」です。自分の罪のゆえに滅んでいた人々を、主は教会としてくださり、さらに花嫁として迎え入れてくださるのです。

6節からの第二の部分では、主はエルサレムに住む「見張り番」にも「黙っているな」と命じられます。主は、この町で収穫された穀物やぶどう酒を敵に渡すことはないと、明確に約束されたからです。「見張り番」とは、預言者のことでしょう。でも新約聖書的に言うならば、神から召された伝道者や牧師、さらには救われた私たちすべてとも言うことができます。私たちは黙っていてはなりません。

10節からの最後の部分には、全世界の人々が神の都へ来るための道を整えよ、との命令がなされています。この都とは地理上のエルサレムではありません。65章以降に出てくる「新しい天と新しい地」です。主がそこを支配しておられるゆえに、そこに来る民の「報いは主とともにあり、その報酬は主の前にある」と宣言されています。彼らは主なる神の花嫁として、主と親密な交わりをもつことができるのです。だからこそ、教会はその道を整えなければなりません。

このイザヤの預言は、苦難の中にいた人々にとって大きな励ましだったことでしょう。でも、「幸いだ。平安だ」と自惚れていた者にとっては馬鹿げたことに聞こえたかもしれません。あなたはどちらでしょうか。自分が「心の貧しい者」との自覚なしでは、神のことばは虚しく響きます。心を低くして、いつか必ず来る「神の都」への備えをしましょう。黙っているのではなく、告げ知らせる者となりましょう。

主よ。あなたは沈黙しておられません。私もみことばを信頼して、この喜びの知らせを告げる者となります。

63章

イザヤ書63章は、イザヤが主なる神と語り合っている、祈りの章と言うことができるでしょう。ここで私たちは、預言者がどのような使命をもつのかを教えられます。

第一の使命は6節までに記されています。それは「主のことばを聞く」ことです。イザヤの場合、6章でもそうだったように、これは幻を見ることを伴っていました。この章では、イスラエルの敵の代表であるエドムを滅ぼされ、その返り血をあびて真っ赤になった衣を着ておられる主の幻を見ています。62章までには贖われた民への祝福を宣言しておられた主でしたが、ここではそれと対照的に、神の民の「贖いの年」はまた神の敵に対する「復讐の日」であることを明言しておられます。イザヤはこのことばを聞きました。

第二の使命は「主の恵みを感謝する」ことです。7節から9節まででイザヤは、イスラエルに対する豊かな恵みを心からほめたたえています。特にイスラエルが苦しむときには、いつも主も苦しみ、彼らを背負い、担ってくださったことを、あふれる感謝をもって語り告げているのです。

そして第三の使命は「主のあわれみを祈る」ことです。主はそのようにイスラエルを導いてこられたのに、彼らは主に逆らってばかりいました。それゆえ主は彼らの敵となられました。彼らは悲嘆にくれて、自分たちを「海から導き上った方は、どこにおられるのか」と問うようになったのです。そして14節後半から、このような民のために必死に祈ります。「主よ。あなたは私たちの父なのですから、この民をあなたの道から迷い出させないでください。あなたのゆずりの地であるこの所に帰ってきてください」と、ただ主のあわれみを祈り求めているのです。

イザヤは、主のことばを聞き、主の恵みに感謝し、主のあわれみを求めて祈りました。これは現代に生きる私たちの果たすべき使命でもあります。毎日聖書から主のことばを聞き、日々与えられている恵みに感謝し、また自分のつたない歩みを省みて主のあわれみを求めることこそ、私たちのなすべき真の礼拝です。それは自分のためだけではありません。あなたの愛する家族や友人、教会の兄弟姉妹、さらには、あなたを悪く思っている人々のためにもなすべきことです。

主よ。自分のために、そしてまた他の人々のために、私は毎日、あなたと語り合う時をもちます。

64章

イザヤ書64章は前の章からのイザヤの祈りの続きです。イザヤは罪深い民と自分を一つにして「私たち」と言い、主に向かって「あなた」と呼び掛けています。内容から考えると、7節で明確に二つに分かれるでしょう。

前半部では、偉大な神の前における罪深い自分たちの姿が次のように告白されています。主よ、あなたはこの世をさばくために、いつか必ず天を裂いて降りて来られます。そのとき、山々も国々も御前で震えることでしょう。私たちは昔から罪を犯し続けてきました。私たちがどんな義を行ったとしても、あなたの絶対的な聖さに比べれば、不潔な衣のようでしかありません。その上、救いを求めてあなたの御名を呼ぶ者もいない、という絶望的な状態です。イザヤは、このようにイスラエルの民の罪深い姿をありのまま認め、それを自分のこととして主の前に告白しているのです。

しかし8節から始まる後半部では、この祈りの調子が変わります。イザヤは他の誰が言わなくても、「しかし、主よ」と呼び掛けます。そして昨日と同じく「あなたは私たちの父です」と信頼を表明し、さらに「あなたは私たちの陶器師です」と、主が自分たちを造ってくださったお方であることを訴えるのです。これは主への明確な信仰告白でしょう。

その後にイザヤは主に救いを求めます。「どうか激しく怒らないでください」、「私たちがみな、あなたの民であることに目を留めてください」と、民を代表して主の救いを求めるのです。シオンは荒野となり、美しい宮が火で焼かれてしまったにしても、また主が何もせずに黙っておられるように見えたとしても、彼は必死に祈ったのです。イザヤの生きた時代には、まだ神殿は破壊されてはいませんでした。しかし、罪深いイスラエルの国がいつかそのようになることは、彼の目には明らかでした。そんな悲惨な状況がわかっていても、彼はあくまで主に救いを求めたのです。

現在の日本を見ても、同じような罪深い状態です。でも、他の誰が祈らなくても、私たちは祈ろうではありませんか。この国の罪を自分の罪と認め、「しかし、主よ」と必死に呼び掛けようではありませんか。この日本の国も、日本人も主が造られ、主に愛されているのです。

主よ。今のままではこの国は滅びてしまいます。しかし主よ。どうかあわれみ、この国の民をお救いください。

65章

イザヤ書65章は、直前の二つの章でのイザヤの祈りに対する主の答えです。全章を通じて、主の祝福と報復とが対照的に描かれています。7節、12節、15節で四つに区分すると理解しやすいでしょう。

第一の部分は、反逆の民に対する報復を述べています。主を捜さず、呼び求めなかった民に対しても、主は「わたしはここだ」と言われます。しかし反逆の民はそれを無視して、「自分の考えのまま、良くない道を歩む」のです。主は彼らにずっと手を差し伸べられていたのですが、彼らは主に逆らって汚れたことを行い、しかも傲慢に「私は聖なるものだ」と言っていました。それゆえ主は、彼らに報復されます。

しかし8節からの第二の部分で主は、その反逆の民の中に少数でも「主のしもべたち」がいるなら、彼らを滅ぼさないと約束されます。主は彼らに、反逆者アカンが処刑されたアコルの谷さえも、牛の群れの伏す祝福の場として与えられるのです。それと対照的に、主を捨ててガドやメニなどの偶像に従う者たちは剣に渡される、と宣告なさいます。

13節からの第三の部分では、主に従うしもべと主に逆らう「おまえたち」とが、はっきり比較されます。「おまえたち」とは当時のイスラエルの民を指しています。主に逆らい続けるならイスラエルであっても捨てられますが、主に従うしもべはほかの名で呼ばれ、この世にあっても祝福されるのです。この「ほかの名」とは、きっと「教会」でしょう。

そして16節以降の最後の部分で、教会が完成される終末の時のありさまが描写されています。それは今までと全く違った「新しい天と新しい地」です。新しいエルサレムです。黙示録21章がすでにここに描かれています。嘆きと悲しみは去り、永遠の命が与えられ、狼と子羊とが平和共存する世界。主と親しく交わることのできる、エデンの園のような世界が新たに創造されるのです。

このすばらしい世界が主に従うしもべたちに約束されています。それは、肉のイスラエルではなく、主の贖いを信じている教会への約束です。この約束は私たちにも与えられていることを心から感謝しましょう。決して当時のイスラエルの民のように傲慢にならず、主イエスによって罪深い私たちが贖われたことを喜んで、謙遜に主に従っていきましょう。

主よ。罪人の私にも、ただあわれみによってこんなすばらしい約束が与えられたことを、心から感謝します。

66章

イザヤ書66章は、前の章と同様に主のことばが中心ですが、その中にイザヤが語る部分もあります。この語り手の違いから、本章は五つに分けることができるでしょう。

まず5節までは第一の部分で、天地のすべてを支配されている主は、誰に目を留め、誰を嫌われるかをはっきりと示しておられます。主が目を留められるのはその霊が砕かれてみことばを聞く者であり、嫌われるのは形式的にいけにえをささげながら自分勝手な道を選ぶ者です。みことばを聞く者は、人に憎まれても、必ず主が助けて下さいます。

6節から11節までが第二の部分です。イザヤは、みことばに聞く人々がシオンに満ちることを、妊婦がすみやかに出産するたとえを用いて預言します。そして荒れ果てたこの町を嘆いていた者も、この回復を見て大いに喜ぶのです。

第三の部分は12節からの三つの節で、再び主がお語りになっています。エルサレムに住む者は、神からの豊かな祝福を、流れる川のように受ける者となります。主は母親のように彼らに乳を与え、膝の上でかわいがられます。しかし敵に対しては、激しい憤りを向けられるのです。

15節から17節までは、第四の部分です。今度はイザヤが、敵をさばくために火の中を進んで来られる主の姿を語っています。主は偶像に従う者たちを滅ぼされるのです。

最後の部分は18節から始まります。ここで主は、主を恐れる者たちを全世界に遣わされると宣言されます。それゆえに、それまで主のうわさを聞いたこともない遠くの人々が主の栄光を見、みなエルサレムに集まってきます。ちょうどイスラエルの民が、年に数回ささげ物を主の宮に携えて来るのと同じように。主はイスラエル人ではない人々の中からも、主に仕える祭司やレビ人をおこされ、新天新地で全世界の人々が主を礼拝するようになされるのです。しかし主に背いた者たちは、その屍も嫌悪の的となります。

イザヤ書は、その全巻を通じて救いと滅びを語ってきました。66章もその通りです。でも救われるのは人間の善行によってではありません。ただ砕かれてみことばを聞き、主に従うことによってです。主の栄光は、そう歩む人々の中で輝き、全世界の人々もそれを見るようになるのです。

主よ。新しい天と地に私たちすべてが集められるその日まで、私は主のみことばに聞き従っていきます。

エレミヤ書・哀歌

エレミヤ書・哀歌　解説

イザヤは大胆で豪快な預言者だと言えますが、二番目に登場するエレミヤは、ひ弱で繊細な感じのする人物です。若くして預言者の召命を受けたとき、「私はまだ若くて、どう語ってよいか分かりません」と言ったり、さばかれる民を見て「私の目が涙の泉であったなら」と嘆いたりしています。そんなことから、現在エレミヤ書の直後に置かれている哀歌も、エレミヤの作と推測されるようになりました。時代背景を考えると、この推測が適切であることがより良く理解できるでしょう。ここではこの二書をまとめて学びます。

＊　＊

第一問　エレミヤはどんな時代に生きていたのですか。

1章2～3節に書かれている王の名前から考えると、彼は紀元前六二七年から五八六年までの約四〇年間、預言活動をしていたことがわかります。この時代にはすでに北王国は滅亡しており、南王国も末期的な状況でした。六二二年にヨシヤ王が断行した宗教改革も焼け石に水。ついに五八六年、首都エルサレムはバビロニア軍によって徹底的に破壊されてしまいました。この時の悲劇を詳細に描いているのが、哀歌なのです。

第二問　どんな理由で南王国は滅亡したのですか。

これこそエレミヤ書のテーマということもできます。三つほどの理由を挙げることができるでしょう。第一は、主を忘れて偶像の神を礼拝した罪。第二に神殿の礼拝が形ばかりになった罪。第三は、王たちが主にではなくエジプトに頼った罪。これらが、本書全体の中で何度も何度も繰り返して述べられています。

第三問　では、本書全体の大まかな内容を教えてください。

まず25章までが第一部分です。エレミヤが召命を受けた時の預言から始まり、ヨシヤ王時代は6章まで、エホヤキム王時代は20章まで、それ以降にゼデキヤ王時代の預言が記されています。ここでは、神のあわれみとさばきが語られます。特に最後の25章の、バビロンに七〇年間捕囚となるという預言は大切ですので、留意しておきましょう。

26章から45章まではエレミヤの後半生の自伝的な部分です。彼は王や祭司たちにさばきの預言をしたために監視の庭に閉じ込められました。そこで彼はエルサレムの陥落を目撃するのです。幸い一命はとりとめましたが、その後、エジプトにまで連れて行かれたことが記されています。この部分の中ほどにある30~33章は「慰めの書」と言われており、さばきの後に新しい契約がたてられることが預言されている点に注意してください。

46章以降の第三部分では、まず周辺諸国に対するさばきの預言がされた後、最後の52章で、エルサレム陥落が歴史的に叙述されます。この章は、列王紀第二の末尾とほとんど同じ内容です。

第四問　エレミヤが迫害されたのはなぜでしょうか。

重要な質問です。26章以降を読んでみてください。エレミヤが王たちに、「バビロンに降伏することが神の御旨だ」と大胆に預言したため、彼らはエレミヤがバビロンからの回し者だと考えました。彼らは、偽りの預言者ハナニヤが「主はバビロンのくびきを砕く」と言ったことを、頭から信じていたのです。

第五問　ひ弱な彼が、なぜそんなに大胆になれたのでしょうか。

主のことばがもつ権威のゆえでした。有名な29章11節には、主の計画は「わざわいではなく、平安を与える計画であり、あなたがたに将来と希望を与えるためのものだ」と言われています。エレミヤは、そむきの罪のゆえに南王国は一度滅びるが、その後に回復があることを知っていたからこそ、迫害を恐れずに大胆に語ることができたのです。

第六問　では次に、哀歌について教えてください。

全体で五章のこの書です。注目したいのは、3章以外は22節で構成され、3章もその三倍の66節ある点です。実は、5章以外は、みな「いろは歌」になっており、各節の文頭がヘブル語のアルファベット二十二文字の順に並んでいるのです。これは詩篇などでも用いられている文学形式できっと暗記しやすいように作られたのでしょう。

第七問　一読すると、悲しみだけで何の希望もないような歌としか思えないのですが。

位置的にも本書の中心部にあたる3章22節から39節を見てください。エルサレムが陥落しても民全体が殺されたのではなく、かなりの人々がバビロンに捕囚となりました。その人々とその子孫は心から背信の罪を悔い改め、主の回復を待ち望んだのです。そしてエレミヤの預言通り、七〇年後に、彼らは母国に帰ることができました。

哀歌は、神のさばきの厳しさとともに、その後にある回復の恵みを示唆しています。それを読み取れるよう、何度も繰り返して読んでみてください。

エレミヤ書

1章

今日から始まるエレミヤ書は、イザヤの時代から約一〇〇年後のイスラエルが舞台です。イザヤは、北王国がアッシリア帝国に滅ぼされた頃に活動していましたが、エレミヤは、南王国がバビロニア帝国に滅ぼされる前後に預言者として働いていました。イザヤに比べてエレミヤはおとなしい性格の人物だったようで、「涙の預言者」とも言われています。今日学ぶ第1章は、全体の序文と思われる箇所です。

まず3節までには、この書の背景が述べられています。エレミヤはイザヤと同じく祭司でした。ヨシヤ王の第十三年とは紀元前六二七年で、ゼデキヤ王の第十一年とは五八六年ですから、その間四十一年、主のことばが彼にあったのです。ヨシヤ王は、形式的になっていた当時の礼拝を律法にそったものにするために大改革を行った王として有名です。その頃、エレミヤは人々に神のことばを語りました。

4節から10節までは、エレミヤが召命を受けた時の記録です。多分彼はこの時、まだ二十歳頃の若者だったのでしょう。しかし主は彼が生まれる前から知り、預言者として聖別しておられたのです。主は恐れを感じていた彼の口に触れ、「わたしのことばをあなたの口に与えた」と力強く励まされました。イザヤの時もそうでしたが、このような主との個人的な出会いなくしては、真の預言者は生まれません。

そして11節以降で、すぐに主は二つの幻を通してエレミヤに語られました。第一はアーモンドの幻、第二は煮え立った釜の幻です。アーモンドは、ヘブル語では「見張る」ということばと似た発音です。主は、イスラエルの民を見張っておられ、16節に書かれているように、その悪のゆえに北からバビロニア帝国をおくって彼らをさばかれると言われたのです。エレミヤはこの厳しいさばきの預言を、王たちなどの指導者に語るように命じられました。

預言者は、たとい人々が嫌がることでも、神が命じられたことを語らねばなりません。今の時代も同じです。聖書のことばは、しばしば私たちの思いと異なります。それを聞くのが嫌だという人もたくさんいます。でも聖書に記されている以上、それを語り続けねばなりません。嫌だから耳をそむける者は、最後には滅んでしまうのです。

主よ。今日も私は、聖書を通して語られるあなたのことばを謙遜に聞きます。どうか私の耳を開いてください。

2章

エレミヤ書2章から6章までには、ヨシヤ王の時代にエレミヤが主から与えられたことばが記録されています。

まず今日の2章で主は、イスラエルの民の罪を厳しく指摘なさっています。彼らには三つの罪がありました。

第一に「忘却の罪」です。9節までには、イスラエルの民は、彼らをエジプトから助け出された頃の主の恵みを忘れてしまったことが述べられています。その頃、彼らは婚約時代のおとめのように主を愛し、誠実に主に従っていました。たとい彼らがむなしいものを求めることがあっても、主は彼らをあわれんで、実り豊かな地に導いてくださいました。ところがそのゆずりの地において彼らは主を忘れ、牧者や預言者たちさえ、役立たずの偶像に従うようになったのです。

第二に、10節から28節までには「偶像礼拝の罪」が記されています。第一の罪が湧き水の泉である主を捨てることであるなら、第二の罪は壊れた水溜めを掘るようなことでした。偶像礼拝とは石や木の像を礼拝することだけでなく、エジプトやアッシリアの援助を求めることでもあります。これは霊的な淫行で、本当の夫である主を捨てて他の男を求めることです。でもわざわいがおこると、厚かましくも主に向かって「私たちを救ってください」と叫ぶのでした。

29節以降には、第三の罪である「傲慢の罪」が示されています。主は彼らの罪を知らせるために、懲らしめたり預言者をおくったりされました。しかし彼らは主のもとに帰ろうとはせず、かえって貧しい人を苦しめるようなことさえしたのです。それでも「私は潔白だ」と居直る始末です。自分の都合によって簡単に自分の道を変えるようなこの民は、エジプトやアッシリアからも見捨てられるようになる、と主はここで明確に宣言されています。

これら三つの罪に共通するのは自己中心性です。自分の力によって現在の生活を築き上げたという傲慢が、本当の神を忘れさせ、自分に都合の良い神を造りあげさせるのです。私たちも、この自己中心性に気をつけねばなりません。今の豊かな生活はみな主のあわれみのゆえであることを忘れず、主なる神以外のものを神としないで、日々謙遜に主のことばに従って歩むことこそ、主が求めておられる生き方です。

主よ。私はあなた以外のものに心を向けず、ただあなたのみを愛して、従っていきます。

3章

エレミヤ書3章には「帰る」という言葉が何度も出てきます。前の章では罪を犯したイスラエルの民のことが述べられていましたが、その民に向かって主は、「わたしのもとに帰ってきなさい」と何度も呼び掛けておられるのです。5節と18節で三つの部分に分けて学んでみましょう。

第一の部分には「去っていった民」のことが記されています。イスラエルの民は夫である主なる神のもとを去り、多くの愛人と淫行を行うようになりました。これは偶像崇拝を意味するとともに、性的な乱れがあったことも示唆しています。主はその罪のゆえに雨を降らすのをとどめられました。すると彼らは悪を行いながらでも、口先だけで「父よ、いつまでも恨みを抱かれるのですか」とつぶやくのです。

6節からの第二の部分は、そんな民をも「招かれる主」であることを教えています。「ヨシヤ王の時代」と明記されているのは、彼が行った宗教改革によっても悔い改めない南王国だったからでしょう。すでに一〇〇年ほど前に滅びた北王国イスラエルを姉に例え、妹の南王国ユダは姉よりもっと悪い、裏切る女であることが指摘されています。それでも主は彼らに、心から悔い改めて「わたしに帰れ」と招かれます。また14節からは、南北両王国から選ばれた者たちがシオンに帰る日が来ることを、主は堅く約束されているのです。

19節から始まる第三の部分は、「あなたがたの背信を癒やそう」と言われる主の招きに答えて、「帰ってくる民」の姿を描いています。彼らは、自分たちが偶像の神の祭りで大騒ぎをし、先祖の労苦の実を空しく食い尽くしていた罪を正直に認めます。そして主の御声に聞き従わずに罪を続けていたことを心から悔い改めているのです。これこそ主がご自分の民に求めておられたことでした。

愛とあわれみに満ちた主は、今も私たちが自分の罪を認め、主のもとに帰ってくることを求めておられます。もし私たちが、自分自身やあるいは金や名声を神としているなら、また「苦しいときの神頼み」のような口先だけの悔い改めをしているなら、主はどれほど悲しんでおられるでしょうか。もしそのような罪があるなら告白し、悔い改めて主に立ち帰りましょう。主は今もあなたを招いておられるのです。

主よ。神の民でありながら偽りの生活をすることがないよう、今日私の心を隅々まで点検してください。

4章

エレミヤ書4章は、イスラエルに対する主のさばきを預言しています。2章で彼らの罪を指摘し、3章でその罪を悔い改めて帰ってくるように招かれた主は、もし悔い改めないならば厳しいさばきが来ることを警告しておられるのです。本章は4節、18節、22節で四つに区切れるでしょう。

4節までは前の章の続きで、偶像を取り除いて主のもとに帰ってくるように勧めた後に、茨の生えた悪い畑を捨てて新しい耕地を開拓せよ、つまり生活を変えよと命じられています。割礼という儀式を行うのではなく、心の包皮を取り除いて主のことばを聞けと告げられるのです。

5節からは第二の部分で、もしそうしないと国が滅ぼされることが述べられます。偽りの預言者が「あなたがたには平和が来る」と言っていても、現実に北から獅子が来るなら、王も高官も、祭司も預言者もたじろぐ。敵の攻撃の知らせが国の最北にあるダンから届き、またエルサレムのすぐ北にあるエフライムの山からも届く。これらのことは民が主に逆らったゆえにおこることだ、と主は語られるのです。

19節から第三の部分が始まります。ここでエレミヤは、主のさばきを自分のこととして受け取り、自分のはらわたや心臓が痛み苦しむことを告白しています。国の苦しみを自分の苦しみ、自分の痛みとして味わっているのです。これはエレミヤ書の全巻に流れている特色といえるでしょう。

23節からの最後の部分には、主のさばきの厳しさが描かれています。山は揺れ動き、人も鳥もいなくなり、町々は打ち壊されます。騎兵と射手の雄叫びに人々は逃げ去ります。民がどんなに着飾っても、敵は容赦することはありません。民は産みの苦しみをする女のようにうめき苦しみます。しかし主が「滅ぼし尽くしはしない」と言われたことは、エレミヤにとってかすかな望みでした。

主はご自分の民を苦しめるのを喜んではおられません。彼らの罪ゆえに、主ご自身も痛みを感じながらさばかれるのです。エレミヤにはそれがわかっていました。だから彼も苦しんだのです。今、もしあなたが試練の中にあるとしたら、主も共に苦しんでおられることを知ってください。また苦しんでいる人がいるなら、その人と共に苦しみましょう。

主よ。罪をさばかねばならないあなたの痛みを知りました。主を認めない人のため、私も痛みをもって祈ります。

5章

エレミヤ書5章は、前の章に続き、イスラエルのさばきについて預言しています。特にこの章では、主が彼らをさばかれる理由が三つほど挙げられています。

11節までが第一の理由です。エルサレムを行き巡って捜しても、公正を行う者はだれもいません。たとい「主は生きておられる」と誓う人でも、それは偽りでした。彼らは主の懲らしめによっても悔い改めようとはせず、愚か者も身分の高い者も、主との契約のくびきを断ち切っていました。それゆえ、獅子や狼が彼らを殺し、敵が彼らを襲うと主は言われます。偶像を神としたり姦淫したりする国に、神は復讐されないはずがありません。彼らは滅ぼされますが、ただ主のあわれみのゆえに、根絶やしにはされないのです。

12節から19節までは、民の傲慢が第二の理由だと述べます。「主は何もしない。わざわいは私たちを襲わないし、預言者の言うことばも風のように空しい」とうそぶく傲慢な民を、主は焼き尽くされます。遠くの地から敵を導き、民の息子や娘、また民の食物を食らわせられるのです。そして、「イスラエルの国内で異国の神々に仕えた民は、異国で他国の人に仕えるようになる」と厳しく宣告されます。しかしここでも主は、「滅ぼし尽くすことはない」と約束されました。

20節以降に記されているさばきの第三の理由は、民の強情さです。海の波でさえ主に従うのに、この民は主に逆らってばかりいました。目があっても見ることがなく、耳があっても聞くことがない愚か者でした。それゆえ、主からの恵みの雨はもはやこの国に注がれません。人を欺いて富を獲得し、貧しい人々の権利を擁護しない国に、主は必ず復讐されます。預言者や祭司さえ自分勝手にふるまっている国の末は、恐ろしいものとなるのです。

神の民は、いまや公正を行わず、傲慢にふるまい、強情な者となってしまいました。主は、真実を求める者が一人でもいたらエルサレムを赦そうと仰せられているのに、その一人がいませんでした。今の日本に対して、主はどのように言われるでしょうか。確かにクリスチャンは少数ですが、その一人一人が重要です。主の前に真実に歩むあなたの歩みが、この日本を救うことを忘れてはなりません。

主よ。弱い私でも、この日本を救うために用いてください。私は真実にあなたを求めて生きていきます。

6章

エレミヤ書6章は、2章から始まったヨシヤ王時代の預言のまとめです。ヨシヤ王の宗教改革によっても心底から悔い改めなかった民の姿が浮き彫りにされていますが、それでも主は彼らがその罪に気づくようにエレミヤを通して語られるのです。この章は、四つに分けて考えてみましょう。

まず9節までに、北から敵軍が攻めてくる情景が描写されています。麗しい牧場で草を食べていた羊のような民に、敵は聖戦をしかけます。それは万軍の主がエルサレムにわき出る罪のゆえに、この民を滅ぼそうとされたからです。しかし主は、その中にいる「残りの者」をしっかりと守られます。

10節から15節までには、主の憤りのことばを民に語らざるをえないエレミヤの苦しみが吐露されています。幼子から年寄りまで敵に倒されてしまうのは、身分の高い者も低い者も利得を貪っているからです。それを戒めるべき預言者や祭司でさえ、偽って「平安だ、平安だ」と言っています。主は彼らをも罰しないではおかれません。

16節から21節までには、主のあわれみに反抗する民への厳しいさばきが述べられます。「幸いの道を歩め」という主の命令に逆らうような民にも、主は見張りをおくって戒められました。でも彼らはそのことばに注意を払わず、かえって神殿で高価な乳香や菖蒲やいけにえを献げていたのです。そんな偽善的な彼らに、主はつまずきを与えられます。

最後の22節以降は、これらの罪のゆえに敵が襲ってくることを預言しています。残忍な敵軍のため、民はひとり子を失ったように喪に服し、苦しみ嘆くことになります。そこで主は、民を試す者としてエレミヤを遣わされました。エレミヤのことばによって民が悔い改めるかどうかを見ようとされたのです。でも民は頑な反逆者でした。火によって精錬されても、悪いものは除かれませんでした。

ヨシヤ王の宗教改革は、イスラエルの民を真の悔い改めに導きませんでした。宗教的な形式を整えても、かえってそれが罪を覆い隠すものとなってしまったのです。本当に必要なのは、神のことばを聞き、それに従うことです。今の時代もこの真理は変わりません。神のことばに聞き従うことは、奉仕や献金よりも、はるかにずっと大切なのです。

主よ。形式的な教会生活をしがちな私をあわれみ、誠実に神のことばを聞く者とさせてください。

7章

エレミヤ書7章から20章までは、ヨシヤ王の次の次の王であるエホヤキムの時代に与えられた神のことばです。二人の間にはエホアハズという王がいましたが、三か月しか王位になかったので省略されたのです。7章のエレミヤの説教は26章にも記されており、紀元前六〇九年、エホヤキム王の即位の直後になされたものだと推測されています。15節と20節とで三つの部分に区切って学んでみましょう。

第一の部分では、エレミヤは主の宮の門に立ち、「あなたがたの生き方と行いを改めよ。さもなければ、この宮は昔シロにあった宮のように滅ぼされてしまう」との厳しい主のことばを民に語っています。実はこの頃、南王国は北からはバビロニア、南からはエジプトによって侵略され、危機的な状況だったのですが、王も民も「主の宮が滅ぼされるはずはない」と言っていました。しかし現実には、彼らは戒めを守ろうとせず、主の宮は強盗の巣のようになっていたのです。

16節からの第二の部分で主は、今度はエレミヤに対して「この民のために祈るな」と命じられます。民は子どももおとなも「天の女王」と言われる偶像を拝み、主の怒りを引き起こそうとしていました。もはや、彼らのためどんなに祈っても、主の怒りと憤りは消えることがないのです。

21節から始まる最後の部分で、主は再び民に対して語られます。おまえたちはいけにえをすれば大丈夫だと思っているようだが、出エジプトの時、わたしはいけにえについては何も語らず、「わたしの声に聞き従え」と命じたのだ。それを無視するおまえたちにたびたび預言者を遣わしたが、聞こうとはしなかった。それのみか、自分の息子や娘を偶像にささげて焼くようなことさえした。それゆえ民は殺され、国が廃墟となる日が必ず来る。神はそう宣告されます。

ヨシヤ王の宗教改革は確かに神殿での礼拝を復活させ、形式的には多くのいけにえが献げられていました。しかし主が求められるのはいけにえではなく、あわれみです。主の前に正しく歩むことです。エレミヤは、現代の私たちにも同じように語ることでしょう。聖書を読むことや祈ること、また礼拝出席や献金でさえも形式に流されやすいものです。心して主のみことばに聞き従う者となりましょう。

主よ。デボーションが形式で終わることがないよう、私は常に霊と真をもってあなたを礼拝します。

8章

エレミヤ書8章には、前の章に続いて、主に背く民に対する嘆きとさばきが記されています。語り手が次々と変化していますが、新改訳聖書では、語り手が神の場合はひらがなで「わたし」と表し、人間の場合は漢字で「私」と表されていることに注目ください。この章は、3節、9節、17節で四つに区切ってみると、わかりやすいでしょう。

第一の部分は、7章末尾に続くさばきの日の出来事の描写です。その日には、民を偶像に導いた指導者たちの骨は墓から取り出されます。残された者さえも、いのちより死を選ぶような厳しいさばきの状況になると言うのです。

4節からの第二の部分は、主の民が背信を続けることがどれほど奇妙なことかを、幾つかの譬えによって述べます。人は倒れたら起き上がるものだが、この民は悪いことをしても悔いない。渡り鳥は自分の季節を知っているのに、この民は主の定めの時を知らない。知恵ある者なら律法を受け入れるはずなのに、この民はそれを退けている。主が選んでくださった民なのに、そんなひどい有様になっていました。

10節からの第三の部分には、それゆえに厳しい主のさばきがこの民に下ることが預言されます。侵略者が彼らの妻や畑を奪い取ります。人々は利得を貪り、罪があるにもかかわらず「平安だ、平安だ」と偽りを言っていたからです。実を結ばないぶどうの木のような民は、切り取られて初めて主が自分たちに毒の水を飲まされたことに気づきます。主がこの民をさばき、軍馬とまむしを送られたのです。

18節以降の最終部分は涙の預言者エレミヤの特色をよく表しています。「主はシオンにおられないのか」と叫び、「私たちは救われない」と嘆く民の声を聞いたエレミヤは、自分自身も傷つきます。からだの傷を癒やす乳香はギルアデにあっても、魂の傷を癒やす薬はそこにはありません。

今も私たちの回りには心や魂に傷を持つ人々がいます。その傷が自分自身の罪のゆえであることに気づかず、人を呪い、神を呪っている場合がよくあるのです。その傷を癒やす薬は、主のもとにしかありません。主のもとに帰って、罪を悔い改めることこそが必要です。私たちは、回りにいる傷ついた人々に、そのことを知らせているでしょうか。

主よ。臆病な私ですが、心に傷をもち、苦しんでいる人々に、あなたの声を知らせていきます。

9章

エレミヤ書9章には、主のさばきの宣言とエレミヤの嘆きの声とが交互に記されています。昨日学んだように、「私」という語がひらがなか漢字かで、語り手の違いを識別してください。細かく分析するとかえってわかりにくいので、大きく四つに分けてこの章の内容を調べてみましょう。

まず9節までで、エレミヤは民の罪を見て、「私の目が涙の泉であったなら」と嘆き、荒野に逃げ出したいと叫んでいます。でも主は、悪事を働いて悔い改めないこの民を精錬して試すために、彼らを罰するのだと厳しく語られます。

10節から16節までで、再びエレミヤはこの国のために哀歌を歌いますが、主は厳しいさばきのことばを繰り返されます。エレミヤは自分が何もできないことを悲しみ、「知恵があって、何のためにこの国が滅びたのかを告げ知らせることのできる者はだれか」と問い掛けます。そこで主は、「彼らがわたしの律法を捨て、頑なな心のままに歩み、わたしにではなく偶像のバアルに従って歩んだゆえに、敵によって絶ち滅ぼされるのだ」とその理由を示されました。

17節から22節までにも、主の短い宣言の間にエレミヤのことばが入っています。「民の滅びを嘆くための泣き女を呼べ」との主の命令を受けて、エレミヤは彼女たちとともに嘆きの声をあげ、死が国中に広がっていく様子を、涙をもって描きます。でも主は、「人間の死体は、刈り入れ人のうしろに捨てられる麦束のようになる」と宣告されるのです。

23節以降の部分はすべて主のことばです。人間はすぐに自分の知恵と力と富とを誇る者だが、本当に誇るべきなのは、正義を行うわたしを知るという悟りだ。たとい外見上の割礼を受けていても正義を行わない者は、それが異国の民であろうがイスラエルの民であろうが、わたしは彼らを罰する。これが主のさばきの宣言でした。

主の厳しいさばきのことばに、エレミヤは悶えんばかりに苦しみました。逃げようと思っても、主は彼に語るように命じられます。そこで彼は涙を流しながら、頑なな民に語り続けたのです。私たちには、このエレミヤのような涙があるでしょうか。主のことばを聞こうともしない友のために、涙を流して祈り、語る者となっているでしょうか。

主よ。まだ救われていない家族や友人のために、私は涙を流して、その救いのために祈る者となります。

10章

エレミヤ書10章は、16節を境として調子がまったく変わっています。前半部分には偶像の神と主なる神との違いが大胆に述べられていますが、後半部では、イスラエルのさばきについてのエレミヤの嘆きが描かれているのです。

前半部はさらに三つに細分できるでしょう。まず5節までには、異国の民が日食や月食などの天のしるしにうろたえる姿や、歩けない偶像を造ることの愚かさが示されています。それに対して主なる神は、他に並ぶ者のないほど偉大なお方であって偶像とはまったく違う生ける神であることが、6節から10節に告白されます。そして11節からは、「天と地を造らなかった神々は、地からも、この天の下からも滅びる」と宣告した後、天地を創造し、雨風を支配される主に比べて、息のない偶像は物笑いの種であることが、イザヤ書の後半部にあったような強い調子で明確に主張されています。

17節からの後半部も三つに分けられるでしょう。最初に「この国の住民を苦しめる」という主のさばきの宣言があります。その後19節から22節までには、民かあるいはエレミヤがこのさばきを自分の傷と感じ、「これこそ私が負わなければならない病だ」と告白します。このさばきとは、ここで牧者と言われている指導者たちが主を求めなかったため、敵の軍隊が北からこの国を襲ってくることです。でも23節からは、彼は主に向かって祈り、「人間の道は、その人によるのではない」と、主の主権を謙遜に認めます。また、「私を懲らしてください。公正をもって」と主のさばきの正しさを言い表し、甘んじて自分の身に主の懲らしめを受けるのです。しかしそれとともに、主の憤りがヤコブを食らって滅ぼす国々の上にも注がれるようにとも祈ります。

前半と後半とに共通するのは、主の主権です。主が本当の神であるからこそ、主に従わない民はイスラエル人でも異国の民でも正しくさばかれるという真理です。エレミヤはこの主の主権に服しました。そして民の痛みを自分の痛みとし、主のあわれみを求めて祈りました。私たちもまた、主の主権を認め、どんな思いがけない災いがおころうとも、「自分の道は自分によるのではない」と告白しましょう。その背後に主の正義の摂理があることを信じて、祈りましょう。

主よ。あなたこそ本当の神です。私は、あなたのなさることに間違いはないことを信じて従っていきます。

11章

エレミヤ書11章も17節で二つの部分に分けられます。前半部は神に逆らう民について、また後半部はエレミヤに逆らう民について、述べていると言えるでしょう。

前半の内容はさらに三つほどにまとめられます。まず5節までには、主が出エジプトのときにイスラエルの民と結ばれた契約が再確認されています。これはイスラエル人の生活の基盤で、「主の声に聞き従うならば、彼らは主の民となり、約束の地も与えられる」という祝福の契約でした。

しかし6節から18節までには、その契約に従ってこなかった民の姿が暴露されています。出エジプトからこのかた、契約を守るように何度も命じられたにもかかわらず、民は契約に従わずに、偶像礼拝を続けてきたのです。

その結果が11節以降に記されています。民が主のことばに従わず歩んできたので、主は彼らに「わざわいを下す」と宣告されます。そしてエレミヤにも「民のために祈るな」と命じられ、「実りの良い、緑のオリーブの木」と呼ばれていた民に火をつけて焼かれると予告されるのです。

18節からの後半部には、以上のことを民に率直に語り、悔い改めを迫ったエレミヤに対して、彼の故郷のアナトテの人々が暗殺をたくらんだことが記されています。最初、彼はそのことを知らず、屠殺場に引かれていくおとなしい子羊のようでした。でも主がそれを知らせられたとき、彼は主が民をさばかれるように祈ったのです。自分で復讐するのではなく、主に委ねました。それに答えて主は、「わたしがアナトテの人々にわざわいを下す」と仰せられます。

エレミヤはこの経験を通して、主の痛みをより一層実感したことでしょう。どんなに愛をもって語っても自分に背く民の頑なさを、嫌というほど味わったことでしょう。主に逆らう民は、また主から遣わされた自分にも逆らっていることを知ったエレミヤは、まさに涙の預言者でした。

いえ、エレミヤだけではありません。主イエスもそうでした。また、今の時代に神のことばを語り伝える人々に対しても、多くの人々がこの民と同じ態度で臨んでいるのです。私たちはどうでしょうか。神に対して、あるいは神のことばを語る人々に対して反逆してはいないでしょうか。

主よ。あなたのことばに逆らう思いが私の心のどこかにあるなら、それを悟らせ、悔い改めさせてください。

12章

エレミヤ書12章は、故郷のアナトテの人々に裏切られたエレミヤが主に向かって必死に問い掛け、主もそれに真剣に答えられている有様が記されています。4節と13節で三つに区切って考えると、その内容がよくわかるでしょう。

第一の部分でエレミヤは、「私があなたと論じても、あなたのほうが正しいのです」と認めつつ、あえて主に疑問をぶつけます。アナトテの人々を指して、「なぜ、裏切りを働く者が、みな安らかなのですか」と問うのです。彼らは口先では主を敬っていますがその思いは主から遠く離れていました。しかし彼らは栄えています。そして、「神はわれわれの最期を見ない」と傲慢に振舞っていたのです。

5節からの第二の部分には、主の答えが記されています。「あなたはまだ平穏な地で過ごしている。これからはヨルダンの密林で過ごさなければならない。そんな弱気でどうするのか」と、これからは故郷の人どころではなく、親兄弟でさえエレミヤを裏切ることになる、と宣言されます。7節以降に語っておられるのも、新改訳聖書が「わたし」と表記するように、主であると解釈するほうが良いと思われます。主は、先祖から受け継いだ「ゆずりの地」に住むイスラエルの人々が、主に向かってうなり声をあげて反逆したゆえ、主の剣が地の果てまで食い尽くすと仰せられるのです。

しかし驚くべきことに、14節からの第三の部分で、主はイスラエルを荒らすこの隣国の民をさばかれるが、その後に彼らをあわれんで、もとの国に帰らせると宣言されます。彼らは昔、イスラエルの民にバアル礼拝を教えたが、こんどは逆に、イスラエルの民が彼らに生ける主を礼拝することを教えるようになるのです。でも彼らがそれを聞かなければ、彼らの国は根こそぎ滅ぼされると主は言われます。

エレミヤは主のお答えを聞いてどう思ったでしょうか。自分は故郷の人々に裏切られてさえ、弱音を吐いている。しかし主は、ご自分が愛して選んだ民、自分の子どものような民に裏切られても、なお愛し続けられている。いや、隣国の民さえも愛しておられる。それを実感したことでしょう。私たちも、誰かから裏切られるとき、この主の愛の忍耐を思い出すならば、裏切りにも打ち勝てるのではないでしょうか。

主よ。人に裏切られて落ち込むとき、もっと裏切られたのに愛し続けられたあなたを思い起こせますように。

13章

エレミヤ書13章は、主のことばを聞こうとしないイスラエルの民に対する警告が、象徴的行為と比喩と詩との三つの表現方法で示されています。11節と14節とで三つの部分に区切れることは、容易に理解できることでしょう。

第一の部分で、エレミヤは象徴的な行動によって主のみ心を民に示そうとしています。彼は後にもう三度このような象徴的行為をしますので、出てくるたびに触れましょう。ここで彼は、帯をユーフラテス川のほとりに隠し、数年後にそれを取り出すという行動をとりました。これは、イスラエルの民は主の腰に締められていた帯のような存在だったが、彼らが主のことばを聞かずに主から離れたため、ぼろぼろになって、何の役にも立たなくなったことを象徴しています。

12節からの第二の部分にある「酒壺には酒が満たされる」という表現は当時の格言で、宴会に集った全員が酔っ払ってしまうことを意味していたそうです。それと同じように、主はこの地の全住民を主の怒りの酒で酔わせ、滅ぼしてしまうと警告しておられるのです。

15節からの第三の部分は、さらに二つに分けられるでしょう。21節まででエレミヤは、「高ぶるな」と民に命じ、この国が滅ぼされるのは主に栄光を帰さないからだと断言して、この国のために涙を流すのです。王や王母の冠は奪い取られ、みな他国に捕らえ移されます。しかも、最も親しい友と思っていたバビロンからそうされるのです。

さらに22節以降では、このことが起こったのは彼らの咎のためだと述べられます。その咎とは、主を忘れて偶像に従い、霊的な姦淫を行ったことです。豹がその斑点を変えることができないように、イスラエルの民はいつまでたっても善を行うことができないと、エレミヤは嘆くのでした。

ひょっとして、主は私たちに対して、「あなたはいつまで、きよめられないままなのか」と嘆いておられるのではないでしょうか。もし私たちが高ぶっているなら、確かにいつまでたってもきよめられません。けれど、自分の高慢に気づき、謙遜に主の前に出て悔い改め、主のことばに従う決心をするなら、豹の斑点さえ消されるのです。きよめとは、主のことばに従うことにほかなりません。

主よ。高慢な私をお赦しください。こんな罪深い私を、どうか主イエスの血潮によってきよめてください。

14章

エレミヤ書14章には、日照りに苦しむイスラエルの民について、主なる神とエレミヤがつばぜり合いの真剣勝負をしているような様子が描かれていますす。6節、9節、18節で四つの部分に区切るとわかりやすいでしょう。

第一の部分では、日照りのために、町の金持ちもいなかの農夫も、また野山の動物たちも苦しんでいる有様が述べられています。この国ではこんな旱魃が時々あったようです。

7節からの第二の部分では、この苦しむ民を見たエレミヤが民を代表して主に祈っています。自分たちの罪のためにこのようになったことを認めながら、自分たちは寄留者ではなく神の民であり、主はこの民のただ中におられるのだから、どうか助けてください。主は人を救うことのできない勇士ではないのですから、と心から助けを求めるのです。

10節から始まる第三の部分は、主とエレミヤとの対話の記録です。まず主が、「この民はわたしのもとにとどまらず、さまようことを愛したゆえに罰するのだ。もうこの民のために幸いを祈ってはならない」と言われます。エレミヤは「預言者たちは、あなたが平安を与えると約束されたと言っていますよ」と反論すると、主は「彼らは偽りの預言者だ。彼らもその預言を聞いた民も、剣と飢饉によって滅び失せる」と厳しく宣告されます。主がエレミヤに「この民の傷のために泣け」と言われるのは、主も泣いておられるからです。

19節からの第四の部分では、すでに三度も「この民のために祈るな」と言われていたにもかかわらず、それでもエレミヤは主にあわれみを求めて祈ります。「私たちは自分たちの悪と、また先祖の咎をよく知っています。でも、御名のために、私たちを退けないでください。私たちとのあなたの契約を覚えていてください。雨を降らせるのは、あなた以外の神々にできることではないからです」と叫んだのです。

エレミヤはお人好しの代表のような人物です。主から「祈るな」と言われていても、自分の命を狙っているような悪いイスラエルの民のために、泣いてとりなしの祈りをしているからです。しかし、それが彼の使命でした。主イエスもそうでした。だからこそ、今の時代に生きる私たちも、だれかのために涙のとりなしをすることが必要なのです。

主よ。たといお人好しと言われようとも、私は自分を悪く言う人々のために、その救いのために祈ります。

15章

エレミヤ書15章は9節で二つに分けられます。前半は前の章のエレミヤのとりなしの祈りに対する主の答えであり、後半は主とエレミヤとの対話と言えるでしょう。

まず前半部ですが、エレミヤの必死のとりなしにもかかわらず、主は厳しく「たとえモーセとサムエルがわたしの前にたっても、わたしの心はこの民に向かない」と仰せられます。この民は剣や飢饉で殺されるのみならず、そのしかばねは犬によって引きずられ、空の鳥や地の獣によって食い尽くされるという悲惨な状態になることが宣告されるのです。これは、紀元前七世紀、悪王マナセがバアル礼拝を導き入れて以来積み重なった罪のためでした。主はこの民を捨てられました。男たちはみな戦死するので、夫や息子を失って嘆き悲しむ女たちが海の砂よりも多くなると、主は預言なさいます。

10節からの後半部は、語り手に注目すると四つに分けられるでしょう。まず10節はエレミヤの嘆きのことばです。自分はこの国に生まれたゆえ、主の厳しいさばきのことばを語らざるをえなかった。でもそのために、この民から争いの相手にされている。何と悲しいことか、と叫ぶのです。

それに対して11節から主は答えられます。13節以下の「あなた」をこの国の民と解釈するなら、主のご返事は「いや、わたしは必ずこの国の民をしあわせにする。北からの軍隊がこの国の財宝を奪い取る苦難の時に、この民はあなたにとりなしを頼むようになる」という意味にとれるでしょう。

これを聞いたエレミヤは15節からさらに訴え、「主よ。私はあなたのみことばを喜んでいますが、それを語る私に対しての民のそしりはいつまでも続きます。あなたは、水を期待しても欺く小川の流れのようです」と食い下がります。

でも主は19節以降でエレミヤに、「卑しいことを言うでない。わたしのことばを語り続けよ。民がどんなに反対しても、わたしはあなたを助け出す」と励まされたのです。

これは、どんなに人々が反対しても主のことばを語らねばならない預言者の正直な告白でしょう。今でも聖書のことばは人の耳に痛いものです。しかし私たちはそれを聞かねばなりません。そしてまた、それをこの世の人々に語らねばならないのです。それが私たちに課せられた大きな責任です。

主よ。卑しい人間のことばではなく、尊い聖書のことばを謙遜に聞き、大胆に語る私とさせてください。

16章

エレミヤ書16章でも、エレミヤは主のさばきを民に宣言しています。少し細かくなりますが、五つの部分に分けてそのさばきの内容を学んでみましょう。

まず9節までで、主はエレミヤに「妻をめとるな、葬儀に出るな、宴会に出るな」と命じられます。そしてそのように命じる理由を、主のさばきにより息子や娘が死んでしまうから、主のさばきの結果としての葬儀だから、主のさばきのゆえに楽しみが絶やされるから、と教えておられるのです。

10節からは、「なぜこんなわざわいがくだるのか」と問う民への主の答えです。それは、この民の先祖が主を捨て、ほかの神々に従ったからであり、またこの民自身も先祖以上に悪事を働いたからだと、主は明確に答えられます。この罪のゆえに彼らは他国に追い払われるのです。

しかし14節から、主は驚くべきことを告げられます。主のさばきのゆえに散らされたこの民でも、再び故国に帰って来る。それはあの出エジプトのできごとよりも偉大な出来事として人々の口にのぼるようになる。これによって、主が生きておられることが証明されるのです。

16節から、再び厳しいさばきが宣告されます。漁夫が網で魚を捕まえるように、主はこの民を一網打尽にされる。たとい岩の割れ目に隠れた者でも、狩人が捜して捕らえる。主は彼らとその先祖が犯した、忌みきらうべき偶像崇拝などの罪のゆえに、二倍の刑罰を与えられるのです。

19節からの最後の部分には、もう一度将来のことが預言されます。この民がさばかれた後、諸国の民は主のもとに来て「私たちの父祖が受け継いだものは、ただ偽りのものだった」と知るようになります。それは主が彼らに、主こそ真の神であることをお知らせになったからです。

以上のように見てきますと、主のさばきには二つの目的があることがわかります。一つは主の民がその罪を悟って悔い改めること、もう一つは他の諸国民が主こそ神であることを知ることです。私たちにも「主のさばき」と思えるようなことがあるかも知れません。でもそれには目的があることを知りましょう。主は無意味に試練を与えられるのではなく、私たちと回りの人々に何かを示そうとされているのです。

主よ。試練にあう時でも主の愛を忘れることがありませんように。主のご目的を悟る知恵を与えてください。

17章

エレミヤ書17章は、罪について教えています。10節と18節で三つに区分すると、主旨がよくわかるでしょう。

第一の部分では、罪は人間の心の板と祭壇の角にしっかりと刻まれていることが述べられています。祭壇の角とは罪の赦しのために設けられた祭壇の一部分です。そこに罪が刻まれているとは、主は人の罪を明確にご存じだという意味でしょう。この国の偶像崇拝の罪は、子どもたちにまで影響を与え、彼らも偶像の神の名を覚えていました。主はこの罪のゆえに民を敵の国に連れて行かれるのです。偶像崇拝者だけではありません。主にではなく人間に信頼する者ものろわれます。人は自分の心にある罪を知りながらも偽って生きていますが、主はその人の心を探り、その行いの実にしたがって報いられるのです。

11節からの第二の部分では、主の聖所がある国に生まれていながら主から離れ去る者は、地の砂の上にその名が記されているようなもので、すぐ消え去ってしまう、と言われます。エレミヤはこの罪を民に指摘してきました。そして民が彼を信頼せず、逆に迫害しても、彼は主の牧者としての務めを避けませんでした。主の民が癒やされことをずっと望んできました。そして、彼を誤解して迫害する人々から自分が守られるように、切に祈り求めたのです。

19節からの最後の部分でエレミヤは、安息日を守らない罪を糾弾しています。安息日を守ることは形式的には難しくないことでした。しかしこれさえも守らず、安息日に荷物を運んでいるなら、エルサレムの宮殿は火によって焼き尽くされると、エレミヤは警告します。しかし主に聞き従って安息日を聖なるものとするなら、主の宮に礼拝に来る者たちによってエルサレムは繁栄することが約束されています。

エレミヤは「人の心は何よりもねじ曲がっている」ことをよく知っていました。罪を知りながらもそれを隠すことや、形式だけ守って本心はそこにないことも承知していました。しかし主は人の心を探られます。この真理は現代の私たちにも当てはまります。心の奥に隠している罪や、形式だけでごまかしている罪はないでしょうか。今日それが示されたなら、正直にそれを告白しましょう。すでに主はご存じです。でも素直に悔い改めることこそが大切なのです。

主よ。私の心を探り、罪を示してください。今、心に示される罪を、私はそのまま認め、悔い改めます。

18章

エレミヤ書18章には、悔い改めない民への警告が述べられています。この章も12節と17節で三つの部分に分けて学ぶと理解しやすいでしょう。

第一の部分で、エレミヤは陶器師の家での経験を記しています。彼はそこで陶器師が粘土で制作中の器を壊し、新しいものに作り替えている様子を見ました。それと同じように主は、できそこないのイスラエルの民を作り替えようとされている、とエレミヤは語り、もし彼らが立ち返るなら主は下そうと思っていたわざわいを思い直される、とも預言します。しかしこの主の招きに対しても民は反発し、「頑なで悪い心のままに行います」と答えるのでした。

13節からの第二の部分では、このように逆らう民に主は心を痛めつつ、警告されます。レバノンにあるヘルモン山の万年雪は消え去ることがないのに、わたしの民はわたしを忘れ、空しい偶像に犠牲を供えている。偶像は、民を悪い道に行かせるので、彼らの地は恐怖のもととなり、永久に人々の嘲りの的となる。わたしは彼らを敵の前で散らす。主は、大きな痛みを感じながら、エレミヤの口を通して、この厳しいことばを民に言わざるをえませんでした。

第三の部分は18節から始まります。主に逆らう民はまたエレミヤにも逆らい、自分たちに都合の良いことを言ってくれる祭司や知恵のある者や預言者を後ろ盾にして、エレミヤを倒そうと計画するのです。彼らのためにとりなしの祈りをしていたのに、悪をもって報いようとする彼らにエレミヤは心を痛めます。そして「彼らの子らを飢饉に渡し、彼らを剣で殺してください」と祈るのです。あの気弱なエレミヤとは思われないほどの厳しい祈りです。でもそれは決して彼の個人的なうらみのゆえではなく、主が彼らを滅ぼそうとされた理由を、エレミヤ自身も体験したゆえでした。

この箇所でも、エレミヤは主の心の痛みを自分の痛みとして経験したことが教えられます。彼の預言者としての活動はいつもここに原点がありました。そして今の時代、私たちが主を知らない人々に福音を伝えるときにも、同じ経験が必要なのです。主がその人々を愛しておられるゆえに私たちも愛し、主がその人々の罪を悲しんでおられるゆえに私たちも悲しむ。あなたもそうなれるでしょうか。

主よ。あなたの心を私の心とさせてください。あなたと同じ思いで、家族や友人に福音を語らせてください。

19章

エレミヤ書19章でエレミヤは、主のことばに従って、13章ですでに学んだ「象徴的行為」を再びなしています。

前回は帯を岩の割れ目に隠すという行為でしたが、今回は高価な土の焼き物の瓶を砕くという行動がとられています。9節と13節とで区切って学んでみましょう。

第一段落で、エレミヤは数人の長老や祭司といっしょにエルサレムの町の南西部分にあったベン・ヒノムの谷に出かけます。この谷には、数十年前のマナセ王の時代にバアル礼拝のため設けられたトフェトという場所がありました。民はここで自分の子どもたちを全焼のささげ物とし、火で焼いていたのです。主はこれを激しく怒られ、彼らを剣で倒すと宣告されました。彼らは敵に包囲され、飢餓のゆえに息子や娘、また友人の肉を食べるようになると仰せられるのです。

10節からの第二段落で、エレミヤは用意していた高価な焼き物の瓶を粉々に砕き、長老や祭司たちに主のことばを宣言します。「この罪のゆえに、わたしはこの民と、この都を砕く」と。実は数年前に亡くなった先代の王ヨシヤは宗教改革を断行し、トフェトを礼拝できないように汚していました。それでもバアル礼拝をやめないこの民は、トフェトの地のように汚されると、主は告知なさるのです。

14節からの第三の段落では、エレミヤはエルサレムに帰り、主の宮の庭に立って次のような主のことばを人々に告げます。「見よ。わたしはこの都とすべての町に、わたしが告げたすべてのわざわいをもたらす。彼らがうなじを固くする者となって、わたしのことばに聞き従おうとしなかったからである」と。それは厳しいさばきの宣言でした。

前の章では、イスラエルの民は陶器師の手の中にある粘土に譬えられていました。それはまだ柔らかく、別の形に作り替えられることもできました。でもこの章では高価な焼き物の瓶です。砕かれたらもはや再生できません。民が頑なに主を拒み続けるなら、どんなに貴い民でも、滅びは不可避となってしまいます。今の時代でも、もし私たちが彼らのように頑なな心をもつなら、滅びは避けられません。聖書のみことばに素直に応答し、罪が示されたならすぐに悔い改める砕けた魂こそ、主が求めておられるものです。

主よ。頑なになりがちな私を作り替え、常にみことばを受け入れる柔らかな、砕けた心を与えてください。

20章

エレミヤ書20章には、前の章に続いておこった出来事が書かれています。前半6節までがその記録であり、後半はこのことをきっかけとしてエレミヤが叫んだ祈りです。

まず、前半を見てみましょう。エレミヤが主の宮の庭でイスラエルの民に下されるわざわいを預言したとき、宮の祭司であり、監督者であるパシュフルという人物が腹をたててエレミヤを捕らえ、宮の北にあるベニヤミンの門にある留置場にある足かせにつなぎました。翌日、釈放されるとき、エレミヤはパシュフルに「わたしはあなたを、あなた自身とあなたの愛するすべての者にとって、恐怖とする」という主の厳しいさばきのことばを宣告します。しかもこれがバビロンの王によるさばきであることが、この書で初めて明確に示されます。確かにこの預言通り、パシュフルは数年後におこった最初のバビロン捕囚の一人となりました。

7節からの後半部に記されている祈りは、12節までが第一回目で、14節以降が第二回目と推測されています。エレミヤは投獄されたとき「私は主に惑わされた」と思ったのでしょう。主は1章でも15章でも、「敵はあなたに勝てない」と約束されたのに、現実には自分は負けている。いくら「暴虐だ、暴虐だ」と叫んでも民は悔い改めず、かえって迫害する。しかし「主のことばは宣べ伝えない」と思っても、また苦しい。彼は悶々としていたのですが、主は真実な方でした。彼は一日で牢獄から解放されたのです。10節から12節まではその時の祈りだったと思われます。

でも問題は解決したのではありませんでした。彼はこの後にも、何度も何度も迫害されることになります。14節以降は、そんな苦難の中で祈られたものでしょう。誰からも理解されず、たった一人で主の厳しいさばきのことばを伝えねばならない苦しみは、相当のものでした。彼は「私の生まれた日は、のろわれよ」と、本音の祈りを主に叫ぶのです。

今の時代にも、主のことばを語ることは容易ではありません。誤解されることもしばしばです。でも苦しいときはそのまま主に叫びましょう。本音で祈ればいいのです。主はあなたの祈りを聞いておられます。そしてその苦しみを越えた勝利を、必ず、あなたに与えてくださいます。

主よ。苦しいときにこそ、私はあなたに叫びます。あなたは最善の時に、必ずお答えくださると信じます。

21章

エレミヤ書21章からは、ゼデキヤ王の時代に語られた預言が始まります。前の章まではエホヤキム王時代の記録でしたが、この王の晩年の紀元前六〇五年頃にバビロニア帝国の南王国侵略が始まりました。そして数年後、王をはじめ、前の章に登場した祭司パシュフルや他の多くの有力者たちがバビロンに捕囚となったのです。さらに次の王となった彼の息子のエホヤキンも、三か月の治世の後、紀元前五九七年にバビロンに捕囚となりました。そしてその後に即位したのがエホヤキムの弟にあたるゼデキヤだったのです。

今日の箇所には、このゼデキヤ王の時代にくだされた神のさばきについて記されています。それは第一に、「徹底的なさばき」でした。何度も繰り返されるバビロニア帝国の攻撃に苦しんで、王は前の章に登場したパシュフルとは同名異人の政治家を、祭司ゼパニヤと共にエレミヤのもとに遣わしました。エレミヤは彼らに答えて言います。「主ご自身が、あなたがたの武具を取ってあなたがたと戦われる。この都の人も家畜も殺され、生き残った者も捕囚となる」と。

しかしこれは第二に、「条件付のさばき」でした。8節からの主のことばを見てみましょう。「しかしこの都から出て敵のカルデア人に降伏する者は生き残るが、あえてこの町にとどまる者は死んでしまう。わたしはこの町を滅ぼそうとしている。いのちの道を取るか死の道をとるか、それはあなたがたの選択に委ねられている」と主は仰せられたのです。

そして第三に、これは「公正なさばき」でした。11節以降には、ユダの王たちが公正にさばかず、悪行をしてきたゆえに主はこの都を火で焼き尽くすと宣言されます。エルサレムは谷に囲まれた平らな岩の上に建てられた難攻不落の都市だから占領されるはずはないと、彼らは高慢になっていました。でもその高慢のゆえに主はこの町を滅ぼされるのです。

一五〇年ほど前、アッシリア帝国の攻撃を受けたときにヒゼキヤ王は心を低くしてイザヤにとりなしを頼み、救われました。でも柳の下の二匹目のどじょうをねらったゼデキヤ王の心はヒゼキヤ王と全く違っていました。形だけ真似ても、主はその心をご存じでした。私たちは本当に心を低くして、神のことばを聞く態度で聖書に向かっているでしょうか。

主よ。高慢になりがちな私の心を低くし、自分の願いにではなく、主のことばに従う者とさせてください。

22章

エレミヤ書22章では、前章に短く述べられていたユダの家、つまり南王国の王たちへの厳しいさばきが三代に渡って記録されます。最初の部分で彼らの罪が指摘された後、10節からはエホアハズ王、13節からはエホヤキム王、24節からはエホヤキン王に対しての宣告がされているのです。

南王国ではダビデの子孫が代々王座についていました。主はかつてサムエル記第二の7章でダビデと契約を結び、主のことばを守るならダビデの王座はとこしえまでも堅く立つと約束されました。しかしエレミヤの時代の王たちは皆この契約を守りませんでした。彼らは貧しい人々から奪った税金でギルアデやレバノンの高価な杉材を買い、それで宮殿を飾っていたのです。彼らがさばかれないはずはありません。

10節から述べられるエホアハズ王は幼いときはシャルムという名で、宗教改革をした善王ヨシヤの息子でした。彼は紀元前六〇九年、エジプトとの戦いで戦死したヨシヤの後を継いだのですが、三か月の後にエジプトに連れていかれ、その後二度と故郷を見ることはありませんでした。

13節からは、エジプトの王がエホアハズに代えて即位させたその兄エホヤキムについて書かれています。彼はこのような危機的な状況にあるにもかかわらず、民からしぼり取った不義の税金で宮殿を増築し、大きな窓をつけ、はでな朱色を塗って飾りました。彼の父ヨシヤは主を知るがゆえに義を行って幸福にすごしましたが、エホヤキム王はバビロンに捕囚として連れていかれ、そこで誰からも悼まれない不幸な死を迎えたのです。これは主のことばに対しても、「私は聞かない」と頑固に言い張る彼の罪のゆえでした。

24節からは、その後に王位を継承したエホヤキムの息子のエホヤキン王について記しています。彼は幼名をエコンヤといいました。彼も三か月の短い治世の後、バビロンに捕囚の身となります。そして彼の子孫は一人も王位につくことはありませんでした。ダビデ王家は彼で断絶したのです。

このように見てくると、ヨシヤ以外の王はすべて、捕囚となっています。それは主がダビデと結ばれた契約を、彼らが守らなかったからでした。何と悲しい結末でしょうか。現在も、これはみことばを守らない者への大きな警告です。

主よ。あなたに従わないことがどれほど悲惨な結果になるかを教えられます。主よ、私をあわれんでください。

23章

エレミヤ書23章は8節で大きく二つに分けられます。まず前半ですが、ここには前の章で述べられた罪深い王たちに代えて、神が与えられるメシアのことが預言されています。

ここで牧者とは王のことでしょう。王たちは自分勝手に動き回る羊たちを正しい道に導かず、かえって彼らを追い散らしました。それゆえ主はこの牧者たちを罰せられます。そして羊を再びもとの牧場に帰らせるために、新しい牧者を立てると仰せられるのです。彼はダビデの若枝であり、その名は「主は私たちの義」と呼ばれるようになります。彼がこの国を再興されることは、出エジプトよりもさらに偉大な出来事として人々に理解されるようになるのです。この牧者とはイエス・キリストであることは言うまでもないでしょう。

そして9節からの後半部には、偽りの預言者に対する警告が記されています。エレミヤは、彼らを怒られる主の聖なることばのために自分の骨が震えると言った後、主のことばを語ります。その要点は次の二つにまとめられるでしょう。

第一に、「彼らは主の御口からではなく、自分の心の幻を語っている」ゆえに、主は彼らをさばかれることです。彼らは民に対して「あなたがたに平安がある」とか「あなたがたにはわざわいが来ない」と預言していました。でも彼らは主の会議に連なり、主のことばを聞いてそう言ったのではありません。主は、彼らをお遣わしになりませんでした。

それゆえ第二に、彼らが「主の宣告」と言うとき、それは「主の重荷」となるのでした。ヘブル語では、宣告という語と重荷という語とは同じ発音です。主が彼らを重荷とされるだけでなく、主のことばは人を悔い改めに導かずにかえって人の重荷となる、と主は語られるのです。それゆえ主は、彼らに厳しく「主の宣告と言うな」と命じられます。

エレミヤの時代は不幸な時代でした。民を指導すべき王も預言者も、主のことばに従わなかったからです。その中でエレミヤは正しい主のことばを伝えるために孤軍奮闘していました。そしてエレミヤは今の時代にも、主のことばを伝えています。どんな不幸な時代でも、それを打ち破るために救い主が与えられるという希望を伝えています。こんな時代だからこそ、私たちもみことばに従うことが必要なのです。

主よ。私は今日も、永遠に変わらないあなたのみことばに従って生きていきます。どうか私を導いてください。

24章

エレミヤ書24章で主は、イスラエルの民の将来を「二かごのいちじく」の幻を通して示されています。しかもそれは普通の人の考え方とは全く逆のものでした。3節と7節で、三つの部分に分けてその内容を学んでみましょう。

第一の部分にはこの幻が示された背景が記されています。紀元前五九七年、バビロンの軍隊はエルサレムを攻撃し、エコンヤと呼ばれていたエホヤキン王をはじめ、指導的な人々や武器を作っていた鍛冶をバビロンに捕え移しました。これは前の王エホヤキムの時代に続く第二回目の捕囚でした。この出来事の後にエレミヤが主の宮で祈っていたとき、主は彼にこの国の民の将来を象徴する、良いいちじくと悪いいちじくの入っている二つのかごを示されたのです。

4節からの第二の部分には、良いいちじくとは何かが述べられています。それはバビロンに捕囚となった人々です。主は彼らを再びこの国に帰らせてくださいます。それは彼らが捕囚の苦しみの中で悔い改め、主に立ち返り、主こそ本当に彼らの神であることを知るようになるからです。捕囚になるのは主にさばかれた悪者だと思う人々が多い中で、主はそれとは正反対のことをエレミヤに語られました。

それに対して8節からの第三の部分には、悪いいちじくとは何かが教えられています。それは、捕囚とならずにエルサレムに残り、次の王となったゼデキヤとその高官たち、難を逃れたと喜んでいる民たち、それにいち早くエジプトへ逃げていった者たちのことでした。彼らはそのところで人々の物笑いの種となり、剣と飢饉と疫病で滅ぼし尽くされると宣告されています。彼らは捕囚とならないように賢くふるまったでしょうが、それは主のみ旨ではありませんでした。

主がこのように仰せられるのには理由があります。バビロン捕囚は確かに主のさばきですが、人々を悔い改めに導くあわれみの手段だったのです。苦難を通して主に立ち返ることを主は求められたのです。さばきを逃れたとしても、主に立ち返らないならば、決して幸いではありません。

私たちは苦しみに会うことを嫌います。でも、苦しまなければ私たちはなかなか謙遜にはなれません。苦難の時こそ、へりくだって主を求めるチャンスなのです。

主よ。傲慢になりがちな私を、苦難を通して謙遜にさせてください。苦難を通して私を成長させてください。

25章

エレミヤ書25章は、1章からここまでのまとめです。エレミヤは自分の二十三年間の預言者としての働きを振り返り、主のことばに従わない者たちにくだる厳しいさばきを預言しています。14節で区切るとわかりやすいでしょう。

まず前半部ですが、ここにはユダの民、つまり南王国全体へのさばきが宣告されています。エホヤキムの第四年とは紀元前六〇五年で、この年にバビロニア帝国はエジプトとの戦いに勝ち、ネブカドネツァル王が即位して中東の覇権を握りました。この時エレミヤは、近い将来にこの帝国が自分たちの国を滅ぼすことを悟り、民に語ったのです。「私は預言者として召されてから二十三年間、主のことばに従って悪の道から立ち返れと言い続けてきた。しかしそれに聞き従わないゆえに、ネブカドネツァルが主のしもべとしてこの国を占領し、あなたがたは七十年間彼に仕える」との宣告でした。

しかし15節からの後半部には、さらに大きな預言がなされています。主のさばきはユダの国にとどまらず、西のエジプトから東のバビロンに至るすべての国々にまで及ぶとの預言です。全ての国々は、その不正な行動に対する主の憤りの杯を飲まねばならない。たとい飲むのは嫌だと言っても、必ず飲まなければならない。主の名がつけられているエルサレムでさえわざわいが与えられるのだから、地上の全住民は剣によって滅ぼされる、とエレミヤは語るのです。

30節以降には、それまで散文の形で語られていた預言が、牧場の比喩を用いた詩によって繰り返されます。主は天の聖なる御住まいから牧場に向かって「わざわいが国から国へと移り行く」と言われます。牧者たちは泣き叫びます。若獅子のような主がその燃える怒りを示されるので、平和だった牧場が荒れすたれるからです。

エレミヤは「国々への預言者」として召されました。彼の預言はイスラエルの民だけではなく、全人類に対してのものです。彼はこの預言をしたとき、大きな痛みを感じていたことでしょう。しかしすでに主は、この全人類の身代わりになって憤りの杯を飲み、羊のために命を捨てる牧者を備えておられたのです。エレミヤはこのお方を知りませんでした。でも私たちはこのお方をはっきりと知っています。

主よ。あなたの怒りを受けるべき私のため、身代わりの死をとげてくださった主イエスに心から感謝します。

26章

エレミヤ書26章からこの書の後半部が始まります。ここまでは時代順の記述でしたが、これからは主題ごとに記されるのです。この章から29章までにはエレミヤへの反対者について書かれており、まずこの章ではすでに7章に記されていた神殿での逮捕事件がさらに詳しく述べられます。11節と19節とで三つに区切って学んでみましょう。

第一の部分には事件の発端が記されています。エホヤキム王の治世の初め頃、この国はエジプトの支配下にありましたが、新興のバビロニア帝国が虎視眈眈とこの小国をねらっていました。しかしこの国の指導者たちは、自分たちには神殿があるから大丈夫だと形式的な礼拝に終始していたのです。そのとき主は、「わたしの律法に歩まず、預言者に聞き従わないなら、この神殿もシロのようになる」とエレミヤを通して語られました。シロとは神の箱が安置されていた幕屋のあった場所で、サムエルの時代に滅ぼされていました。この預言を聞いた祭司や預言者たちは腹をたて、エレミヤを死刑にしようと裁判の場である門の入り口に集まったのです。

12節からの第二の部分には、エレミヤの弁明と、心ある人々の理解ある応答が描かれています。エレミヤは、「主がこの警告を語るよう私を遣わされたのだ。もし私を殺すなら、それは罪のない者の血を流すことだと自覚せよ」と大胆に反論します。するとある長老たちは一〇〇年ほど前の預言者ミカの事例をひき、エレミヤを守る発言をするのでした。

しかし20節からの第三の部分は、この時代の他の預言者ウリヤの場合を記しています。彼もエレミヤと全く同じ預言をしたゆえに命をねらわれ、エジプトへ逃げたにもかかわらず、追っ手に捕らえられて殺されたのです。

主のことばを語ることは今の時代でも容易なことではありません。悔い改めのメッセージは、かなり多数の人々の反感を買うものだからです。でもどんなに反感を買おうとも、預言者は主が語れと言われたことを語らねばなりません。

預言者のことばを聞く側には大きな責任があります。受け入れるか、拒むか。それはその人の救いと滅びを決定するからです。自分の形式的なやり方に固執している限り、腹がたつことはあっても、決して平安はやってきません。

主よ。私は、形式的に信仰を守るのでなく、主のことばを謙遜に聞きます。どうか私の心を砕いてください。

27章

エレミヤ書27章には、次の28章と同じ年におこったできごとが記されています。ですから「エホヤキムの治世の初め」ではなく「ゼデキヤの治世の初め、第四年」のことと理解するのが妥当でしょう。ここでエレミヤは、すでに13章と19章とで学んだ象徴的行為によって、主が定められた道を人々に示しています。彼が語りかける相手の違いから、この章は11節と15節で三つに分けることができます。

第一の部分は、イスラエルの周辺諸国の五人の王に対して語られています。これらの王はゼデキヤ王とともに反バビロニア同盟を結ぶため、使者をエルサレムに遣わしていました。その時、エレミヤは牛の首につけるくびきとそれを引っ張る縄を自分の首につけて彼らの前に現れ、「バビロン王のくびきに自分の首を差し出さない国があれば、わたしがその民を罰する」との主のことばを告げます。でも驚くべきことに、主はその直後、「その後で、多くの民や大王たちが彼を自分たちの奴隷とする」とも語られました。けれど彼らはエレミヤを信じないで、「バビロンの王に仕えることはない」と言っていた偽りの預言者たちを信じたのです。

12節からの第二の部分で、エレミヤはゼデキヤ王に同じことを語ります。しかしゼデキヤ王も偽りの預言者に耳を傾けたため、主は「あなたがたを追い散らし、預言者たちも滅びることになる」と厳しく宣告なさいました。

16節以降の第三の部分では、エレミヤは祭司たちと民全体に向かって次のように言います。「偽りの預言者たちは、今から四年前に起こったエコンヤつまりエホヤキン王時代の捕囚の際に、バビロン軍に奪われた主の宮の器は今すぐにも戻される、と預言した。しかし実際は、今残されている器さえも近々バビロンに運ばれる。だが、主が顧みられる日には、それらは再びこの場所に戻される」と。

偽りの預言者は、当時の支配者たちの喜びそうなことを語っていましたが、エレミヤはそれと全く反対の厳しい預言をしました。王たちがどちらを信じたかは明白でしょう。では、私たちはどうでしょうか。耳ざわりの悪いことを無視してはいませんか。聖書に書いてあるならば、たとい自分に都合が悪くても、それに従わねばならないのです。

主よ。私は聖書に示される厳しいことばを受けとめ、それに従う者となります。弱い私を助けてください。

28章

エレミヤ書28章には、前の章に続いておこったできごとが記されています。偽りの預言者であるハナンヤがエレミヤの前に現れ、エレミヤの預言と相反する預言を堂々と語ったのです。王や民たちはハナンヤこそ本当の預言者のように思っていました。しかしこの章は、偽りの預言者のしるしとは何かをはっきりと私たちに教えています。

第一に、偽りの預言者は耳ざわりの悪いことを語らない人です。ハナンヤは祭司と民の前で、「四年前バビロンに持って行かれた宮の器も、捕囚となった王や民も、二年のうちにこの場所に帰ってくる。」と語りました。これはだれもが願っていたことです。エレミヤさえも「アーメン。そのとおりに主がしてくださるように」と言いました。しかしそれだけを語るのでは真の預言者ではありません。

第二の偽りの預言者のしるしは、その預言が成就しないことです。7節以降のエレミヤのことばに注目しましょう。昔から預言者はわざわいの預言をしてきました。それは、たとえ人々から嫌がられても、彼らを悔い改めに導くためでした。でももし人々の喜ぶ平安を預言するなら、それが成就して初めて、本当の預言者とわかるのだ、と彼は言うのです。成就しないなら、その人は偽りの預言者にほかなりません。

第三の偽預言者のしるしは、力で脅かすことです。エレミヤの反論を聞いたハナンヤは激怒し、前の章からエレミヤが自分の首につけていた例のかせを取り、それを砕きました。そして勝ち誇ったように、「このとおり、バビロンのくびきは砕かれる」と宣言したのです。エレミヤは何の抵抗もせず、ただ黙ってそこを立ち去りました。そして何日かの後、主のことばを聞いてから、「木のかせを砕いても鉄のかせを作ることになる」とハナンヤに対して預言したのです。

現代でも、多くの人は聞き心地の良いことばを聞きたがります。そして牧師もそれに応じる場合が多いようです。でも罪に対してははっきりと「ノー」と宣言し、悔い改めを求めねばなりません。そうでないと、牧師自身が主のさばきを受けることになります。ハナンヤは、第五の月に偽りの預言をし、第七の月に死んでしまいました。牧師でも信徒でも、主の厳しいことばを無視するなら、さばかれます。

主よ。たとえ厳しいことばであっても、私はあなたからの警告としてそれを受け入れます。

29章

エレミヤ書29章には、前の章と同じように、エレミヤと偽りの預言者の対決が描かれています。23節で前後二つに分けて学んでみましょう。

前半部は、エホヤキン王と一緒にバビロンへ連れていかれた人々に宛ててエレミヤが書いた手紙です。彼はそれをゼデキヤ王がバビロンに遣わした二人の高官の手に委ねました。その手紙は、「バビロンで家を建て、落ち着いて生活せよ。その町の平安を祈れ。バビロン捕囚はまだ長く続くからだ」という主のことばを伝えていました。実はその頃、アハブやゼデキヤという偽りの預言者が捕囚の民に「捕囚はすぐ終わる」と語っていたのです。エレミヤは「彼らのことばにごまかされるな」と忠告し、あの有名な主のことばを語ります。「わたしの計画は、わざわいではなく平安を与える計画であり、あなたがたに将来と希望を与えるためのものだ」。

すでに24章の二かごのいちじくの幻で示されたように、バビロン捕囚は決してわざわいではありませんでした。たとえ神殿での礼拝はできなくても、その地で悔い改めて主を求めることはできます。さらに主は彼らに七〇年後には故国に帰れるという希望をも与えてくださったのです。しかし、故国に残っている王や民には剣が送られます。彼らが預言者に聞き従わなかったからです。その預言通り、紀元前五八六年、エルサレムは徹底的に破壊されることになります。

24節からの後半部には、この手紙に反発したバビロン在住のシェマヤという偽りの預言者が、エルサレムにいる祭司のゼパニヤたちに、「けしからんことを言うエレミヤを、なぜ捕らえないのか」という手紙を書いたことが述べられています。しかし主はエレミヤを通して、このシェマヤこそ厳しくさばかれると宣告なさるのでした。

現代でも主は私たちに、「わたしの計画は、わざわいではなく希望を与えるものだ」と語っておられます。突然襲ってくるような試練や苦難であっても、主のご計画にないものはありません。でも、それをわざわいと感じるか、それとも希望ととらえるかで違いが生まれます。すぐに苦難から解放されることを求めるのではなく、主ご自身を求めましょう。主のご計画は完全であり、希望あるものなのです。最近の新型コロナウイルスによるわざわいの中においても。

主よ。私はあなたのご計画が平安を与え、将来と希望を与えるものであることを信じます。

30章

エレミヤ書30章は、33章まで続く「慰めの書」と言われる部分の最初の章で、バビロン軍によるエルサレムの陥落が時間の問題だと思われる時期に書かれたものだと推測されています。そのような危機的な状況の中で、エレミヤは滅びの向こうにある救いの日を見、それをはっきりと書き記したのです。救いの日には次のような三つの意味があります。

第一にそれは「解放の日」です。北王国イスラエルと南王国ユダは、どちらも自らの罪のゆえに捕囚の身となりました。でも主はそこから先祖たちの地に帰らせると約束なさっています。捕囚は彼らにとって苦難の時ですが、彼らはそこから救われ、彼らの王ダビデに仕えるようになるのです。確かに主はさばきによって彼らを懲らしめられます。でもあわれみによって、彼らを捕らえた国を滅ぼし尽くされます。

第二にそれは「癒やしの日」です。12節以下を見ましょう。彼らはその咎と罪のゆえに傷を受けたのです。どんな薬も恋人も彼らを癒やすことはできません。しかしこの捨てられた女であるシオンの打ち傷を、主は癒やしてくださると約束しておられます。何と大きな慰めでしょうか。

第三にそれは「回復の日」です。18節以降には、町は廃墟の上に建て直され、宮殿も定められた所に再建されると預言されています。国の支配者は、他国人ではありません。彼ら自身の中から出ます。彼は主に近づくためにいのちをかける人物で、彼によって彼らは主の民となるのです。

ここで預言されている「彼らの王ダビデ」、彼らを癒やす人物、彼らのためにいのちをかける人とはいったいだれでしょうか。それはイザヤ書53章に預言されている「苦難のしもべ」、彼らの咎のために砕かれ、彼らを癒やすために打たれた主イエスです。イスラエルの真の王である方です。

救いの日は、23節と24節にある通り、主の燃える怒りの日でもあります。しかしその怒りをみな十字架で受けてくださったお方を信じる者にとっては、文字通り「救いの日」なのです。エレミヤはこの日を微かに見ました。しかし、今の私たちははっきりと見ることができます。エレミヤが苦難のただ中にある民のため、いのちをかけて書いたこの慰めの書の通り、救い主イエスが遣わされたゆえに。

主よ。苦しむ者の苦しみを背負うため、あなたが遣わしてくださった御子イエスのゆえに心から感謝します。

31章

エレミヤ書31章は前の章から続く「慰めの書」の頂点とも言える箇所で、北王国イスラエルと南王国ユダを一つにして回復してくださる主の誠実さが宣言されています。22節と26節とで三つの部分に分けて学んでみましょう。

第一の部分では、エレミヤの時代から一〇〇年以上も昔にアッシリアに捕囚となっていた北王国の民が、再びシオンに上ってくることが預言されます。3節は有名な聖句です。あの反逆の民イスラエルを主は永遠の愛をもって愛し、彼らと結んだ契約のゆえに真実を尽くし続けられました。それゆえ主は彼らを北の国からサマリアに連れ帰られます。子どもたちが捕囚として連れて行かれた時に泣き叫んでいた母親たちに、主は望みを与えられるのです。20節も有名な聖句で、母親の悲しみが主ご自身の「わななき」と同一視されています。民が苦しむとき、主はそれ以上に痛んでおられるのです。

23節からの四つの節には、短いですが、南王国の捕囚の民も聖なる山に帰ってくることが約束されています。

そして27節からの最後の部分では、主が南北両王国と結ばれる新しい契約のことが述べられます。それはまず、正しいさばきの契約です。「父のために子が苦しむ」ような不当な仕打ちはもはやありません。次にその契約は、心に記されるものです。外から強制されるのではなく、心の中に記された律法が人を動かすのです。自然を支配されている主は、この定めを必ず実行されます。そしてエルサレムの町も主に聖別されたものとして再建されるのです。

この回復の預言は、バビロン捕囚からの解放、救い主イエスの誕生、聖霊の降臨、一九四八年のイスラエル共和国の成立など、幾つかの段階を経て成就してきました。また、主イエスの再臨のときに初めて成就するものもあるでしょう。

しかし一番大切なのは、主は、罪のゆえに苦しんでいる人々を決して忘れてはおられないことです。主は、その人々を救うために愛するひとり子を犠牲にするという痛みを味わわれました。この主の愛と真実を知った者は、もはや律法に縛られるのではなく、心からの愛をもって主に仕えることができるようになります。あなたは、この主の痛いほどの愛を心に感じて生きておられるでしょうか。

主よ。あなたがそれほどまで私を愛してくださっていることを感謝します。私もあなたを心から愛します。

32章

エレミヤ書32章は、エルサレムの町がバビロン軍によって包囲されていたときに、主がエレミヤに語られた希望の預言を記しています。この章は、5節、15節、25節で四つの部分に分けることができるでしょう。

第一の部分は当時の背景を述べています。エレミヤは、王の宮殿にある監視の庭に監禁されていました。37章で詳しく述べられますが、敵が来る前に、彼はゼデキヤ王に「この町は滅ぼされる」と預言して町を出ようとしました。それが敵への降伏だと誤解されて、逮捕されたのです。

6節からの第二の部分では、このときエレミヤに与えられた主のことばが、本書で四回目になる象徴的行為で示されています。彼がエルサレムを出ようとしたのは、故郷アナトテへ行くためでした。それができなかったため、いとこのハナムエルが敵の包囲網をかいくぐって彼のもとにやって来ました。故郷にある土地を彼に買い戻して欲しかったからです。エレミヤはそれを買う手続きをし、その購入証書を保存するように命じました。こんな危急のときにそれをしたのは、この国が滅ぼされても、主は必ずこの国を回復してくださることを、身をもって示すためでした。

16節からの第三の部分はその時のエレミヤの祈りです。彼は、今まで主がこの国に注がれた大きな恵みを思い返しながら、その恵みの主の声に民は聞き従わなかったため、このような悲惨な状況になったことを告白するのです。

そして26節からの最後の部分では、彼の祈りに対する主の答えが記録されています。まず35節までで、主はこの国の罪とそれに対するさばきを宣告されますが、36節以降では、そのさばきの後に主は民をこの地に帰らせ、安らかに住まわせると約束してくださいます。一度は荒れ果てるこの国で、再び畑が買われる日が来ると主は仰せられるのです。

エレミヤは、ゼデキヤ王の権力を恐れず、この国の滅亡を預言しました。しかしまた、滅びの後にこの国が回復することも預言しました。どちらも主のことばが彼に臨んだからです。これこそ主を信じる者の生き方にほかなりません。

私たちは人の目を恐れ、主のことば通りに生きることを躊躇しがちです。でも人を恐れると罠に陥ります。ただ主のみを恐れ、主のみに従う者となろうではありませんか。

主よ。人の顔色をうかがうような愚かな私をあわれんでくださり、主にのみ従う勇気を与えてください。

33章

エレミヤ書33章は、30章から始まった「慰めの書」の最後の部分です。前の章と同様、エレミヤは監視の庭に閉じ込められていたのですが、そこで主がこの国の民に語られる「理解を超えた大いなること」を聞きました。彼はこのことを二つの面から書き記します。13節が境となるでしょう。

前半にある大いなる事とは外的な回復です。この国の首都エルサレムは、その罪のためにカルデア人に滅ぼされます。しかし主は彼らの咎を赦し、この町を世界の国々の間で主の栄誉とならせてくださるのです。一旦は「人も家畜もいない、荒れすたれた」この町々に、花婿や花嫁の喜びの声と、主の宮に感謝のいけにえを携えて来る人たちの声が再び聞かれるようになります。また田舎の町々では、増えた家畜の群れを牧者が喜んで数えるようになるのです。

14節からの後半部にはより重要なことが記されています。それは内的な回復です。第一に、「義の若枝」と言われるお方がこの国に公正と義を行われるようになります。第二に、レビ人の祭司がささげ物を献げるようになります。第三に、主が民と結ばれた契約が再確認されます。24節に言われている「二つの部族」とは北イスラエルと南ユダのことです。一度は滅ぼされて侮られていたこれらの国々が、再び一つとされ、主の契約にあずかるものとされるのです。主は決して契約を破られません。

これらの預言はバビロン捕囚から解放されたときに部分的に成就しました。しかしその本当の成就は、主イエスのみわざによって実現するのです。主はその初臨のときに、贖いの死を遂げられて全人類の罪を赦してくださいました。イスラエルの多くの民は今も頑なままですが、主の再臨のときには、彼らも私たち異国人もともどもに「神の民」とされ、新しい神の国を形成するようになります。

エレミヤは遥かに未来を見通していました。たとい身は獄屋にあろうとも、主がなされる麗しい将来の姿を見ていたのです。これこそ主のみことばに信頼する者の姿でしょう。私たちもそのようになりたいものです。現在どのような苦難にあっていようとも、聖書を読むときには、あの鷲のように、広大な恵みの大空を舞う者となろうではありませんか。

主よ。今の困難なことばかりを見やすい私です。でもこれからは、みことばが約束する恵みを信じて歩みます。

34章

エレミヤ書34章から39章までには、バビロン軍によってエルサレムが包囲され、ついに陥落するまでの経過が記されています。まず本日の34章は、陥落する二年ほど前に起こった二つの事件を述べるのです。

バビロンの王とその支配下にある国々が、連合して南王国の諸都市を攻め始めたころ、主はエレミヤを通してゼデキヤ王に告げられました。「わたしはこの都をバビロンの王の手に渡す。あなたはその手から逃れることはできない。ただあなたは剣で死ぬことはない」と。今までに学んだように、こう預言したエレミヤは、「エルサレムには主の宮があるので滅ぼされるはずはない」と信じていた熱心な人々の反感をかうことになります。しかし敵は、すでにエルサレムの南西五〇km足らずのラキシュにまで迫っていました。

8節から第二の事件が記されています。エレミヤから主の厳しいさばきの預言を聞いたゼデキヤ王は、主のあわれみを求めたからでしょうか。同胞のイスラエル人を奴隷として使用している者たちに、律法に従ってその奴隷を解放するよう命じたのです。バビロン軍によって土地を奪われ、エルサレムに逃げ込んでいた者たちには、奴隷はかえって厄介者になっていたからかもしれません。すると不思議なことにエジプト軍が重い腰をあげて北上し、バビロン軍を攻撃し始めたので、バビロン軍は退却せざるをえませんでした。

しかし一息つく間ができたためでしょう。奴隷解放をした人々は心を翻し、再び同胞を奴隷として使い始めたのです。そこで主は、契約を破った者たちを、当時の契約の慣習であった、二つに断ち切った子牛のようにすると宣言されます。その通りに、敵は攻撃を再開し、彼らのいのちは取り去られ、その屍は空の鳥や地の獣の餌食となるのでした。

何という無節操な民でしょうか。彼らは「のどもと過ぎれば熱さ忘れる」ということわざ通りの人々でした。エレミヤは、そのような彼らの姿を見て胸を痛めたに違いありません。しかし、私たちも同じような態度を取ることがあります。苦しい時には必死に祈るのですが、苦しみが去ると自分の仕事に忙しくなって祈る時間もない。祈っても形式的なものになってしまう。それは、あなたの姿ではないでしょうか。もしそうなら、今、素直に悔い改めましょう。

主よ。悩みの日にはあれほど熱心に祈ったのに、今は形だけの祈りになっている私を、どうかお赦しください。

35章

エレミヤ書35章には、エルサレム陥落の十数年前の出来事が記されています。この頃はまだエホヤキム王の治世でしたが、すでにバビロン軍は北方のシリアの国を占領し、部分的にイスラエル各地を襲撃していたようです。被害にあった者たちの中には、禁欲的な生活習慣をもっていたレカブ人もいて、彼らはエルサレムに避難していました。主はこのレカブ人を用いて、主のみ心をイスラエルの民に伝えようとされたのです。これは第五番目の象徴的行為と言えます。11節と17節で三つの部分に分けて学んでみましょう。

第一の部分には、エレミヤが主の命令に従ってこのレカブ人たちを主の宮の一室に連れていき、そこでぶどう酒を飲ませようとしたことが記されています。しかし彼らは、「私たちは、先祖レカブの子ヨナダブが私たちに命じたように、ぶどう酒は飲みません」と、きっぱり断りました。主はこのような態度を求めておられたのです。

12節からの第二の部分でエレミヤはこの事実をイスラエルの民に告げ、主のことばを語ります。「レカブ人は先祖の命令に聞き従って酒を飲まなかった。しかしあなたがたはどうだ。わたしは預言者をたびたび遣わして、行いを改めよと言ったのに、あなたがたは耳を傾けなかった。それゆえ、わたしはすべてのわざわいをあなたがたに下す」と。

以上のさばきの預言とは対照的に、主は18節からの第三の部分で、次のようなことをレカブ人に仰せられています。「あなたがたは先祖が命じたとおりに行った。それゆえその子孫たちには、わたしの前に立つ人がいつまでも絶えることはない」と。何という豊かな祝福でしょうか。

レカブ人は純粋なイスラエル人ではありません。歴代誌第一の2章によると、彼らの先祖はモーセの妻の父だったミディアン人イテロです。しかしレカブ人は、先祖が命じていた厳しい生活を、きっちり守っていました。それとは反対に、イスラエル人は「神の民」でありながら、神のことばを聞こうともしなかったのです。

私たちはどうでしょうか。親や上司のことばに従うことは大切です。しかし、神のことばに聞き従うことは、それよりも、もっともっと大切なことなのです。

主よ。今日私は、人のことばに従うだけでなく、主のことばに従って歩みます。私と共にいて助けてください。

36章

エレミヤ書36章は、前の章より六、七年も前に起こっていた事件です。8節、20節、26節で四つの部分に区切って学んでみましょう。

第一段落には事件の発端が記されています。エホヤキム王の第四年とは紀元前六〇五年で、この年にバビロン軍はエジプト軍を破り、エジプトに仕えていた南王国にも圧迫の手を伸ばしてきました。この時エレミヤは主の命令に従い、ヨシヤ王の時代から二十三年間にわたって預言してきたことを、弟子のバルクによって巻き物に書かせました。主は、王や民がこれを聞いて悔い改めるなら、彼らの咎と罪を赦すつもりでおられたのです。エレミヤは宮に入ることを禁じられていたので、バルクがこの巻き物を人々に読み聞かせました。

9節からの第二段落には、その翌年に起こった出来事が記されています。バビロンの脅威が迫っていたゆえに、国には断食が布告されていました。その時、有力者の一人ミカヤがバルクのことばを他の有力者にも伝えたゆえに、有力者はこの事態が自分たちの罪のゆえであることを悟り、これを王に告げる決心をしたのです。そしてバルクから詳しく話を聞いた上で、エレミヤを守る手段を相談しました。

21節からの第三段落には、この有力者たちの助言に耳を傾けなかったエホヤキム王の傲慢な態度が描かれています。王はその巻き物を暖炉の火で燃やしたばかりか、有力者たちが心配した通り、バルクとエレミヤを捕らえようとしました。しかし主は二人を隠して、災いから守られたのです。

そして27節からの最後の段落で、主は再びエレミヤに語られます。「あなたはもう一度、同じことを巻き物に書け。そして王に、主のことばを聞かなかったゆえ、王もその子孫もその家来も、またすべての民も、わざわいを受けねばならないことを告げよ」と。厳しい主のことばです。

エホヤキム王が、側近の有力者たちの助言に少しでも耳を傾けていたならば、と残念でなりません。主は現在の私たちにも、家族や友人やあるいは牧師を通して語られています。いえ何よりも、聖書が主のみ心をはっきりと語っています。「悔い改めよ」とのみことばを無視するなら、そこには滅びしかありません。今日も私たち自らの生き方を省み、罪があるなら、ありのままで悔い改めましょう。

主よ。どうか私に聞く耳を与えてください。主のことばにも友人の忠告にも、素直に耳を傾けさせてください。

37章

エレミヤ書37章は34章の続きです。バビロンの王ネブカドネツァルに忠誠を誓って王となったゼデキヤでしたが、数年後、エジプト王と密約を結んでバビロンに反逆しました。当然バビロン軍はエルサレム攻撃を開始し、エルサレムは風前のともしびとなりました。しかしこの頃、やっとエジプト軍が近くまで来たため、バビロン軍は一時エルサレム周辺から退却したのです。時は紀元前五八八年頃でした。この章には、その当時起こった三つの事件が描かれています。

第一の事件は、エレミヤに祈ってもらうため、ゼデキヤ王が二人の使者を遣わしたことです。すでに21章にもよく似たことが書かれていました。でも本章の事件はその後におこったことだと推測されています。ゼデキヤ王は、バビロン軍が二度と攻撃してこないようにエレミヤに祈ってもらおうとしたのでしょうが、エレミヤは「バビロン軍は引き返して来て、この都を攻め取る」との主のことばを告げたのです。

11節からは第二の事件が述べられます。多分32章で触れられた故郷アナトテの土地を買うためだったのでしょう。エレミヤはエルサレムを出ようとしたのです。それがバビロン軍に降伏するためのものだと誤解され、彼は捕らえられて、「首長」と言われている有力者たちの牢に長く投獄されることになりました。彼らはエレミヤに反感をもっていたので、機会を見て暗殺しようとしていたのです。

しかし17節から、それを聞いたゼデキヤ王が彼を助けたことが記されています。きっと、彼の預言通りバビロン軍が再来したからだと思われます。エレミヤは「バビロンの王は、この地を攻めに来ない、と言っていた預言者はどこにいますか」と、偽りの預言者の過ちを指摘しました。王は、エレミヤが暗殺されることのないように、安全な監視の庭に入れさせ、必要な食物も与えることにしたのです。

エレミヤはいのちが惜しくて安全な場所を願ったのではありません。彼には主のことばを語る使命がありました。それを果たすまでは死ぬことはできなかったのです。だから主も彼を守られました。現在の私たちもそうです。今、私たちが生かされているのは、果たすべき使命があるからです。今日あなたの果たすべき使命とは何でしょうか。

主よ。私は全力を尽くして、神と人とを愛するという使命を果たしていきます。どうか私と共にいてください。

38章

エレミヤ書38章には、前の章の後の出来事が書かれています。監視の庭に入れられていたエレミヤは、そこでも滅びの預言をし続けたため、有力者たちは彼をそこにあった水溜め用の穴に投げ込みました。しかし彼はそこからも助け出されたのです。主の力強い御手をここでも見ることができます。6節と13節で三つに分けて学んでみましょう。

第一の部分では、王の側近の四人の有力者がエレミヤをこのように苦しめたことが記されています。彼らはゼデキヤ王に詰め寄って、エレミヤを水攻めにしようとしたのです。王は、彼ら有力者の気迫に太刀打ちできず、彼らの言うままになったのでした。

7節からの第二の部分には、この事態を憂えたエベデ・メレクという宦官が、ゼデキヤ王に願ってエレミヤを救出する許可を得たことが述べられます。王は自分がどうすべきかわからず、迷いに迷っていたのでしょう。人に聞くべきか、神に聞くべきか。王だからこそ、この決断は国の運命を左右するほど重要なことだったのです。助け出されたエレミヤは、なおも監視の庭で主のことばを語り続けていました。

14節からの第三の部分は、確信に満ちた預言者エレミヤと不安に満ちた王ゼデキヤとの対話です。王はエレミヤを主の宮の入り口に召し寄せました。何とか「この国は救われる」という預言を聞きたかったからでしょう。でもエレミヤは今までと同様、「バビロンの王に降伏せよ」という主のことばを語り続けました。王は降伏したら自分がどうなるのかを心配していたのですが、エレミヤは「主の御声に聞き従うなら、あなたは幸せになり、あなたのたましいは生きながらえる」と確信をもって告げたのです。それでも王は決断がつきません。自分の立場が悪くならないよう、エレミヤに口止めした上で、今までどおり彼を監視の庭にとどまらせました。

ゼデキヤ王は不安を抱えていながら、主のことばに従う勇気がありませんでした。主のみことばだとわかっていても、自分に都合の悪い場合は、なかなか決断できないのです。私たちも時々そういう事態に直面します。しかし、20節は今日もあなたに語られています。「どうか、主の御声に、私があなたに語っていることに聞き従ってください」と。

主よ。私は、語ってくださったあなたの御声に聞き従います。すべての不安と恐れを取り除いてください。

39章

エレミヤ書39章は、エルサレムの陥落について記しています。ゼデキヤ王の第十一年、つまり紀元前五八六年、エルサレムはバビロン軍の総攻撃を受け、中央の門が破られて敵軍が侵入してきました。これはエレミヤが預言し続けていたことの成就でした。この章は、主のことばに従う者とそうでない者との結末は全く違ってくることを教えています。10節と14節で三つの部分に区切って学んでみましょう。

第一の部分には、主のことばに従わなかった者たちの結末が述べられています。王と側近の有力者たちは夜の闇に乗じて逃亡を計りますが、敵軍はそれと気づいて約二五km北東のエリコの草原で彼らを捕らえました。彼らの多くは虐殺され、王も目をつぶされてバビロンに連れて行かれました。エルサレムの町も、指揮官ネブザルアダンの到着後、火で焼き払われました。何とも悲惨な結末です。

しかし11節からの第二の部分は、エレミヤに対しては特別な取り扱いがなされたことを記しています。ネブカドネツァル王の命令に従い、その侍従長ネブザルアダンは、監視の庭からエレミヤを連れ出し、後にユダの総督に任命されることになるゲダルヤに彼の身を委ねたのです。エレミヤは都にいた民とともに、敵軍に包囲され、また攻撃される苦しみを味わいましたが、主は彼を最後まで守られました。

15節からの第三の部分には、前の章でエレミヤを助けた宦官エベデ・メレクの結末が預言の形で述べられています。彼はゼデキヤ王の側近の一人でしたが、ゼデキヤとともに逃亡しようとはせず、エルサレムに残りました。彼はエレミヤが語ったことばを信じて主に信頼し、バビロンに降伏する立場を主張していたとも推測されます。彼のいのちが救われたからこそ、この預言が聖書に含まれたのでしょう。

自分のいのちを救おうとした有力者たちはそれを失い、危険をも顧みずにエルサレムにとどまったエレミヤとエベデ・メレクはいのちを得ました。これが主を信頼しない者と信頼する者との結末の違いです。私たちはどうでしょうか。たといどんな困難や危険があろうとも、主を信頼するなら、主は助け出してくださいます。自分の能力や手腕に頼らず、主に頼ることこそ、私たちの取るべき道なのです。

主よ。私はあなたに頼ります。どんな困難に会うときでもあなたに信頼し、あなたの助けを信じます。

40章

エレミヤ書40章から44章までには、エルサレム陥落後におこった諸事件が記されています。今日の40章は、段落にしたがって、三つの出来事にまとめることができるでしょう。6節と12節で区切られます。

第一段落では、エレミヤが釈放されたことが述べられています。前の章ですでに彼は監視の庭から連れ出されたと書かれていましたが、戦後の混乱の故か、彼自身の望みの故か、彼は他の人々とともに捕囚民となっていました。でもラマで捕囚民の名前が確認されたとき、エレミヤであることが判明しました。指揮官ネブザルアダンは彼に選択の自由を与えます。「バビロンに来れば優遇するが、この地に残っても良い」と。エレミヤは、あえてこの地で残された貧しい民とともにいることを選びました。実にエレミヤらしい選択です。

第二段落は、残された民を統治するためにゲダルヤが総督とされ、散っていた将校たちが彼のもとに集まってきたことを記録しています。彼らの多くはバビロニア帝国に反感をもつ人々だったようです。しかしゲダルヤは彼らを諌め、「バビロンの王に仕えよ。そうすれば幸せになるから。嫌なことがあるなら私が間に立って仲裁するから。あなたがたは、ぶどう酒、夏の果物、油を収穫し、手に入れた町々に住むが良い」と勧めるのでした。

第三段落には、このような政策を取るゲダルヤを暗殺する計画があったことが記されています。バビロニア帝国に強い反感をもっていたアンモン人の王は、同じ考えを持っていたダビデ王族の一人、イシュマエルを援助し、クーデターを起こそうとしていました。それを察知したヨハナンという人物はこの敵を早いうちに始末するようにゲダルヤに進言したのですが、聞き入れてもらえませんでした。いつの時代でも、政治の世界では恐ろしい権力闘争が渦巻いています。

エレミヤは、権力争いに明け暮れる世界で主のことばを語っていたのです。そのような実直なエレミヤの姿に、バビロニア帝国の侍従長のネブザルアダンは感動したのではないでしょうか。主を知らない異国人の彼さえも、主に寄り頼むエレミヤを尊敬せざるをえませんでした。この罪深い現代に生きる私たちも、エレミヤのように、純粋に主に寄り頼む者となりましょう。それこそが人の心を動かすのです。

主よ。私は、あなただけを信頼して生きていきます。弱い私を周囲の人々への光として用いてください。

41章

エレミヤ書41章は、前の章の最後の部分の続きで、ゲダルヤ暗殺事件の詳細が描かれています。3節、10節、15節で四つの部分に区切って内容を見てみましょう。

第一の部分には、ダビデ王族の子孫でアンモン人の国に逃亡していたイシュマエルが帰国し、戦後の混乱した国を治めていた総督ゲダルヤを暗殺したことが記されています。前の章でヨハナンが恐れていたことがおこったのです。イシュマエルは、ダビデ王の血をひかないゲダルヤに権力が与えられたことが不満だったのでしょう。彼はゲダルヤのみならず、国を滅ぼしたバビロン軍の戦士たちをも打ち殺しました。

4節からの第二の部分では、さらに悲劇が拡大します。昔の北王国の首都サマリアから、北王国と同様に南王国も滅んだことを悲しみ、神殿のあったエルサレムで主のあわれみを祈り求めるために来ていた敬虔な人々をも、イシュマエルは虐殺したのです。ただし食料を隠しもっていた人々だけは殺しませんでした。そして、ゲダルヤのもとに集まっていた人々を捕らえ、アンモン人の国に連行しようとしました。

11節からは、この悪行を聞いたヨハナンがイシュマエルの一行を追い、ギブオンで戦ったことが述べられています。捕らえられていた人々は、当然身を翻してヨハナンの側につきました。結局イシュマエルは、八人の部下とともにいのちからがらアンモン人のところに逃げ帰ったのでした。

最後の16節からの部分では、ヨハナンは奪い返した人々を連れて、エジプトに行こうとしたことが書かれています。バビロンの王によって任命されたゲダルヤが暗殺されたことや、バビロン軍の兵士が殺されたことが知れると、ヨハナンをはじめ、せっかくこの地に残された人々もバビロンに捕囚となるかもしれないと考えたからでしょう。これらの人々の中にエレミヤもいたことが次の章になるとわかります。

この混乱と流血の原因は、王族の一人であったイシュマエルの横暴にありました。本当は王族であるからこそ亡国の責任を負うべきであったのに、逆に戦後の権力争いに加わったのです。実に高慢な態度です。クリスチャンである私たちも決して高慢になってはなりません。謙遜に、人々の罪のためにとりなしをすることこそが私たちの責任なのです。

主よ。神の子とされたことは感謝です。だからこそ私は謙遜に人々に仕え、友のために祈る者となります。

42章

エレミヤ書42章には、エジプトに逃げて行こうとしていた人々に与えられた預言について述べられています。6節と18節で三つに区切ると理解しやすいでしょう。

第一の部分では、バビロン捕囚を逃れた人々がエレミヤのもとに来て、これからの歩むべき道を主に祈り求めてくれるように要請しています。彼らの指導者であったヨハナンをはじめとして、皆が謙遜に「主のみ心に従って歩もう」と決心していたのです。エレミヤも二つ返事で了承しました。彼らは明言します。「それが良くても悪くても、私たちはあなたを遣わされた私たちの神、主の御声に聞き従います」と。

7節からの第二の部分には、それから十日の後に与えられた主のことばが記されています。それは、「もし、あなたがたがこの地にとどまるのであれば、わたしはあなたがたを建て直す。しかし、もしあなたがたがエジプトに行って寄留するなら、あなたがたはそこで死ぬ」というものでした。前の章の事件のゆえに再びバビロン軍がこの地に攻めてきても、主は残りの民を守られるが、エジプトに難を逃れるという安易な道を選ぶなら、剣と飢饉と疫病で死ぬとの預言でした。

ここまでは主のことばを淡々と語っていたエレミヤでしたが、19節からの第三の部分では、彼は厳しく民に語りかけます。「あなたがたは迷い出てしまった。あなたがたが求めたとおりに私は主のことばを告げたが、あなたがたはそれを聞こうとしなかった。だから今、確かに知れ。あなたがたはエジプトで死ぬことを」と、民に宣言するのでした。

最初は謙遜に主のことばを聞こうとしていた彼らだったのに、何が彼らをこのように変えたのでしょうか。多分十日という期間でしょう。彼らはなかなか与えられない主の答えを待ちきれず、自分に都合の良い結論を出してしまっていたのです。主はこの期間に彼らの本心を探られたのでした。

主はあえて、すぐに祈りに答えられないことがあります。そのとき、私たちはどう対応するでしょうか。自分で答えを出すか。あるいはそれでも祈り続けて主の答えを待つか。現在、主の答えを祈り求めている兄弟姉妹、忍耐強く主のみ心を求めて続けてください。自分に都合の良い結論を導き出さないでください。聖書は必ず主のみ心を教えてくれます。

主よ。あなたの答えを待ちきれず、すぐに自分で答えを出してしまうような愚かな私を赦してください。

43章

エレミヤ書43章は、前の章に引き続いておこった出来事の記録で、その内容は7節で二つに分けられます。

前半部分では、主がエレミヤを通して「エジプトに行ってはならない」と仰せられたにもかかわらず、人々はそれに従わなかったことが記されています。指導者であったアザルヤやヨハナンは高ぶって、「エレミヤは弟子のバルクにそそのかされて、偽りの預言を語っている」と決めつけました。そして、バビロニア帝国の攻撃を避けて各地に散っていたのですが、戦いが終わったことを聞いて母国に戻ってきた人々と一緒に、エジプトへ移住していったのです。その一行の中には、一般の男女、子ども、王の娘たち、さらにはエレミヤや彼の弟子のバルクもいました。二人は無理やりに連れていかれたのでしょう。あるいは、主のことばに反逆する民であっても、彼らを愛するがゆえにこそ、あえて行動を共にしたのかもしれません。

8節からの後半部分には、彼らが移住したエジプトの東部にある要害の町タフパンヘスにおいて、エレミヤに告げられた主のことばが書かれています。今までに何度か学んだ象徴的行為の一つだと思われますが、主は大きな石をファラオの宮殿の敷石の下に隠すようエレミヤに命じられます。そして「バビロンの王はこの石の上に彼の王座を据え、エジプトの国を攻撃し、太陽の神殿をはじめ、エジプトの神々の神殿を焼き尽くす」と仰せられたのです。

この預言は、紀元前五六七年に実現しました。ネブカドネツァル王はアフメネス二世が治めるエジプトに侵入し、征服までには至らないにしても大きな損害を与えたことがバビロニアの歴史書に記されているそうです。エジプト中心部に向かう道の途中にあった要塞都市タフパンヘスが荒らされ、多くの人々が殺されたことは想像するに難しくありません。

ヨハナンたちはエジプトが安全な所だと思ったからこそ、主のことばに背いてまでもそこに行ったのでしょう。でも決してそうではありませんでした。自分のいのちを救おうと思った彼らはそれを失ったのです。私たちも、そうなる危険性があります。主イエスがたどられた十字架の道を歩むことは難しいでしょう。しかし、その道以外に、私たちが本当のいのちを得る道はないことを悟るべきです。

主よ。万一いのちを失うようなことになっても、私はあなたのことばに従います。弱い私を助けてください。

44章

エレミヤ書44章は、40章から始まったエルサレム陥落後の記録の最後となる箇所です。すでに老境に達したエレミヤでしたが、エジプトに移住してもまだ主に反逆している民に対して、主の厳しいさばきのことばを語りました。彼らは三つの過ちを犯していると、エレミヤは指摘します。

第一の過ちは14節までに記されています。この時代以前にも、すでに多くのユダヤ人たちがエジプトに移住していました。エジプト全土に広がって住んでいた彼らは、主を忘れて、エジプトで祭られている偶像の神々を礼拝していたのです。エレミヤは彼らに厳しい主のことばを語ります。「エルサレムが滅びたのは、偶像を拝んだからだということに気づかないのか。同じ過ちを繰り返すならば、わたしはエジプトに住んでいるイスラエルの民を罰する。少数の逃れる者以外は帰らない」と。偶像崇拝こそ第一の過ちでした。

第二の過ちは考え方の過ちです。彼らはエレミヤの預言に反論します。「マナセ王時代に天の女王に犠牲を供えていた頃、私たちは幸せだった。でもその後のヨシヤ王時代に宗教改革がおこり、女王礼拝をやめたときから、あの悲惨な歴史が始まり、国は滅びてしまった」。しかしエレミヤは、「そうではない。あなたがたが主の御声に聞き従わずに偶像を拝んだから、このわざわいが起こったのだ」と、彼らの考え方が正反対であることを示すのでした。

24節からは第三の過ちが述べられています。それは神認識の過ちです。彼らは、犠牲を供えたら幸せにしてくれるのが神だと考えていました。でもエレミヤは、「真の神は人間とそんな取引をされるお方ではない。正しく歩まないならば、わざわいを下される。エジプトの王ファラオ・ホフラでさえ敵の手に渡される」と預言したのです。確かに紀元前五七〇年、ファラオ・ホフラは敵に殺されました。

今でも多くの人は、「人間が何かをしてあげれば神も良いことをしてくれる」と考えています。それは神を自分に都合の良いように利用することです。しかし真の神である主は、「御声に従え」と言われます。犠牲ではなく従順を求めておられるのです。神と人の前に正しく生きることを命じられるのです。あなたはその御声に従っているでしょうか。

主よ。あなたを自分の都合の良いように利用しようとしてきた私の過ちを悔い改めます。

45章

エレミヤ書45章は区切りとなる特別な章で、ここまでずっとエレミヤの預言を書き記してきた弟子のバルクに対する主のことばが記録されています。多分、エレミヤがエジプトで死んだ後、その預言を書物にまとめようとしていたバルクが、昔のことを思い出してここに含めたのでしょう。二つの事柄がこの章の中で取り扱われています。

第一のことは、バルクがふと主にもらした嘆きのことばについてです。「エホヤキムの第四年」といえば、36章で学んだように、エレミヤの預言を口述筆記したバルクがそれを神殿で人々に読み聞かせた年でした。でも民は聞き従わなかったのみか、翌年には彼が書き記した巻き物は王によって燃やされることになります。そんなこともあって、３節の嘆きのことばが彼の口をついて出てきたのでしょう。

エレミヤはその嘆きの声を聞いていました。エレミヤもバルク以上に失望落胆していたのかもしれません。しかしエレミヤは、民の無理解は預言者の経験すべきことだと知っていたのです。そのとき、主のことばがありました。

それが、４節以降に述べられている第二のことです。主は「わたしは自分が建てたものを自分で壊すのだ」と語られました。バルクは、民が主のことばを聞かず、また王が巻き物を燃やしたということで悲しんでいますが、主は自分が選んでここまで導いてきたイスラエルの民を、自分が滅ぼさねばならないのです。それはバルクや、またエレミヤの悲しみよりはるかに大きな悲しみではないでしょうか。

さらに主は５節で「あなたは大きなことを求めるな」とも言われます。51章で学びますが、バルクの兄弟のセラヤはゼデキヤ王の側近でした。大きな働きをしていた兄弟に比べて、バルクは目立たない存在でした。でも主に仕える者は、決して人の目につく働きを求めてはならないのです。

エレミヤを通して語られた主のことばを、バルクは生涯忘れることができませんでした。エレミヤの死後、彼の預言をまとめていたバルクはこの出来事を思い出し、必死に編集作業をしたのでしょう。だからこそ、現在、私たちはこの預言を読むことができるのです。主が今日、あなたに期待されているのも、この目立たない働きかもしれません。

主よ。自分の働きを見て愚痴を言い、また嘆くのでなく、そこに主の恵みを感じる者とさせてください。

46章

エレミヤ書は、今日の46章から新しい区分に入ります。イスラエルの周辺諸国に対する主のことばが51章まで続くのです。この46章には、エジプトについての預言が12節を境として二つ記されています。

前半部分は、エホヤキム王の第四年におこったエジプト軍とバビロニア軍との大戦争の預言です。これは、世界史上では「カルケミシュの戦い」といわれる有名なもので、紀元前六〇五年に起こりました。エレミヤはこの戦いの数年前、この預言をしたのでしょう。

エジプトの大軍は盾を整え槍を磨き、馬に乗ってユーフラテス河畔まで攻撃してきます。しかし戦いの最中に彼らの中に恐れが生じて、うしろも振り向かずに逃げ去るのです。再度体制を整えて、ナイル川の洪水のように攻めこみますが、それでも最後にはクシュ人やプテ人、ルデ人の援軍とともに負けてしまいます。それは主がエジプトに復讐されるからです。エジプト軍は主に献げられるいけにえのようなもので、彼らの罪のゆえに癒やされないものとなるのです。

13節からの後半部は、今度は戦いに勝って勢いに乗ったバビロンの王ネブカドネツァルがエジプトにまで遠征して来ることを預言しています。バビロニア軍は、エジプトの周辺諸国を征服し、ミグドルやタフパンヘスまでやってきます。彼らはかわいらしい子牛を襲うアブのように、斧をもって森を切り倒す木こりのようにエジプトに侵入するので、エジプト軍も外国からの傭兵もただ逃げ惑うばかりです。これも万軍の主がエジプトの王とその神々を罰せられるからにほかなりません。

しかし最後の27節と28節で、主はイスラエルの民に対しては特別の扱いをされると宣言されます。主は、彼らを捕囚とした国を滅ぼし、彼らをそこから救い出されるのです。イスラエルの国は、たとい懲らしめられることはあっても、決して滅ぼし尽くされることはありません。

なぜイスラエルだけが特別に扱われるのでしょうか。それは主のあわれみのゆえです。実は今も、主イエスを信じる者はただこのあわれみのゆえに生かされているのです。失敗続きの私たちでも、主イエスのあわれみのとりなしのゆえに、滅ぼされないでいることを決して忘れてはなりません。

主よ。こんな罪深い者でも、あなたの大きなあわれみのゆえに生かされていることを、心から感謝します。

47章

エレミヤ書47章は、昨日から始まったイスラエル周辺諸国に対する主のことばの第二の場面で、ペリシテ人に対するさばきが預言されています。紀元前六〇九年、エジプトの王ファラオがパレスチナに進軍し、メギドで南王国の王ヨシヤを打ち破った時、ペリシテ人の町ガザも部分的に攻撃されたようです。この事件が起こる前に、エレミヤは南のエジプトではなく北のバビロニアがこのペリシテを滅ぼすことを預言していました。確かにそれは、五年後に成就しました。

前半5節までには、北の国が攻撃する様子が描写されています。敵軍は洪水のようにペリシテの町々を襲ってきます。その馬のひづめの音や戦車の響きのために、親でさえ恐れを感じて子どもを顧みる余裕がありません。ツロとシドンという大きな町はもちろんのこと、ペリシテ人の出身地である地中海の島カフトル、つまり現在のクレテ島に住む人々さえも断ち滅ぼされます。ガザの人々は悲しみのゆえに頭を剃り、アシュケロンの町は滅びうせ、平地に残っていた戦士たちもあまりの悲惨さに身を傷つける有様です。

6節からの後半部には、この悲劇は主の剣によることが宣言されています。バビロンの王ネブカドネツァルは、自分の力で諸国を占領したと思っていたことでしょう。しかし彼は、諸国の罪をさばくために主が用いられた器でしかありません。ですからどんなに「主の剣よ。静かに休め」と言ったところで、主の命令によらなければこの破滅を止めることはできないのです。主は今まで何度も、ネブカドネツァルを「わたしのしもべ」と呼んでおられました。

古今の国々の栄枯盛衰は、政治的な要因、経済的な要因、その他さまざまな要因によるものです。しかしそれらすべては、世界を支配しておられる主なる神の手の中にあることを聖書は明確に教えています。神を神と認めず、傲慢にふるまい、正義を行わない国は、必ず主が滅ぼされます。

顧みて今の日本を見ればどうでしょう。政治も経済も、また学校や家庭も、不義や不正に満ちています。このままでは遅かれ早かれこの国は滅びてしまうのではないかと思えます。今こそ、まず私たちクリスチャンが心から悔い改め、主のあわれみを祈り求めるべきではないでしょうか。

主よ。私はこの国の罪を自分の罪と受けとめます。どうか日本の罪を赦し、この国をあわれんでください。

48章

エレミヤ書48章は、イスラエル周辺諸国のさばきの預言の第三の場面で、モアブが取り上げられています。モアブは死海の東側にあり、アブラハムの甥のロトが祖先でした。だからイスラエルとは兄弟関係にあり、有名なルツはこの国の出身でした。でもエレミヤの時代には何度かイスラエルに侵略を試みていたようです。この国は紀元前五八一年、バビロニア帝国によって撃破されることになります。この章は、25節と39節で三つに区分されるでしょう。

第一の部分では、この国が荒らされる様子が具体的な地名を挙げて描写されています。7節は、荒らされる理由を「おまえは自分の作ったものや財宝に拠り頼んだので」と説明します。また12節は、それまではぶどう酒が静かに熟成されるようにこの国は諸国の攻撃から守られていたが、主がそこに酒蔵の番人を送ってその静けさを破られると宣告します。主がこの国の角を切り落とし、その腕を砕かれるのです。

26節からの第二の部分では、より明確に、滅亡の原因は彼らの高ぶりにあることが示されます。けれどエレミヤはそんな高慢なモアブのために泣き叫び、その心は笛のように鳴ると言っています。エレミヤは愛する母国イスラエルのために泣くだけでなく、外国のモアブのためにも泣いているのです。エレミヤは徹頭徹尾、「涙の預言者」でした。

40節からの第三の部分は、バビロンの軍隊がモアブを攻撃するさまを詩的な表現で述べています。彼らは鷲のように翼を広げてモアブに襲いかかります。勇士も女のように弱くなり、逃げても穴に落ち、穴から這い上がっても罠に捕らえられるのです。偶像のケモシュを拝んだ民は滅びます。でも驚くべきことに、「終わりの日に、わたしはモアブを回復させる」と、主は最後の節で約束されているのです。

主は、たといモアブの人々であっても、彼らが憎いから滅ぼされるのではありません。自分の作った偶像や武器や財宝を誇るその高ぶりを憎まれるのです。主ご自身もエレミヤと同じく泣いておられます。だからこそ、さばきの後に回復させくださいます。この原則は、今も同じです。私たち自身も、この日本の国も、自分の力を誇ってはなりません。謙遜に主に従い、主を神として仕えていくことが重要なのです。

主よ。どうか私を高慢の罪から救ってください。私は今日、謙遜に、あなたと人々に仕えて過ごします。

49章

エレミヤ書49章には、五つの国に対するさばきの預言がまとめて記されています。新改訳聖書では、区切りとなる所で一行空けてあるのでわかりやすいでしょう。

第一はアンモン人についてです。彼らは昨日学んだモアブの国の北に住み、イスラエルのガド部族の相続地と重なっていたために、両者には昔から多くの争いがありました。首都のラバは、ヤボク川の上流にあり、水に恵まれた豊かな町でした。でもその財宝に拠り頼んで傲慢になったため、主はこの国を紀元前六〇五年にバビロニアの手に渡されたのです。

第二はエドムに対する預言です。この国はエサウの子孫にあたり、死海の南から「葦の海」と言われる紅海にまで至る広い地域を領有していました。16節にあるように、彼らも岩山にある難攻不落の町を誇って高慢になったため、ヨルダンの密林から上ってきたバビロニア軍に滅ぼされました。

第三はシリアの首都ダマスコについてです。ここはガリラヤ湖から一〇〇km程北東に位置し、有名な王ベン・ハダドの宮殿などもある栄えた都市でした。しかしこの町も、この頃にバビロン王の手に落ちたと推測されています。

第四はケダルとハツォルの王国についての預言です。彼らはアブラハムの子イシュマエルの子孫で、イスラエルのはるか東の荒野に住んでいました。彼らは遊牧民で、城壁のある町を持ちませんでした。それゆえ紀元前五九九年頃、ネブカドネツァル王は容易にこの国を占領したようです。

第五はエラムについてです。この国はイスラエルから遥かに遠く、バビロンを越えてユーフラテス川の東側にありました。そんな遠い国であっても、主は御手に握っておられるのです。バビロニアの歴史書には、紀元前五九六年頃にネブカドネツァル王が東の国からの侵略に反撃したことが記されています。しかしそれから約五〇年後、バビロニアが弱体化したときに、エラムは他の諸国と連合してこの国に侵略したと推測されています。これは39節の成就かもしれません。

主は、世界の歴史を支配しておられる。これがエレミヤの確信でした。それはまた現代の私たちの確信でもあります。世界がどのように動いていこうとも、私たちは主の御手にすべてを委ねて、平安に過ごすことができるのです。

主よ。世界情勢がどうなろうとも、私は心配しません。あなたが全てを支配しておられると信じます。

50章

エレミヤ書50章は、諸外国へのさばきの預言の最後で、次の章とともに、バビロンの滅びを記しています。「バビロンに降伏せよ」と叫んでいたエレミヤが一転してこの預言をするのは奇妙に思えるかもしれませんが、これは以前からの主のご計画でした。すでに25章19節以下で、主はエジプトから始まってバビロンにまで至る諸国のさばきをエレミヤに告げておられます。今日の50章はかなり長い章ですが、20節と40節で大きく三つに分けて学んでみましょう。

第一の部分ではバビロンの滅亡は主の復讐であることが強調されています。ベルとかメロダクというのはバビロンで拝まれていた偶像の名前です。イスラエルの民は主を忘れて偶像崇拝に陥ったため滅亡しましたが、バビロンも同じ理由で滅ぼされます。またイスラエルと同様、バビロンも北からの敵によって打たれます。そして主は捕囚の民を母国に帰らせてくださるのです。イスラエルは最初アッシリアに、次いでバビロンに食われました。でも主はこの二つの大国を罰し、イスラエルの罪は赦してくださるのです。

21節からの第二の部分では、バビロンの高慢が滅亡の理由であることが告げられています。バビロンを攻撃する民に対して、主は「彼らを聖絶せよ。これを聖絶して、何一つ残すな」と言われます。それはバビロンが主に向かって高ぶったからです。バビロンは、主のご計画をなすために用いられた道具にすぎないのに、彼らは自分の力を過信し、イスラエルの民とユダの民を虐げました。それゆえ主は、バビロンをソドムとゴモラのように全く滅ぼされます。

そして41節からの最後の部分は、6章22節以降で主に逆らっていた南王国に対して言われたのとよく似た表現で、また49章19節以降でエドムに対して言われたのとよく似た表現で、バビロンが滅ぼされることを宣告しています。

日本でも「傲る平家は久しからず」と言われるように、国家の衰退の原因は古今東西、同じです。自国の軍事力や富を誇り、傲慢になるとき、その国は急速に衰えていくのです。わが国も決して例外ではないでしょう。大切なのは、常に謙遜になることです。それは個人の生活でも同じです。今日もへりくだり、ただ主に拠り頼んで生きていきましょう。

主よ。傲慢になりがちな私をお赦しください。みことばに従い、今日も神と人とに仕える一日にします。

51章

エレミヤ書51章は、バビロンの滅亡を昨日よりさらに明確に預言しています。長い章ゆえ全体の内容を扱うことはむずかしいので、前の章の預言をより明確にしていると思われる重要点を四つほど挙げてみましょう。

第一の重要点は、バビロンを滅ぼす北からの敵がより具体的に示されていることです。11節には「メディア人の王たち」と記されていますが、バビロンを滅ぼしたのはバビロンの北東にあったメディアと、南東にあったペルシアの連合軍でした。その時の王キュロスは、メディア人の血をひく人物であったようです。預言はその通り成就しました。

第二の点は、20節から23節までに、バビロンは主のご計画を果たすための道具であったことがより明確に述べられていることです。しかし昨日学んだように、彼らはその武力を誇り、残虐な行為を繰り返したため、主の報復を受けることになりました。高慢ほど恐ろしい罪はありません。

第三に重要なのは、45節に「わたしの民よ、その中から出よ」と書かれているように、バビロンに捕囚となっていたイスラエルの民がそこから脱出できることがはっきりと預言されていることです。これは、七〇年に及ぶ捕囚の期間にイスラエルの民が謙遜になって悔い改めたゆえでした。

第四の重要点は59節以降に記されています。ゼデキヤ王の第四年といえば、エルサレムが陥落するより七年も前のことです。この年エレミヤは、彼の書記だったバルクの兄弟と思われるセラヤという宿営の長に、バビロンのさばきの預言が記された書物を読んだ後、ユーフラテス川に投げ入れるよう命じたのです。これも象徴的行為の一つでしょう。これによって主は、バビロンにわざわいを下すことをはっきり証拠だてようとされたのだと思われます。

主は、ご自身が計画されたことをエレミヤによって人々に語り続けられました。ある時はことばで、またある時は象徴的行為によって。それを受け入れた者もいましたが、多くはそれを拒みました。その拒否の結果が滅びだったのです。現代の私たちも、聖書の中で明確に示されている主のご計画を受け入れるか否かが、常に問われています。私たちは、みことばを拒否して滅びる者となってはなりません。

主よ。私は、聖書の中で語り続けられているあなたの御心を理解し、それを素直に受け入れます。

52章

エレミヤ書52章は付録と考えられます。エレミヤ自身の預言は前の章で終わり、この最後の章では、エレミヤの預言通りになったことが、列王記第二の24章末尾や25章とほとんど同じ、歴史的記録で証明されるのです。11節、23節、30節で四つの部分に分けて学んでみましょう。

第一の部分ではゼデキヤ王の最期が扱われています。この記事はすでに39章にも記されていました。王は目をつぶされた上、死ぬ日まで獄屋に入れられていたのです。主がエレミヤを通して「バビロンに降伏せよ」と言われたにもかかわらず、それに従わなかったゆえの悲劇でした。

12節からの第二の部分ではエルサレムの町の最期が描かれています。紀元前五八六年の第四の月に陥落したエルサレムの町は、その翌月に神殿も王宮も民家もみな焼き払われ、城壁も破壊されました。二度とバビロンの王に反抗できないようにされたのです。また神殿にあったさまざまの用具もみなバビロンにもって行かれました。

24節からは第三の部分で、ここにはイスラエルの民の最期が述べられています。祭司や戦士の指揮官、また王の側近や将軍の書記などの身分の高い人々から一般の人々まで、実に多くの人々がバビロンに捕囚となりました。ネブカドネツァルの第七年、つまり紀元前五九七年にはエホヤキン王はじめ三〇二三人、その十一年後にはゼデキヤ王はじめ八三二人、さらにその五年後には七四五人、合計で四六〇〇人もの人々です。列王記ではもっと多くの数が記録されています。

31節からはエホヤキン王の最期が書かれています。即位してわずか三か月後にはバビロンに連れていかれた王でしたが、三十七年の刑期を終えた後は特別に扱われるようになりました。ゼデキヤ王とは対照的な生涯です。

同じ王でもなぜこんな違いが生まれたのでしょうか。さまざまな理由があったと思われますが、獄屋で悔い改めたか否かも一つの要因でしょう。イスラエルの民も七〇年の捕囚の期間に悔い改めました。そして、神殿の用具とともにエルサレムに戻ることができたのです。主は決していたずらに私たちを苦しめられるのではありません。苦難の時こそ反省し、悔い改めて再出発することが大切なのです。

主よ。私は自分の不従順を悔い改め、あなたの赦しを信じ、今日もみことばに従って歩んでいきます。

1章

今日から始まる哀歌は、エルサレムがバビロニアの軍隊に滅ぼされたことを嘆き悲しむ歌です。作者は伝統的にはエレミヤだと考えられていますが、当時の無名の詩人だという説もあります。作者が誰であったにせよ、彼は、主に信頼する人はどんな悲しい状況の中でも三つのことができることをこの書で示すのです。1章からこれを学んでみましょう。

第一に、その人は歌うことができます。ヘブル語原典では哀歌1章から4章まで、各節の最初の文字がアルファベット順に並べられています。悲しみの中でなぜこんな技巧的なことができたのでしょうか。それは、覚えやすいように作れば必ずこの歌はいつまでも歌い続けられると作者は考えたからでしょう。事実、ユダヤ人は二五〇〇年にわたって、エルサレム陥落の記念日にはこの哀歌を歌い続けています。罪がもたらす悲劇は、決して忘れられてはならないのです。

第二に、主に信頼する人は祈ることができます。この章は前半11節までは壊滅したエルサレムの状況を客観的に描写し、後半はエルサレムの町を「私」と擬人化して、その惨状を嘆きます。中でも9節と11節、そして20節以下は、主への祈りです。そこで著者は自分をエルサレムと一体化し、「主よ。私の苦しみを顧みてください。よく見てください。ご覧ください」と、ありのままの姿で主に叫ぶのです。

第三に、主に信頼する人は苦しみの中でも主を持つことができます。作者は、自分たちの罪のゆえにこの罰がくだされたことを自覚していました。そして自分たちを慰めてくれる者が誰もいないことを、2節・9節・16節・17節・21節で五度も告白しています。だからこそ、彼は主に祈ったのです。

苦難の中でも主を持つことができるからです。親に叱られても、泣きながらその胸に飛び込む子どものように。

誰もが知っている「いつくしみ深き友なるイェスは」という有名な賛美歌は、英語から直訳すると、「何というすばらしい友を、私たちはイエスの内に持っていることだろうか」という意味になります。この歌の作者は、婚約者が死ぬという突然の悲劇の中で、主を自分の友として持つことの幸いを実感したのです。私たちも、最もつらい時こそ、主を最も近くに持つことができる恵みのチャンスだと知りましょう。

主よ。苦しみの時こそ、あなたの胸に飛び込むことができることの幸いを経験する者とさせてください。

2章

哀歌2章も1章と同じく各節がアルファベット順に並んでおり、全部で二十二の節によって構成されています。エルサレムの惨状を歌っているのも同じです。10節と16節で大きく三つの部分に分けられるのではないでしょうか。

第一の部分は「主の怒り」がテーマとなっています。ほとんどの節の主語は「主」であり、主がその燃える怒りで娘シオン、娘ユダと言われるエルサレムとその住民を滅ぼされたことが述べられています。主は燃える怒りをもって、宮殿や要塞を破壊し、王と祭司を退けられ、預言者にも幻を与えられず、長老たちが身に粗布をまとうようにされました。すべては彼らの罪の結果です。

11節からの第二の部分のテーマは「民の嘆き」と言えるでしょう。作者である「私」はエルサレムを「あなた」と呼んで、幼子や乳飲み子が衰え果てて息も絶えようとしている姿を嘆いています。道行く人はみな、「これが、美の極み、全地の喜びと言われた都か」と、その変わり果てた状態を嘲り、敵は「われわれがこれを呑み込んだ」と大きく口を開いて喜ぶのでした。何という屈辱でしょうか。

17節からは「祈りの叫び」をテーマとしています。滅ぼされたのは主ですから、その主に向かって心の底から叫ぶようにと、作者は勧めます。「川のように涙を流せ。主に向かって両手を上げよ」と命じるのです。母親が自分の養い育てた幼子を食べ、祭司や預言者が虐殺されるような罪深いこの都です。それでもこの都をあわれんでくださるように激しく主に叫び、とりなしの祈りをすることが残された者の責任であることを、この箇所は教えています。

二六〇〇年前のエルサレムのみならず、現在の日本でも、主の怒りと民の嘆きが聞こえてきます。年間三〇〇万人もの胎児が親の都合で闇から闇へと葬り去られ、いかがわしい宗教がはびこり、上から下まで正義を曲げているような社会のただ中で、クリスチャンである私たちに必要なのは「祈りの叫び」ではないでしょうか。主はその祈りのゆえに、この罪深い国をあわれんでくださっています。さばきが猶予されている間に、私たちは真剣に、人々が悔い改めて福音を信じるように祈る者となろうではありませんか。

主よ。私の周りにも、悪を行っている人々がいます。彼らが自分の罪に気づき、悔い改めるように祈ります。

3章

哀歌3章はさらに技巧的です。3節ずつ同じ文字で始まっており、しかもアルファベット順に並べられています。ですから今までの三倍の六六節で成り立っているのです。この章はエルサレムの陥落についてではなく、その後の苦難と、苦難の中にある希望について歌っています。21節、39節、54節で四つの部分に区切ってみましょう。

第一の部分は自分と民が経験した苦難を、「私」のこととして表現しています。「私は主の激しい怒りのむちを受けた。主は私の足かせを重くされた。主は私を苦菜で満腹にされた。主から受けた望みは消え失せた」と、この苦難が主のさばきであったことを正直に受けとめます。それでも作者は最後に、「私は待ち望む」と言うのを忘れませんでした。

そして作者は、22節からの第二の部分で、苦難の中にも希望があることを告白するのです。確かに苦しみはある。でも滅び失せて当然の私たちであるのに、そうならなかったのは、主の恵みによるのだ。主は、いつまでも見放してはおられない。わざわいも幸いも、主の御口から出るのだから、主の救いを静まって待とうではないか。

続いて40節からの第三の部分では、この詩人は「主のみもとに立ち返ろう」と言い、その心を、両手とともに天におられる神に向けて上げます。自分たちが主に逆らったために、荒廃と破滅が私たちに臨んだ。涙が川のように流れるのは、主が天から見下ろして、顧みてくださるときまで続く。このように、詩人は絶望のどん底にあっても天を仰ぐのです。

55節からの最後の部分は、主への祈りです。「主よ。私は御名を呼びました。穴の深みから。あなたは私の声を聞かれました。私のいのちを贖ってくださいました。私が虐げられるのをご覧になりました。主よ。御怒りをもって彼らを追い、天の下から根絶やしにしてください。」

この章には、作者の悔い改めと信仰がはっきりと表れています。自分と自分の民の罪を正直に認めつつ、希望の主を見上げるのです。滅び失せて当然と思う者こそ、主のあわれみを大きく感じます。今日も私たちは、この詩人と共に主に告白しましょう。「私たちは滅び失せなかった。主のあわれみが尽きないからだ。それは朝ごとに新しい」と。

主よ。罪深い私が今このように生かされているのは、あなたのあわれみのゆえです。ただただ感謝します。

4章

哀歌4章では、再び各節の冒頭がアルファベット順に並べられ、エルサレム陥落時の苦しみと悲しみが描かれます。12節と20節で三つに分けてみましょう。

第一の部分で作者は、神の民であったエルサレムの人々が捨てられてしまったことを嘆きます。黒ずむはずのない黄金が色あせるように、シオンに住む高貴な民は土の壺のように無価値な者になった。幼子たちがパンを求めても、与えないような無慈悲な者となった。聖別された者たちも、その皮膚が干からびてしまうようになった。女たちが自分の子を煮て食物とするほどの飢餓状態となってしまった。難攻不落と言われていたこの都に敵が侵入し、その礎まで焼き尽くした。これらはすべて、神がこの都を捨てられたからであると。

13節からの第二の部分には、神から捨てられた原因が示されています。それは預言者や祭司たちが正しく民を指導しなかったからです。彼らが汚れた者となったため、主は彼らを散らされました。作者は自分を彼らと同一化し、「私たちの目は衰えていき、救いをもたらさない国に期待をかけた」と告白します。その結果、この国の終わりは現実にやってきました。敵たちが大空の鷲よりも速く襲ってきて、ダビデの子孫であるゆえ、主に油注がれ、王となった者が、敵の落とし穴で捕らえられてしまったのです。

しかし作者は、最後の二つの節で驚くべきことを記します。イスラエルと長く敵対関係にあったエドムは、イスラエルが滅びたので喜ぶが、そのエドムにも主のさばきの杯が巡ってきます。しかし、娘シオンと言われるイスラエルの民への刑罰はエルサレムの陥落で果たされ、主はこれ以上彼らを苦しめることはしないと約束されたのです。これは七〇年後に与えられる、バビロン捕囚からの解放の預言でした。

哀歌は、その文字通りの意味は、悲しみの歌です。しかしそれは自分たちの罪に対しての悲しみであっても、主の約束が果たされないことへの悲しみではありません。作者はどの章においても、主に対する信頼を述べています。このことは、現在の私たちにとっても大きな励ましです。主は、苦難を通して罪を示されたとしても、私たちから希望を奪い取ることは決してなさいません。

主よ。どんな苦難の中にあろうとも、私はあなたを心から信頼し、あなたの救いを待ち望みます。

5章

哀歌5章は、今までと同じ二二の節でできていますが、アルファベット順にはなっていません。でも多くの節で、同じことを前半と後半で違うように表現する技法が取られています。これは、箴言の特徴だった「対句」という文学的手法の並行法なのです。また、全体が主なる神への祈りであり、主語が「私たち」でまとめられていることも、この章の特色です。10節と18節で三つに区分して学んでみましょう。

第一の部分では現在の悲惨な生活を主に訴えています。主から与えられたゆずりの地も、家も水も、もはや自分のものではなくなりました。先祖たちが主に頼らず、エジプトやアッシリアに頼ろうとしたことがそもそもの間違いだったのです。その結果、敵国のカルデア人に支配されることとなりました。食物も不足し、皮膚は旱魃の熱で焼かれてしまいました。作者は、このように必死で主に訴えます。

11節からの第二の部分では、さまざまな立場の人々が苦しんでいる有様が描かれています。おとめは辱められ、首長は絞首刑にされ、若い男性は奴隷となり、老人は城門で会議することができなくなりました。そしてそれらの原因は、自分たちの罪であることを告白します。先祖ではなく自分たちの罪のために心が病み、霊の目が暗くなり、シオンの町も荒れ果てた、と認めているのです。

しかしそれだけで終わっているのではありません。19節からの第三の部分で作者は、その目を自分たちにではなく、主に向けます。永遠にこの世界を支配される主に向かって、「なぜ、いつまでも私たちをお忘れになるのですか」と問い、「あなたのみもとに帰らせてください」と心からの願いを表明します。こう祈れるのは、主は自分たちを永遠に退けられたのではないという確信があったからでしょう。

エルサレムの町が滅ぼされ、その生活が目茶苦茶になっても、詩人は自分たちの罪を悔い改めた上で、主に対する望みを持ち続けました。彼は、アブラハムのように、「望み得ない時に望みを抱いて信じました」。これこそ私たちにも必要な本物の信仰です。もしあなたが今、試練の中にあるとしても、望みを失わないでください。主は言われます。「わたしは決してあなたを見放さず、あなたを見捨てない」と。

主よ。何もかもうまくいかないと思える時があります。しかしその時でも、私はあなたに望みを抱き続けます。

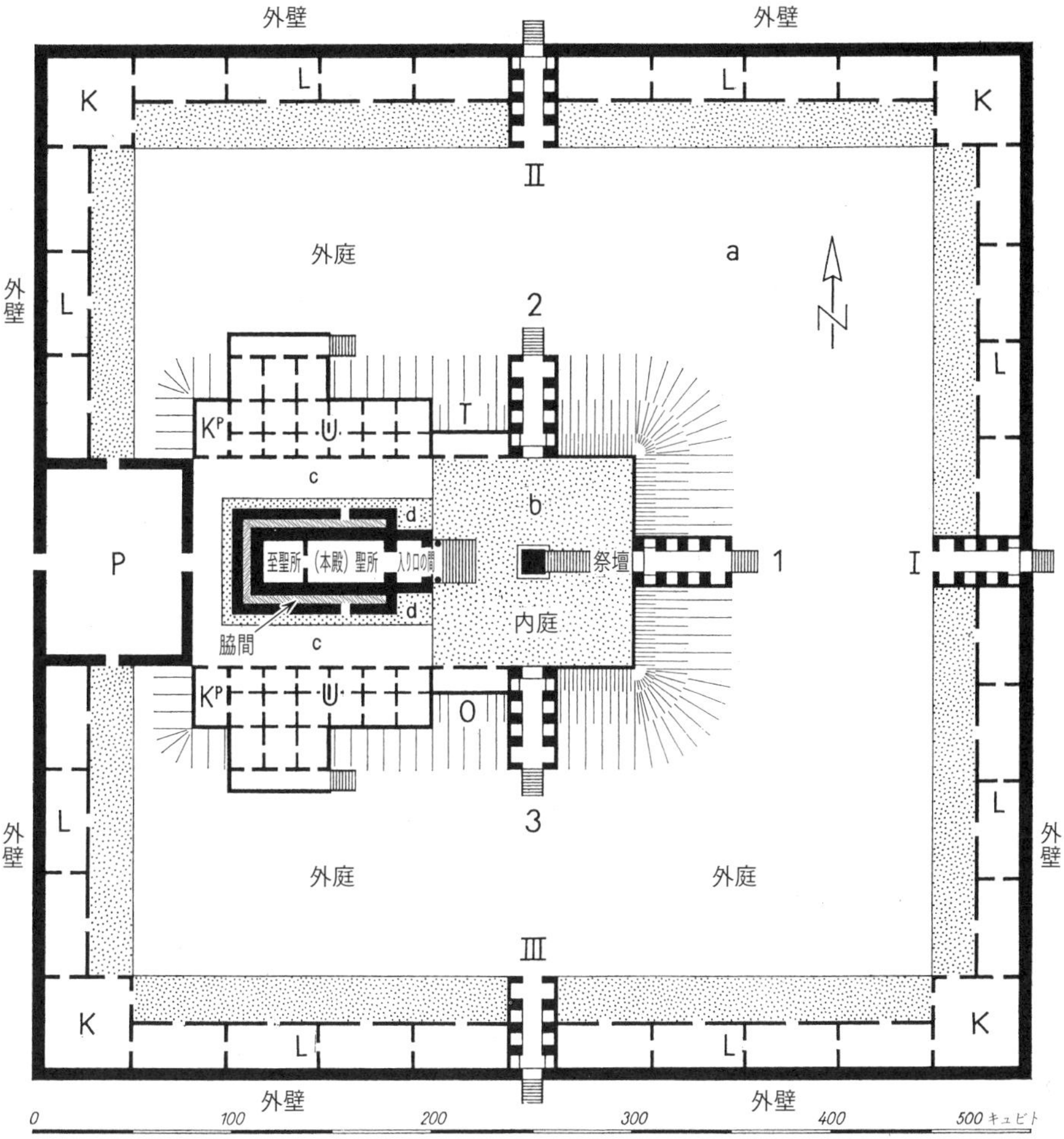

エゼキエルの神殿計画図（エゼ 40：1-42：20，43：13-17，46：19-24）**の再構成の試み**　**I. II. III.**　外庭の門　**1. 2. 3.** 内庭の門　**a.** 外庭　**b.** 内庭　**c.** 禁域　**d.** 神殿の土台　**A. H. V.** 神殿本体（**A.** 至聖所　**H.** 聖堂　**V.** 前室）**B.** 燔祭用祭壇　**O.** 犠牲担当祭司の待機所　**T.** 神殿祭司の待機所　**U.** 祭司の更衣所兼食堂　**K**[P]**.** 祭司用の食用犠牲調理場　**K.** 奉仕者用の食用犠牲調理場　**L.** 俗人用控室　**P.** *パルバル
この図の細部は多くの点で仮説にすぎない。確実なのは神殿本体，祭壇，門，外庭と内庭，パルバルの寸法および階段の段数のみ。階段の段数は高低差を表現する。階段そのものは誇張されて描かれている。

図版：『旧約新約聖書大事典』（教文館、1989 年、638 頁）を基に改訂。

エゼキエル書

エゼキエル書　解説

イザヤ、エレミヤの次に登場するエゼキエルは、前の二人とはまた違った性格の預言者ですが、共通点もあります。そこらあたりを比較しながら、解説していきます。

＊　＊

第一問　エゼキエルはどんな時代に活動したのですか。

1章2節に「エホヤキン王が捕囚となってから五年目」と書かれている年は、紀元前五九二年だと推測されています。エルサレムが陥落した五八六年の六年前ですが、政治的・宗教的に重要な人々はすでにバビロンに捕囚となっていました。エゼキエルもその中の一人だったのです。ですからエゼキエルは、捕囚になる前にエレミヤの預言を聞いていたことでしょう。しかしエゼキエルの活動の場所は、本書でみる限り、ほとんどバビロンだったと思われます。

第二問　どんな点でイザヤやエレミヤと違うのですか。

エゼキエルは、1章をはじめとして、御霊に導かれて見た多くの幻を描いています。また、一見してわかるとおり、詩の形ではなく、散文の形式が大部分です。さらに4章などからもわかるように、神のことばを人々に示すために異常とも思える行動をとるのです。

第三問　ではエゼキエルは異端的な預言者なのですか。

そうではありません。神はそれぞれの預言者の性格を生かして用いられます。彼は瞑想的な人だったのでしょう。ある学者はイザヤを「御子の預言者」、エレミヤを「御父の預言者」、エゼキエルを「御霊の預言者」と言っています。

第四問　それでは、本書全体の大まかな内容を教えてください。

本書は大きく三つに分けられます。第一部はちょうど半分を占める24章までで、エルサレムがバビロン軍に包囲される前に語られた預言です。捕囚の地で神の臨在の幻を見たエゼキエルは、反逆するイスラエルの民に大胆に預言するように命じられます。さらに主の栄光がエルサレム神殿を去って、東の方に移っていく幻さえも見ます。彼はこの幻を通して、エルサレムに残った同胞も捕囚民自身も、神に背いた結果としてこのようにさばかれたことを認め、悔い改めなければ、主はこの国から離れられると警告するのでした。

25章から32章までの第二部は、エルサレムが包囲されている期間のもので、イスラエルの周辺諸国のさばきが預言されています。周辺諸国も神に背きながら、エルサレムの滅亡を喜んでいることに対する神のさばきです。神が全世界をさばかれることは、イザヤやエレミヤも異口同音に預言していたことでした。

33章からは第三部で、エルサレムが陥落した後に預言されたものです。神ご自身がイスラエルの牧者となり、枯れた骨のようなこの国が再び生き返ると約束されています。また40章以降では、エルサレムに新しい神殿が建設され、主の栄光が再びこの神殿に戻ってくることが預言されるのです。さらにヨシュア記とは違った形で、新しい相続地が十二部族に与えられることも述べられています。

第五問　まずさばきがあって後、回復の預言があるのは、イザヤ書やエレミヤ書と同じ構成ですね。

重要なことに気づきました。これは今後学ぶすべての預言書にも共通する特色です。「義なる神」は同時に「あわれみの神」だからこそ、これら二つの預言が必要なのです。これは新約聖書においては「まことと恵み」とか「律法と福音」とかのように、並列的に表現されるようになります。

第六問　その他、本書に記されていることで、現代でも重要だと思われる個所を教えてください。

全部重要だとも言えますが、あえて二つほど挙げてみましょう。まず18章です。捕囚となった人々は、「父が酸いぶどうを食べると、子どもの歯が浮く」ということわざを用いて、自分たちの苦難は祖先の罪のゆえだと言っていました。しかしエゼキエルは、たとい罪を犯した者の子であっても、その人が正しく生きるなら滅びることはないと明言します。私たちも、親の良し悪しではなく、一人一人が神の前に出て、自分の生き方を問われるのです。

もう一つ、終末に関連する個所に注目しましょう。38章と39章に登場するゴグは、黙示録20章に引用されています。彼は歴史上の人物というよりも、終末の時に登場する反キリストの象徴だと思われます。そして彼が滅ぼされて後、40章から新しい神殿の幻が示されるのです（この神殿は、ソロモンが建てたものとは、かなり違った構造になっています。133ページにその概略図があります。これは、教文館発行の『旧約新約聖書大事典』に手を入れました。参考にしてください）。この神殿は、黙示録21章に記されている神の都のひな形と言えるでしょう。大きさは違いますが、どちらも完全を意味する正方形です。また、どちらにもいのちの川が流れています。終末が近いと思われる今、私たちは、このような神の都の幻を見て、これを目指して歩んでいく者となるべきではないでしょうか。

1章

今日から始まるエゼキエル書は、エレミヤの後半生と重なる時代に、捕囚の地バビロンで書かれたものです。著者のエゼキエルは祭司で、紀元前五九七年、エホヤキン王と共に捕囚となりました。イスラエルの民は、ユーフラテス川から水を引くために掘られた運河であるケバル川のほとりで共同生活をしていたようです。捕囚となって五年目、多分エゼキエルが三〇歳になった年に、彼はこの地で幻を見ました。

第一の幻は、人間のようでありながらも奇妙な姿の四つの生きものでした。それぞれが人間・獅子・牛・鷲という四つの顔を持ち、二つの翼を上方に広げ、他の二つの翼でからだをおおい、燃える炭火のように輝いていました。

第二は、四つの生きものとともにある、縁に目がいっぱいついた輪の幻でした。生きものの霊がその輪の中にあったので、生きものと行動をともにしていました。

第三は、大空のはるか上にあったサファイアのような王座に似たものの幻で、その上に人間の姿に似た方がおられたのです。その腰から上も腰から下も、区別はつくのですが、同じように輝いていました。その方の回りも、雨の日の雲の間にある虹のように輝いていたと記されています。

なぜこんな奇妙な幻の描写から、このエゼキエル書は始まるのでしょうか。実はこの書には、この他にも多くの幻が出てきます。幻は神のみ心を示す方法の一つでした。2章では直接的な神のことば、3章以降ではエレミヤ書でも学んだ象徴的行為が出てきます。これら三つの方法を通して、神はエゼキエルと民にそのみ心を示されたのです。

今日の幻は、28節に明記されているように「主の栄光」を現しています。第一の幻は四つの福音書に描かれている子なる神、第二は聖霊なる神、第三は父なる神を指すという説もあります。象徴的な表現を用いて、主が栄光に満ちたお方であることを教えているのです。捕囚という国家的な悲劇の中で、しかも異国の地においても、主の栄光は輝いていることを、エゼキエルはこの幻を通して悟りました。

あなたもあるいは悲劇を経験するかもしれません。神は自分を捨ててしまったと思う時があるかもしれません。でも主はその中でこそ、栄光を輝かせてくださるお方なのです。

主よ。どんな苦難の中にあっても、あなたの栄光は決して私を去らないことを、私はいま堅く信じます。

2章

エゼキエル書2章は、前の章の最後に記されていた、大空の上におられる方のことばです。この方は四つのことをするようにエゼキエルに命令されました。

第一に、自分の足で立つことです。捕囚という悲劇にあったため、エゼキエルはきっと意気消沈していたのでしょう。しかし主の霊が彼のうちに入ったので、彼は立ち上がることができました。エゼキエルとは、ヘブル語で「神は強めてくださる」という意味なのですが、彼は自分の力ではなく神の霊によって立つことができたのです。

第二に、神のことばを語ることです。しかも神に反逆しているイスラエルの民に対してです。彼らが聞いても聞かなくても、エゼキエルは預言者として、「神である主はこう仰せられる」と語るように命じられました。

第三は、恐れないことです。「あざみ・茨・サソリ」とはイスラエルの民が彼に加える嘲りや迫害を象徴しています。それらを恐れていては、神のことばを正しく伝えることはできません。彼らの顔にひるんではならないのです。

第四の命令は神のことばを聞くことです。神のことばを語るためには、最初に自分がそれを聞かねばなりません。そして主は、「嘆きと、うめきと、悲痛」が書かれている巻物を彼に差し出されたのです。

エゼキエルのこの体験は、すでに学んだイザヤ書6章とエレミヤ書1章に書かれていた二人の経験と共通するところがあることに気づかれたでしょうか。三人とも主からの幻を見ました。語れと命じられました。民は聞こうとしないことをも知らされました。三人は違った時代に、違った所で、違った表現を用いてではありましたが、同じように預言者として召命を受け、神のみ心を大胆に民に語ったのです。

エゼキエルはこの章で四度、「人の子よ」と呼び掛けられています。主イエスも用いられたこの「人の子」という表現は、神と比較しての人間の弱さを暗示しています。そんな弱いエゼキエルが、主の霊によって強くされました。今の時代の私たちも、本当に弱い者です。でも主はそんな者にも聖書を通して「自分の足で立て」と励まし、聖霊によって内から力づけてくださることを忘れないでください。

主よ。今日もあなたのみことばと聖霊によって力づけられ、あなたを証しできる力強い私とさせてください。

3章

エゼキエル書3章は、11節と21節で区切れる三つの部分によって成り立っていることがすぐわかるでしょう。

第一の部分では、昨日の2章と同様、天の王座におられる方のことばが続きます。この方の「巻物を食べよ」との命令に従いました。エゼキエルは、本当に食べたのか、あるいは幻なのかはわかりません。でも嘆きが書かれているはずのこの巻物が、「蜜のように甘かった」のです。これは神に従うことの幸いを示す象徴的行為と言えるでしょう。

さらにこの方は彼に、「イスラエルの家に行き、わたしのことばをもって彼らに語れ」と命じられます。外国のバビロンにいても、自分と同じことばをしゃべる民に語ることならむずかしいことではありません。たとえ彼らが聞かなくても彼らに語れと、この方はエゼキエルに仰せられるのです。

12節からの第二の部分では、主の栄光を示す大きな音の中でエゼキエルは霊に引き上げられ、ケバル川のほとりのテル・アビブという捕囚民の居住地に行きます。主の栄光に接していた彼は、捕囚民の堕落した姿に茫然となり、七日間彼らの中に座っていました。最後の七日目に、主は彼に語られます。

「彼らに警告を与えよ。それでも悔い改めないなら彼らは死ぬが、あなたは自分のいのちを救う。あなたが警告しないなら、彼らもあなたもさばかれる。彼らが悔い改めるなら、彼らもあなたも救われる」と。

しかし22節からの第三の部分では、エゼキエルは平地に導かれ、そこで再び主の栄光を見ます。そして主は、「家に閉じこもれ。あなたは話せなくなる。でも必要なときには、わたしはあなたの口を開く」と言われたのです。

これらの出来事を通して、エゼキエルは預言者の任務は何かを学んでいったと思われます。預言者とは、まず自分が主のことばを食べ、その後に民に語る者です。語るなと言われれば黙り、語れと言われたら語る。ただ主に従順に従うことこそが預言者のいのちなのです。

私たちはエゼキエルのような大預言者ではありませんが、主に従うことは私たちにも求められています。主に従順な人こそ、主のことばを蜜のように甘く感じることができます。あなたは、この甘さを実感したことがあるでしょうか。

主よ。私は、みことばに従うことを喜びとします。みことばの甘さを、もっともっと経験させてください。

4章

エゼキエル書4章から24章までには、エルサレムの滅亡が様々な形で預言されています。今日の4章では、エゼキエルは三つの象徴的行為をすることによってその滅亡を示すのです。3節と8節で区切ることができるでしょう。

第一の象徴的行為は、粘土の板にエルサレムの町を描いて包囲網を張ることでした。エゼキエルがこの行動をとったのは、彼が召命を受けた直後のことだと推測されます。1章2節から考えると、きっと紀元前五九二年のことだったでしょう。エルサレムがバビロンの攻撃によって陥落するのはそれから六年ほど後のことでした。彼は神の立場にたって、数年後の出来事をこの行動で人々に示したのです。

第二の象徴的行為は、4節以降に描かれています。エゼキエルは北イスラエル王国の咎を負って三九〇日間左脇を下にして横たわり、さらにもう四〇日間南ユダ王国のために右脇を下にして横たわるように命じられました。エルサレム滅亡が南北両王国の咎の結果であることを、神は彼の行動を通して捕囚の民に教えようとされたのです。第一の象徴的行為とは対照的に、第二の場合は、エゼキエルは人の立場にたって、一年二か月に渡る苦しみを味わいました。

9節以降にある第三の象徴的行為は、もっと辛いものでした。三九〇日間、雑穀入りの粗悪なパンを一日二三〇グラムだけ食べ、水も一日〇・六リットルだけしか飲まないように命じられたのです。しかもそのパンは人の糞を乾かしたもので焼けとの命令です。エゼキエルは祭司でしたので、自分を汚すことだけはやめたいと思い、主に願い出て人の糞を牛の糞に代えてもらいました。この辛い行動は、敵に包囲された時の食料と水と燃料の不足を民に示すためでした。

エゼキエルは、実際にこのように行ったのです。どんなに辛いことでも、彼は神のことばに従いました。エレミヤもそうでしたが、預言者は決してことばだけで神のさばきを語ったのではありません。自分もさばかれる民の一人として苦しみをともにしたのです。現在の私たちはどうでしょうか。人の罪を批判することはたやすいことです。でもその罪のために自分も涙を流し、自分も苦しむ覚悟はあるでしょうか。愛のない批判ではなく、涙の祈りこそが重要なのです。

主よ。私は、自分の罪のみならず、他の人の罪のためにも涙を流して祈る者となります。

5章

エゼキエル書5章は4章に続く内容です。4節と12節で三つの部分に分けると理解しやすいでしょう。

第一の部分は、前の章の三つの象徴的行為にさらに追加された第四の象徴的行為です。エゼキエルは自分の髪とひげを剃り、その三分の一を焼き、三分の一を剣で打ち、三分の一を風に乗せて散らすように命じられます。また最後の三分の一の中から少しを取って衣の裾に包み、さらにそこからいくらかを取って火で焼くようにも言われます。それだけでは何の意味があるのかわからない、実に奇妙な行動です。

5節からの第二の部分で主は、そのような行動を命じた理由を述べておられます。主はエルサレムを諸国の民のただ中に置かれたのに、彼らは異邦の諸国よりも大きな悪事を働いた。だからこの町はさばかれ、父が子を、子が父を食べるような飢餓状態になる。町の人々の三分の一は疫病か飢饉で死に、三分の一は剣で倒れ、最後の三分の一は四方に散らされ、残った者も剣で追われる。象徴的行為はすべて、この神の厳しいさばきを人々に知らせるためのものでした。

13節からの第三の部分は、4章と5章の総まとめと言えるでしょう。この憤りのさばきをくだされた後、主は満足されます。主はこの民をねたむほど愛するからこそ、預言者を通して悔い改めを熱心に語られたのでした。廃墟となったこの町を見て、周りの国々はイスラエルの民をそしりとののしりの的とします。主が放たれる飢饉の矢、悪い獣、疫病と流血を防ぐものは何もありません。

ここで「ねたみをもって語る」と言われていることにご注意ください。主はエルサレムの民を心から愛しておられたゆえに、主の愛にそむいて偶像に走る彼らをねたまれ、何とか彼らが主のもとに帰るように預言者を通して熱心に語られたのです。でも彼らは背き続けました。その結果が滅びでしたが、それで彼らが悔い改め、周りの国々も主を恐れるようになるなら、主は満足されます。反逆の罪がさばかれない限り、主は満足されないのです。

私たちは主を侮ってはなりません。主はあなたを愛するゆえに、その罪をさばかれます。でもさばきの前に、主は聖書を通して、熱心にあなたに語り掛けておられるのです。

主よ。私は今、熱心に語ってくださっているあなたのことばに耳を傾け、ありのままの姿で罪を悔い改めます。

6章

エゼキエル書6章と7章で、主はことばをもってイスラエルの滅亡を預言しておられます。特に今日の6章では、偶像の滅びが強調されています。7節と10節で三つの部分に分けて、その内容を検討してみましょう。

第一の部分では、偶像礼拝をするためにイスラエルの山々に設けられていた「高き所」が滅ぼされ、廃墟となることが宣言されています。さらに偶像を礼拝していた人々も偶像の前で殺され、その骨は祭壇の周りに散らされるのです。エゼキエルは、捕囚の地バビロンから、遠く離れたなつかしい故郷の山々に向かってこの預言をしました。きっと心がかきむしられるような思いだったことでしょう。

8節からの第二の部分は、その中でも少しの希望が残されていることを教えています。それはイザヤもエレミヤも預言していた「残りの者」であり、エゼキエルも前の章で、ほんの少し残された毛によってそれを表していました。彼らは、捕虜となった国々で主を思い出し、偶像礼拝が姦淫の罪であることを悟ってそれから離れるのです。彼らはそのとき、主がわざわいを下された理由を知るようになります。

11節からの第三の部分では、イスラエルの家の悪が剣と飢饉と疫病によってさばかれるとき、主の憤りは全うされることが述べられます。前の章でも学んだように、イスラエルの罪が正しくさばかれない限り、正義を貫かれる主の憤りは終わりません。しかし、イスラエルの南端の荒野から北端のリブラまで、主のさばきのゆえに荒廃した地となるときに主の憤りは終わり、そこからあわれみの時が始まるのです。

以上三つの部分の最後がみな、「わたしが主であることを知る」という言葉で閉じられていることに注意してください。主がイスラエルの民をさばかれるのは、彼らを憎んでのことではなく、彼らが本当の意味で主を知るためなのです。主は決して罪を見逃しにされるお方ではないことを、彼らははっきりと知らねばなりません。

私たちもそうです。私たちは今、恵みの時代にあります。でもそれは罪が見逃されることではありません。義なる神は罪を犯す者をほっておくことができないのです。だからこそ主は、御子イエスの上にその憤りを注がれたのでした。

主よ。御子イエスが、私が受けるべきさばきを身代わりに引き受けてくださったことを、心から感謝します。

7章

エゼキエル書7章は、前の章と同じくイスラエルの滅亡についての主のことばですが、ここでは特に「終わりが来た」という表現が繰り返されています。紀元前五八六年のエルサレム陥落のことが、それがおこる以前に預言されているのです。9節と22節で三つに区分して学んでみましょう。

第一の部分では、イスラエルの終わりは、彼らの忌み嫌うべきわざに対しての主の報いであり、さばきであることが明確にされています。3節4節と8節9節は、ほとんど同じ言い回しで、主は民の罪をあいまいにせず、はっきりとさばかれる方であることを宣言しているのです。

10節からの第二の部分では、その終わりの日がどのようなものであるかが示されています。悪の杖がつぼみを出し、横柄さを花咲かせたので、商売で富を蓄えた者はそれを失うはめになる。敵の来襲を知らせるラッパが吹き鳴らされても、主の怒りにおののいて、戦いに行く者はない。町の外側では敵が剣で包囲し、町の内側では飢饉と疫病で人が次々と死んでいく。みなが恐怖に包まれて泣き悲しんでいる。どんなに金銀がたくさんあっても、買うべき食物がないので何の役にもたたない。金銀で造った偶像も彼らを救わない。主が秘宝となさる神殿も汚されて、無法者がそこを侵す。何と悲惨な描写でしょうか。

23節からの第三の部分は、以上のようなさばきが具体的にどのように起こるのかを預言しています。「異邦の民の最も悪い者」とは、バビロン軍のことです。彼らはイスラエルの家々を占領し、聖所を汚します。人々が平安を求めても与えられません。祭司も長老も、王も君主も、恐れて何をすることもできないでいます。指導者だけでなく民衆も、怖れのゆえにわななくことになるのです。

エルサレムに残っていた人々は、「神殿のあるこの町は決して滅ぼされることがない」と考えていたようです。しかしたとい神殿があっても、彼らが罪を犯しているなら何の意味もありません。現在も同じです。教会自体が私たちを救うのではなく、そこで謙遜に罪を悔い改めて主に従う決心をすることこそが重要なのです。たとい教会に行っていても罪の中を歩んでいるなら、さばきから逃れることはできません。

主よ。私の心の内に罪があるならお示しください。私はその罪を悔い改め、み心に従って歩んでいきます。

8章

エゼキエル書8章から11章までには、幾つかの幻を通して、イスラエルの人々の罪が示されています。まず今日の8章は、バビロンの国にいたエゼキエルが、幻の中でエルサレムの神殿に連れて行かれた時に見たことを記しています。

4節までの前半部分は序文です。第六年の第六の月の五日というと、1章1節の日付からちょうど一年二か月後で、4章で述べられていた四三〇日が過ぎた時です。捕囚の民を指導していたユダの長老たちは、エゼキエルの象徴的行為の意味を悟って彼を敬うようになり、彼の家で律法を学んでいたのかも知れません。そのときエゼキエルは、1章で見た大空に座するお方の幻を再び見ました。その方は彼の髪の房をつかみ、エルサレムの神殿へ連れて行ったのです。

5節からの後半部分は、エゼキエルがそこで見た四つの幻を描いています。最初に見せられたのが、神殿の内庭にはいる北の門の入口に置かれていた偶像でした。真の神を礼拝する所に偶像が置かれているとはひどい状態です。民の愛を求めておられる主がねたまれるのも当然でしょう。

次の幻は、その門のそばの壁の内部にあった恐ろしい情景でした。壁にあった穴を開けて中に入ってみると、そこには忌むべきものや偶像が彫られていたのです。さらに七〇人の長老が、主に対するつぶやきの言葉を叫んでいました。

第三に彼が見たのは、内庭から主の宮にはいっていく北の門の入り口で、バビロンの偶像であるタンムズのために泣いている女たちの幻でした。悲しいことに、神殿はもはや真の神を礼拝する場所ではなくなっていたのです。

最後の幻は、主の神殿の入り口で、二十五人の者が宮に背を向けて東から昇ってくる太陽を拝んでいる姿でした。しかもぶどうのつるを自分たちの鼻にさすという異教の礼拝スタイルで、本当の神を礼拝すべき神殿にいたのです。

幻とはいえ、何という堕落したイスラエルの民の姿でしょうか。しかし、私たちも同じ過ちをしている可能性があります。形だけは教会で礼拝をしていても、その日の午後の仕事や遊びのことを気にかけ、本心から祈らず、説教を聞くのもうわの空であるなら、それは偶像崇拝にほかなりません。今一度、礼拝態度を点検してみる必要はないでしょうか。

主よ。礼拝が形式だけとなりませんように。私は真剣にあなたを愛し、あなたに従う本物の礼拝を捧げます。

9章

エゼキエル書9章は、前の章で述べられていたエルサレム神殿で偶像礼拝をしていた者たちへのさばきの幻です。2節と8節で三つに分けて考えてみましょう。

第一の部分には、主なる神が、多分御使いだと思われる七人の男を大声で呼び寄せられたことが書かれています。その内の六人は手に武器をもっていましたが、最後の一人は祭司の服装をして、腰には書記の筆入れを付けていました。彼らは、前の章で二十五人の人が太陽礼拝をしていた神殿の祭壇のそばに立ったのです。

3節からの第二の部分は、これらの御使いが行ったことを記録しています。神殿の至聖所に置かれていた契約の箱の天使ケルビムの像から神の栄光が離れ、入り口の敷居の方に向かっていきました。その後に、主は筆入れをもっている御使いに、堕落したこの町の罪を嘆いている正しい人々の額にしるしをつけるように命じられます。しかし、そのしるしのない者たちは、老若男女を問わず滅ぼすようにと、今度は武器をもっている御使いに命じられたのです。彼らが命じられた通りにしている姿を見て、エゼキエルは叫ばざるをえませんでした。「主よ。イスラエルの残りの者たちを、ことごとく滅ぼされるのですか」と。

9節からの最後の部分で主は答えられます。すでに滅ぼされた北王国イスラエルも、今滅びようとしている南王国ユダも、「主はこの地を見捨てられた。主は見ておられない」と言う、その不信仰がこの国を罪悪で満たしたのだ。彼らがそう言うゆえに、わたしもこの国を惜しまず、あわれまないと。主がこの国を滅ぼされるには、このように正当な理由があったのです。そのとき、筆入れを付けている御使いが、救われるべき人々にしるしをつけたと報告してきました。

今でも主のさばきの理由は変わりません。それは主に対する不信仰です。もし私たちが、「主はこの地を見捨てられた。主は見ておられない」と言うなら、同じ過ちを繰り返すことになります。主は決して私たちを、そしてこの日本の国を見捨てられはしません。だからこそ、私たちクリスチャンは、声を大にして主のあわれみを告げねばならないのです。救われるべき人々にしるしをつけねばならないのです。

主よ。この国の罪ある現実を前にしても不信仰に陥らないで、福音を告げる勇気を私に与えてください。

10章

エゼキエル書10章では、前の二つの章での幻とともに1章で見た幻によっても、エルサレムのさばきが予告されています。8節と17節で三つに分けて調べてみましょう。

第一の部分では、大空にあるサファイアのような王座にいます主が、祭司の服を着た御使いに、「ケルビムの間の炭火をエルサレムの都の上にまき散らせ」と仰せられます。ケルビムとは、神殿の契約の箱や垂幕などに飾られていた天使ケルブの複数形で、彼らは神の栄光を現す存在だと考えられています。祭司の服を着た御使いが神殿の中に入ると、主の栄光が神殿の敷居に向かって動き、神殿もその外の庭も主の栄光の輝きで満たされました。一つのケルブが他のケルビムの間から炭火を取り、祭司の服を着た御使いに渡すと、彼はそのさばきの炭火を持って都に出ていったのです。

9節からの第二の部分では、1章で見たあの四つの顔を持つ生きものの牛の顔がケルビムの顔であったこと、生きもののそばにあった輪とは車輪であること、輪だけでなくその生きものにも目がいっぱいついていたこと、生きものと輪とは霊によっていっしょに行動していたことなどが説明されています。この部分での幻は、後に受肉される御子イエスと聖霊なる神が一体でどこにでもおられ、また何事でもご存じであることを象徴しているように思えます。

さらに18節からの第三の部分は、そのケルビムと輪とが神殿の敷居から外へ出て行き、神殿の東の門の入り口で止まったと記しています。ここでエゼキエルは、1章で見た幻がケルビムであったことを確認し、主の栄光はエルサレムの神殿を離れて東の方、つまりケバル川のあるバビロンの方に向かったことを悟ったのです。

「エルサレムには神殿があるから決して滅びない」と思っていた人々がこの幻の意味を聞いたなら、きっと憤慨するに違いありません。しかし主は、罪を犯しながらそれを悔い改めないエルサレムを、これ以上見逃すわけにはいかなかったのです。私たちに対しても同じです。主は何度も何度も、罪に対して警告をなさいます。それでも聞き従わないなら、ついにはさばかれるのです。主の栄光が離れるとは、恵みがなくなることです。それでもいいのでしょうか。

主よ。私は今日、あなたの警告に従います。あなたの栄光、あなたの恵みを私から取り去らないでください。

11章

エゼキエル書11章は、8章から始まった幻によるエルサレム滅亡の預言の最後となる箇所です。13節と21節で三つの部分に区切って、その内容を考えてみましょう。

第一の部分では、エルサレムにいた人々の邪悪な計画について書かれています。民の長であるヤアザンヤとペラテヤは「この町の城壁は敵の火攻めから守る鍋のようで、私たちはその中の上等な肉のようだ。町が敵に占領されるはずはないから、ゆっくりと家を建てよう」と言っていました。しかし主はこう仰せられます。「確かにこの町は鍋であるが、中にある肉とは死体だ。わたしは生きているあなたがたをこの町から連れ出して他国人の手に渡す。あなたがたは国境でさばかれる。あなたがたがわたしの掟に従って歩まなかったからだ」と。そう預言しているとき、「主は逃れさせてくださる」という意味の名を持つペラテヤが突然死にます。エゼキエルは予想外の事件に恐れをなし、「主よ、残りの者たちを滅ぼし尽くされるのでしょうか」と叫びました。

14節からは、第一の部分とは対照的に、神のご計画を記しています。主は、民を遠く異邦の国へ移されるが、そこでしばらくの間主が彼らの聖所となり、そこから再び彼らをイスラエルに連れ戻すと約束されました。彼らこそが真実の「残りの者」です。そして主は、その異邦の国で彼らから石の心を取り除き、新しい霊による肉の心を与えられると仰せられます。主のご計画は、エルサレムにとどまる者をではなく、捕囚となった者を、「わたしの民」とすることでした。

22節以降はそれを証明しています。主の栄光がエルサレムの町の中心から上り、町の東のオリーブ山の上にとどまったのです。エゼキエルも、主の霊によって再び捕囚の民のところへ連れ戻されました。彼は自分が見た幻を、8章で彼とともにいた捕囚の民の長老たちに語ったでしょう。

形式的に神殿で礼拝する者が「神の民」なのではありません。たとい身は遠く神殿を離れていても、そこで霊と真実をもって主を礼拝することはできます。主の臨在があるか、ないかが問題なのです。今の時代、聖霊は常に私たちとともにおられます。私たちはその聖霊を覚えて、いつでもどこでも、主を礼拝する姿勢を保っているでしょうか。

主よ。私は今、この所を礼拝の場とします。あなたの臨在を実感し、砕かれた心で生きる者とさせてください。

12章

エゼキエル書12章では、すでに4章や5章でも学んだ象徴的行為によって、エルサレムの滅亡が預言されています。16節と20節で三つに区分して学んでみましょう。

第一の部分で主は、昼のうちに荷物を整え、夕方に壁に穴を開けて家を出ていくよう、エゼキエルに命じられます。これは、エゼキエルが経験した捕囚を象徴しています。紀元前五九七年、彼は当時の王エホヤキンやその他多くの指導的な人々と共に捕囚としてバビロンに連れ出されていました。それと同じことが再びエルサレムでおこることを、彼は捕囚となっているイスラエルの民に伝えようとしたのです。捕囚の民たちも、神殿のあるエルサレムが滅びるとは思わず、そこに残った者たちがイスラエルを再興してくれると信じていましたから、これを聞いてびっくりしたでしょう。

エゼキエルが預言したことは、それから約一〇年後に文字通り成就しました。エホヤキンの後を継いだゼデキヤ王は捕囚となり、その目はえぐりとられました。軍隊も追い散らされました。さらに一般の民衆も非常に苦しんだのです。

17節からの第二の部分で、エゼキエルは民衆のこの苦難を、震えながらパンを食べ、恐る恐る水を飲むという象徴的行為で示しています。エルサレムの町が滅ぼされるとき、民衆はこのような苦しみを味わわねばなりません。

しかし21節からの第三の部分には、エゼキエルのこの預言を多くの人々は真剣に取り上げようとしなかったことが述べられています。捕囚の地でも、あるいはエルサレムでも、「滅びの日は延ばされる。エゼキエルの見たエルサレム滅亡の幻は消え失せる」と言う、偽りの預言者がいたのです。彼らはまた、「滅亡の預言は遠い将来のことだ」とも言っていたようです。しかし主は仰せられました。「わたしが語ることは、もはや引き延ばされることはなく、必ず成就する」と。

「反逆の民」とは、主のことばを真剣に聞こうとしない者たちです。今でも、もし私たちが聖書のことばを真剣に聞こうとしないならば、私たちも「反逆の民」となってしまいます。今の世界の罪は、非常に大きいものです。主が「わたしは正義をもって世界をさばく」といわれていることを、私たちは真剣に受けとめねばなりません。

主よ。あなたの最後の審判は決して遠い将来のことではありません。私は真剣にその備えをなします。

13章

エゼキエル書13章から24章までには、主ご自身のみことばによってエルサレムの滅亡が預言されています。今までの幻や象徴的行為よりずっと直接的です。13章の内容は、16節ではっきり二つに分けられるでしょう。

まず前半ですが、ここには偽りの預言者に対する厳しい警告が記されています。彼らには二つの問題がありました。その第一は、彼らは主のことばを語るのではなく、「自分の心のままに」「自分の霊に従って」預言していたことです。それにもかかわらず、彼らはそれを「主のことば」と言ってはばかりませんでした。これこそまさに偽りの罪です。

第二の問題は、本当は平安がないのに「平安」と偽っていたことです。彼らは人々の罪を指摘せず、主のさばきの日に対する備えをさせませんでした。それは、もろい壁を築きながら、その表面だけは漆喰で上塗りしてきれいに見せかけるようなものです。主が彼らの罪に対する憤りから激しい雨や風や雹をおくられると、漆喰ははがれて簡単に壊れてしまいます。主は壁であるエルサレムの民も、漆喰を上塗りした者も共に滅ぼされるのです。

17節からの後半部は偽りの女預言者に対するものです。彼女らは、本当は預言者とは呼べない、ただの占い師でした。彼女たちは、依頼人の手首に呪法のひもを縫い合わせ、ベールを作り、その人の将来を占ったと思われます。そして、大麦やパンを得るためにまやかしを行い、正しい者を死なせたり、悪い者を生かしたりしていました。主はのろいのひもをもぎ取り、ベールをはがし、占いの罠にかかった人を救い出されます。主が彼女らを滅ぼされるとき、人々は主こそが真の神であることを知るようになるのです。

人々は、昔も今も将来に不安をもっています。だから占いが繁盛するのです。でも、自分勝手なことを言い、人々を一喜一憂させる偽りの預言者や占い師は、主が厳しくさばかれます。クリスチャンでも、聖書を占いのように用いる人がいますが、それは大きな間違いです。聖書は主に従うことを命じている書です。主に従うなら幸いがあり、主に従わないなら災いを招くという大原則を、あなたがどこまで真剣に聞き、また実行するかが現在も問われているのです。

主よ。聖書によって自分の歩みが正されることを感謝します。私は今日もみことばに従って生きていきます。

14章

エゼキエル書14章は、8章に登場した長老たちの幾人かに対して、エゼキエルが語った主のことばです。彼らは、捕囚の民を指導する重要な働きをしていた人々でした。本章は11節を境にして二つの部分に分けられるでしょう。

前半部分では、前の章で述べられた偽りの預言者に惑わされる者の罪が指摘されています。長老たちさえも、この惑わされる者の部類に入っていました。彼らは目に見える偶像を拝んではいなかったでしょうが、心の中に偶像を秘めていたのです。例えば富、名誉、権力、プライドなど、神以上に大切にしているものはすべて偶像です。そういうものを心に秘めているなら、たといエゼキエルのところに来たとしても、主は彼らの願いを聞かれはしません。だから主は、彼らに悔い改めを求められます。エルサレムにいる民はもはや救われがたいのですが、捕囚の民が心から悔い改めるなら、彼らによってイスラエルは回復されるのです。

9節以降には、彼らを惑わす預言者も、惑わされる者と同様に厳しくさばかれることが記されています。このように、主を第一としない者がさばかれるのは、民が二度と義なる主から迷い出ることなく、真の神の民となるためなのです。

12節からの後半部には、主の厳しいさばきが宣告されています。これはエルサレムにいる民へのさばきだと思われますが、主は飢饉と悪い獣と剣と疫病によって、主のみことばに従わない者を断ち滅ぼされるのです。たといそこに旧約聖書の三大義人と言われるノアとダニエルとヨブがいて、必死に民の罪をとりなしても、彼らが救われるだけで他の民は滅ぼされます。エルサレムにおけるこのさばきを経験した者が、捕囚の地にのがれてきてそれを語るなら、捕囚の民は、主が正当な理由によってエルサレムを滅ぼされたことを知るようになると、主は仰せられるのです。

主は、捕囚の民が悔い改めることを願い、エゼキエルを通してこのように語られました。期待されているからこそ、厳しく語られたのです。今でも同じです。聖書を読んで厳しさを感じるなら、それは主があなたを愛して悔い改めを求められているからだと知ってください。今日、もし心に何かの偶像を秘めているなら、それを告白し、悔い改めましょう。

主よ。私にはあなたよりも大事に思うものがあります。しかし今、私はそれをあなたにお献げいたします。

15章

エゼキエル書15章では、エルサレムの住人がぶどうの木に譬えられています。この譬えは旧約聖書のあちこちに見られるだけでなく、新約聖書ではクリスチャンがぶどうの枝に譬えられています。5節で二部分に分けてみましょう。

前半では、ぶどうの木の価値はどこにあるかが示されています。ぶどうの木の枝は細くて曲がりくねっており、木工用に使える代物ではありません。薪としてなら少しは役にたつかもしれませんが、すでに両端は焼き尽くされているのです。さらにその中までも焦げてしまえば、もう何の役にもたたないことは明らかです。

主は、「イスラエルの国もそれと同じだ」とおっしゃりたいのです。北王国は紀元前七二二年に滅亡しました。また、五九七年には南王国の有力者が捕囚となり、エルサレムが占領されるのは時間の問題でした。この国は何の役にもたたないのです。ぶどうの木は実を結んでこそ意義がありますが、イスラエルは何の実も結んでいませんでした。

6節からの後半部では、実を結ばない結果が宣告されています。それゆえ、主はこのぶどうの木を火に投げ入れられるのです。主は彼らに敵対して顔を向けられるので、バビロンの軍隊が彼らを焼き尽くします。彼らが主の信頼を裏切ったゆえに、主はこの地を荒れ果てさせられます。このことによって民は、主が悪をお見逃しにならず、正義をもってさばかれる方であることを知るのです。

主は、ぶどうの木であるイスラエルが実を結ぶことを期待して手厚く世話をなさいました。しかし、イザヤやエレミヤたち預言者が何度も警告したのですが、実を結ばない木になっていました。それゆえ、主は北王国を滅ぼし、南王国も風前のともしびのような状態にされたのです。

私たちクリスチャンにも、主は実を結ぶことを期待しておられます。新約聖書は、悔い改めの実、聖霊の実、宣教の実という三種類の実を明記しています。過去の罪を明確に悔い改めるときに、聖霊は愛・喜び・平安などの実を結ばせてくださり、さらにみことばを語ることによって、宣教の実をもたらすのです。もし何の実も結んでいないのなら、まず悔い改めから始めなくてはなりません。

主よ。実を結ぶぶどうの枝となるために、私は幹である主イエスにしっかりつながって歩んでいきます。

16章

エゼキエル書16章では、エルサレムの町が主の花嫁に譬えられています。昨日と反対に長い章ですが、34節と52節で大きく三つの部分に分けることができます。

第一の部分は次のようにまとめられるでしょう。主は、生まれた時にだれも世話をしなかった一人の娘をあわれみ、その汚れを洗いきよめ、美しく育て上げ、契りを結んで花嫁とされたのに、彼女は主を忘れて他国の男性と姦淫を行ったのです。それと同様に、主は元来カナン人が住んでいたこの町エルサレムを選んで豊かな恵みを注ぎ、律法を与えて彼女と正義の契約を結ばれたにもかかわらず、この町の人々は主を頼らず、他国の軍事力を頼るものとなりました。しかも遊女が姦淫によってお金を得るという罪よりもさらにひどい、主人からもらったお金を貢ぎ物として姦淫を行うという、どうしようもない背信の罪を犯す花嫁だったのです。

35節からの第二の部分では、その結果として主はこの花嫁を辱められることが宣告されています。彼女が行った偶像崇拝の罪や、外国に軍事的な援助を求めた罪のゆえに、その外国が彼女を襲って滅ぼします。彼女の両親は偶像崇拝をしているヒッタイト人とアモリ人、彼女の姉妹は堕落したサマリアとソドムです。でも彼女は、その姉妹よりもっと忌みきらうべき罪を犯したために、主にさばかれるのでした。

しかし53節からの第三の部分には、それでも主はこの花嫁をあわれんで回復してくださることが約束されています。彼女の姉妹のサマリアとソドムさえ回復される主は、彼女との契約を覚えて彼女の罪を赦し、新たに永遠の契約を立ててくださるというのです。そのとき、彼女は自分の罪ある行いを恥じて、心から悔い改めるようになります。何とあわれみに満ちた、忍耐深い花婿でしょうか。

昨日のぶどうの木の譬えと同様に、この花婿と花嫁の譬えも新約聖書に受け継がれています。花婿は主イエス、私たち教会が花嫁です。主を無視し、反逆していた私たちをも主は愛し貫き、花嫁としてくださるというのです。自分の罪のゆえに苦しむ私たちをほっておくことができずに、自ら進んで私たちの罪の身代わりとなってくださった主イエスを知るなら、私たちは悔い改めに導かれないはずはありません。

主よ。あなたはこんな罪ある私をも愛し、あなたの花嫁としてくださることを、心から感謝します。

17章

エゼキエル書17章では、イスラエルの歴史が今までとは違った譬えによって描写されています。10節と21節で、三つに区切って読むと理解しやすいでしょう。

第一の部分は譬えそのもので、第二の部分がその譬えの解釈です。二つの部分を合わせ読んで、その意味を探ると次のようにまとめられます。大鷲であるバビロンの王が、イスラエルの北にあるレバノンに飛んできて、そこの杉の木のこずえ、つまりエホヤキン王を摘み取って商業の盛んなバビロンに連れて行った。そしてイスラエルの地には次の王であるゼデキヤを立て、鷲の保護のもとに置いたので、この国はぶどうの木のように成長して若枝を出すようになった。

しかしこのぶどうの木はバビロンの支配を好まず、より豊かな潤いを得るために別の大鷲であるエジプトに援助を求めた。それゆえ、この木は今、栄えているように見えるが、主はその若枝をことごとく枯らして、これを滅ぼされる。

ここで重要なのは、16節以降に記されている、この国が滅ぼされる理由です。それは、ゼデキヤ王がバビロン王に忠誠を誓っておきながらそれを破ったことでした。エジプトに頼ることは、主を信頼しないことであると同時に、人をも裏切ることなのです。バビロンの王を裏切ったゼデキヤ王は、その後自分もエジプト王に裏切られることになります。

22節からの第三の部分には、そんな国をも主はあわれんで回復してくださることが約束されています。主がその木の若枝を高い山に植えられると、それは見事な杉の木となって、あらゆる種類の鳥が宿るようになるのです。主は緑の木を枯らすとともに、枯れ木に芽を出させることもなさる全能のお方だからです。これは、新約時代、若枝なる主イエスによって成就する神の国の預言とも言えるでしょう。

イスラエルの歴史は、神の救いのご計画のひな型です。主にそむく者は必ずさばかれるが、それでも主は常に救いの道を用意しておられることを預言者たちは叫び続けました。今も私たちに必要なのは、神と人の前に誠実に歩むことです。たとい罪を犯してもすぐに悔い改め、主の恵みの契約に立ち帰ることです。主は今も生きておられます。そして私たちとこの世界の歴史を動かしておられるのです。

主よ。私は、あなたとの契約を誠実に守ると同時に、人との約束も誠実に守る者となります。

18章

エゼキエル書18章で主は、エルサレムに住む人々の考えの誤りを指摘し、修正しておられます。彼らは、2節と19節と25節で、三つの主張をしていました。

第一に、「父が酢いぶどうを食べると子どもの歯が浮く」という昔からのことわざは正しいという主張です。つまり、現在のエルサレムの苦難は先祖たちの罪の結果だと言っていました。確かに聖書もこのことを認めています。でも問題は、彼らがそれを言い訳にして、自分たちの罪を認めないことでした。主はこれに対して反論されます。正しい行いをする者は生きる。しかしその子が父に倣わずに悪いことをするなら、その子は自分の罪のゆえに死ぬ。だがこの悪人から生まれた子が、父親の罪を見て反省し、正しいことを行うなら、その子は生きると。つまり主は、個人が自分の生き方の善悪に責任を取らねばならないと言われるのです。

エルサレムに住む人々の第二の主張は、19節に述べられています。ここでは質問の形をとっていますが、その根底にあるのは「子は父の咎の罰を負わなければならない」という考え方です。でも主は明確に、それぞれ個人が罪の罰を負うべきだと言われます。さらに、悪者でも罪を悔い改めるなら生きるし、正しい人でも悪いことをするなら死ぬと、徹底して個人の責任ある生き方を求めておられます。

そして第三に、「すべてを個人の責任にする主の態度は公正ではない」という主張が25節に記されています。彼らはあくまでも自分の責任を認めず、先祖たちの悪ばかりを問題にしていました。そこで主は「あなたがたの道こそ公正でない」と反論されます。そして、「今でもあなたがたが悔い改めて公正と義を行うなら必ず生きるのだから、すべての背きから身を翻せ」と熱心に勧告しておられるのです。

現代でも、多くの人々は自分の罪を認めようとしません。親が悪い、環境が悪い、社会が悪いと主張するのです。もちろんその影響が皆無だとは言えないでしょう。でも自分の罪を認めないなら、その人は死に至るだけです。今、私たちも主の熱心な言葉に耳を傾けねばなりません。主は叫んでおられます。「わたしは、だれが死ぬのも喜ばない。だから、立ち返って、生きよ。悔い改めて、生きよ」と。

主よ。今、自分の罪を認め、それを悔い改めます。私が滅びないように語ってくださるあなたに感謝します。

19章

エゼキエル書19章は、イスラエルが滅びに至る経緯を詩の形式で歌っています。ここでも二つの譬え話が用いられており、9節で前後に区切れることはすぐわかるでしょう。

前半にはイスラエルの二人の王が獅子として描かれています。2節の雌獅子とはイスラエルの国を指し、雄獅子・若い獅子と言われる近隣諸国の間で、子獅子である王を養い育てました。その子獅子の一頭とはエホアハズ王であり、彼は強くなって他国を侵略するようになりました。そこで近隣諸国は彼を捕らえ、エジプトの地へ引いて行ったのです。

雌獅子は、自分の望みをもう一頭の子獅子、つまりエホヤキン王に託しました。彼も強くなって武力をふるうようになったため、諸国の民は回りの州から攻め上り、彼を捕らえて今度はバビロン王のもとに引いて行ったのです。

10節からの後半部分では、イスラエルの国はぶどうの木に譬えられています。それは水のほとりに植えられ、豊かな実を結び、枝もおい茂っているぶどうの木でした。「その強い枝」と言われているのはゼデキヤ王で、彼も際立って高い枝となりました。しかし、その高慢のゆえに神の憤りによって引き抜かれ、地に投げ捨てられるのです。バビロンという熱い東風によって枯れ、焼き尽くされるため、もうこの国には王となる強い枝がなくなると預言されています。

エゼキエルがこの哀歌を作ったのは、8章1節にも記されているように、エホヤキンの捕囚以降でエルサレム滅亡の前と思われます。彼は、エホアハズもエホヤキンもその力を誇って侵略的になったゆえに捕囚となったことを知っていました。だからこそ、彼の時代、エルサレムで王であったゼデキヤの高慢な姿は、非常に危険なものと映ったのでしょう。獅子もぶどうの木も、主の恵みのゆえに栄えたことを忘れてしまって、高慢になったことが滅亡の原因でした。

現代でもこの真理は変わりません。私たちも主の恵みのゆえに今の生活があることを忘れ、自分の力や能力で栄えたと思うなら、滅びは目前に迫っています。大切なのは主の前にへりくだって生きることです。今日もあのパウロと同じように、「神の恵みによって、私は今の私になりました」と、心から主に感謝することが必要ではないでしょうか。

主よ。私はあなたの前にへりくだります。主の恵みを一時も忘れることがない毎日をおくらせてください。

20章

エゼキエル書20章には、8章1節から十一か月後の出来事が記されています。この間、エルサレムに対するバビロニア帝国の攻撃的態度は次第に強まっていました。このことを心配して、捕囚地のバビロンにいたユダヤ人の長老は、母国が守られるように祈ってもらおうと思い、エゼキエルの所に来たのです。本章は彼らに対する主のことばです。29節、38節、44節で四つの部分に分けてみましょう。

第一の部分で主は、イスラエルの民の反逆の歴史を述べておられます。彼らはエジプト脱出の時から、主のことばに従わないでエジプトの偶像を持ち出していました。その後、荒野においても、約束の地に入ってからも、主が与えてくださった律法に従わず、偶像を慕っていました。それでも主は、ご自分の名が諸国の民の間で汚されないために、あえて彼らをさばかずに忍耐をもって導いておられたのです。

しかし30節からの第二の部分で主は、罪を犯し続けるこの国に我慢できず、ついにこの国をさばくと宣言されます。イスラエルの民を荒野に連れて行き、その中の反逆者をより分けられるのです。主のさばきは迫っていました。

ところが39節からの第三の部分では、このさばきの後に彼らを回復してくださるという約束が与えられています。彼らは偶像を捨てて悔い改め、イスラエルの高い山の上で主に仕えるようになるのです。散らされている国々から再び約束の地に導き入れられるとき、彼らは主こそ本当の神であることを知るようになると、主は仰せられます。

45節からの第四の部分は、ヘブル語原典では21章に含まれており、主が罪に満ちたイスラエルの国をどのようにさばかれるかを記しています。主はこの国の南の端のネゲブから北の端まで、地の面すべてを焼かれるのです。

この章は、主の心のジレンマを感じさせます。この国の罪はきちんとさばかねばならないが、この国を愛さずにはおれないというジレンマです。主は、今の私たちに対しても同じ思いを持たれています。もしあなたが罪を犯しているなら、主はその罪を憎まれ、さばかれます。でもあなた自身は主に愛されているのです。だからこそ悔い改めねばなりません。悔い改めた後にこそ、主の祝福が注がれます。

主よ。あなたは私を愛しておられるゆえに、私の罪を厳しく指摘してくださることを、心より感謝します。

21章

エゼキエル書21章には、主の厳しいさばきがエルサレムにくだされる有様が描写されています。7節、17節、27節で四つの部分に分けて考えてみましょう。

第一の部分は前の章の45節から続く内容です。バビロンにいるエゼキエルに、主はエルサレムに向かって預言せよと命じられます。主の剣は、イスラエルの国に住む正しい者も悪い者も断ち滅ぼすと宣言されるのです。これは18章で述べられた個人の責任に矛盾するように見えます。それは、この章では、徹底的なさばきが強調されているからです。さらに主は、エルサレムの住民にさばきの厳しさを知らせるため、エゼキエルに激しくうめくように命じられます。

8節からの第二の部分では、主の剣が研がれ、それによって民も王も殺されることが預言されています。敵が剣で右や左にいる人々を切りまくるときに、主はイスラエル人の罪に対してもっておられる憤りを収められるというのです。何と厳しいさばきの宣告でしょうか。

18節からの第三の部分には、この剣はバビロンの王の剣であることが明確にされています。この王はアンモン人の首都ラバかエルサレムか、どちらを攻撃すべきかと占いをし、その結果、エルサレムを攻撃することを決めたというのです。エルサレムの住民がどんなに「占いはむなしい」と言っても、彼らのすべての罪に対するさばきとして、エルサレムにいる王の冠は奪われ、町は廃墟となるのでした。

しかし28節からの第四の部分では、アンモン人へのさばきも預言されています。たとい彼らにどんな幻や占いがあっても、最後の刑罰の時がくるのです。主が彼らをさばかれます。彼らは残忍な者たちの手に渡され、その国は思い出されることがありません。

神の選びの民と言われるイスラエル人でも、異国人と言われるアンモン人でも、また現在の私たちクリスチャンでも、主は不義を行う者をさばかれます。主はかたより見られることはありません。しかし、主はあわれみのゆえに、私たちに常に警告を与えておられます。今日のみことばもその警告の一つなのです。あなたはその警告に耳を傾けるでしょうか。それともそれを無視するでしょうか。

主よ。私はあなたの警告のみことばに聞き従います。弱い愚かな私を、御手によって導いてください。

22章

エゼキエル書22章もエルサレムに対するさばきの宣言です。1節、17節、23節の「次のような主のことばが私にあった」という箇所で、三つに区切ってみましょう。

第一の部分では、この町が社会的・宗教的に堕落しているゆえに滅ぼされることが述べられています。社会的な堕落とは、君主たちが暴力をふるって血を流していること、親たちが軽んじられていること、寄留者・みなしご・やもめたちが虐げられていること、性の乱れがあり、近親相姦が行われていること、賄賂が使われ、高利貸しが横行していることなどが挙げられています。これらはすべて、律法の中で主が禁じられていたことでした。それは根本的には彼らの宗教的な罪、すなわち偶像が崇拝されていたこと、安息日が汚されていたこと、そして主を忘れたことに原因があったのです。

17節からの第二の部分では、エルサレムが炉にたとえられています。炉に入っている青銅、すず、鉄などと言われている住民は、主の憤りの火によって溶かされ、罪ある者がその中の金かすとなって捨てられることが預言されているのです。彼らは、もともと銀のように値打ちのある人々だったのですが、たび重なる主への反逆のゆえに、もはや何の値打ちもない、金かすとなり下がっていました。

23節からの最後の部分では、イスラエルを指導すべき責任があった預言者も祭司も高官も、さらにまた一般の民衆もみな、不正を行っていると指摘されています。この国が滅びないように、必死で石垣を築き、破れ口を修理する人物がどこにも見つからなかったので、主は激しい怒りの火でこの国の民を絶滅すると宣言されます。だれよりも主ご自身が、この現状を嘆いておられるのです。

今も主は、罪あるこの日本をご覧になって、同じ嘆きをもっておられるかも知れません。主はこの国の罪をさばかねばなりませんが、それでもだれかが自分を犠牲にし、破れ口に立ってとりなしをすることを望んでおられるのではないでしょうか。モーセはそうしました。晩年のダビデも、エレミヤも、破れ口に立ちました。あなたも、不正に満ちたこの愛する祖国のために、とりなしの祈りをすべきではないでしょうか。どうか一緒に、この国の破れ口に立ってください。

主よ。この日本も罪に満ちています。でもこの国を滅ぼさないでください。この国をあわれんでください。

23章

エゼキエル書23章では、主に対する北王国と南王国の反逆の歴史が譬え話を用いて述べられています。サマリアを首都とする北王国はオホラ、エルサレムを首都とする南王国はオホリバという名の姉妹に譬えられ、彼女たちが主なる神以外の者に頼ったことを、比喩的に「淫行」と言っているのです。21節と35節で三つに区分してみましょう。

第一の部分は、彼女たちは出エジプトの時代から淫行を続けたために滅ぼされてしまったことを示しています。姉のオホラは軍事大国のアッシリアを慕って淫行をしたのですが、その結果、彼らに滅ぼされてしまいました。さらに姉の悲惨な姿を見ながら、妹のオホリバはよりひどい淫行をカルデア人と行ったのです。それは出エジプトの時代にエジプト人と淫行をしたのと同じ大きな罪でした。

22節からの第二の部分では、この淫行の結果としてオホリバも姉のオホラと同じく、自分の淫行の相手によって滅ぼされることが預言されています。オホリバは、姉が飲んだ神の怒りの杯を飲まなくてはなりません。自分が行った淫行と淫乱と姦淫の罪の結果として、バビロンの暴虐を受けねばならないのです。それは、彼女が出エジプト以来の淫行を二度と繰り返さないための、主の愛の配慮でした。

そして36節からの第三の部分には、オホラとオホリバの淫行は単に政治的なものにとどまらず、偶像崇拝という宗教的な形をも取ったことが暴露されています。彼らは偶像の神のために子どもを殺してささげました。さらに恐ろしいことに、それを聖所で安息日に行っていたのです。このような恐ろしい罪が見過ごされるはずはありません。主は彼女たちを滅ぼされます。そのとき諸国の民は、主が正義を貫かれる神であることを知るのです。

主なる神以外のものに頼ることが淫行だとするなら、現代の私たちもこの罪をおかす危険性があります。たとえば、お金に、有力者に、あるいは自分の能力に頼ることはないでしょうか。ひょっとして自分が教会に行っているという形式的な行いに頼っている場合があるかもしれません。もしもそんなことがあるなら、今悔い改め、主にのみ信頼することを、明確に決断しようではありませんか。

主よ。私は、あなたのみを真の神と信じます。他のものに心を奪われることがないよう、守ってください。

24章

エゼキエル書24章は、4章から始まったエルサレム滅亡の預言の最後の部分です。エゼキエルがバビロンに捕囚として連れて来られてからすでに九年、預言を開始してからも四年がたっていました。1節の日付は、列王記第二の25章によると、ちょうどバビロン軍がエルサレムを包囲した日です。エルサレムが壊滅するのも時間の問題だった頃でした。この章を、14節で二つの部分に分けてみましょう。

前半部では、エルサレムの町は鍋に譬えられ、その住民は鍋の中の肉片や骨に譬えられています。指導者層である選り抜きの羊も、一般民衆である肉片や骨もすべて、主のさばきの火によって沸騰させられるのです。ある人だけがくじで選ばれてさばかれるのではありません。それでもエルサレムの住民は自分の罪を恥ずかしいとは思わないために、主はさらに薪を積み上げ、彼らの罪のさびを取り除こうとされました。しかしこれも徒労に終わります。彼らはきよくなろうとはしなかったのです。そこで主は、最終的なさばきをエルサレムにくだす決断をせざるをえませんでした。

15節からの後半部で主は、エゼキエルに象徴的行為をとるように命じられます。主は突然に彼の妻を死なせられたうえで、彼に「嘆くな。泣くな」と仰せられたのです。この非情とも思える命令は、バビロンにいる捕囚の民に、エルサレムが滅ぼされるのは彼らの罪の結果であるゆえに、嘆く必要がないことを知らせるためでした。彼らは、自分たちが犯した咎のためにこそ嘆くべきなのです。数年後、現実にエルサレムが陥落してそれを知らせる者がバビロンに来たとき、捕囚の民は、これを預言された方はまさに主なる神であることを、口を開いて宣言するようになるでしょう。

主ご自身も、一度はご自分の住まいと定めた聖所が滅びるのを喜ばれるはずがありません。主も悲しいのです。苦しいのです。でも罪はさばかねばならない。この気持ちをエゼキエルに知ってもらいたかったからこそ、「妻を亡くしても嘆くな」と命じられたのでしょう。でも主はさらに苦しく、心痛む経験をされました。それは御子イエスを犠牲とされたことです。その貴い犠牲があったからこそ、全人類の罪が赦される道が開かれたことを私たちは忘れてはなりません。

主よ。どんなに愛する者でも罪はさばかねばならないあなたの痛みを悟り、私は、真剣に悔い改めます。

25章

エゼキエル書25章から32章までには、イスラエルの近隣諸国に対する主のさばきが記されています。イザヤ書やエレミヤ書にも、その中ほどに諸外国のさばきが書かれていました。その目的は、主が全世界を支配しておられることを示すためです。この章では四つの国々が扱われています。

第一に挙げられているのはアンモン人の国です。この国はイスラエルの北東方向にあり、次に出てくるモアブとともに、アブラハムのおいであるロトの子孫の国でした。つまりイスラエルとは親類関係にある国です。しかしエゼキエルたちが捕囚となった紀元前五九七年にも、またその十一年後の最終的滅亡のときにも、イスラエルを助けようとはしませんでした。それゆえ、この国とその首都ラバは東から攻撃してくる人々によって滅ぼされると、主は宣言されます。

8節からの第二の部分で挙げられるのはモアブです。この国はイスラエルの東側、アンモンの南側にありました。彼らは「ユダの家、つまりイスラエルの国も異国の民と同じで、神は彼らを守ってくれないではないか」と言っていたようです。それゆえ主は、このモアブの国もアンモンと同様、東から攻めてくる人々に滅ぼされると仰せられました。

第三に12節からは、イスラエルの南側にあった国、エドムが挙げられています。この国はヤコブの兄エサウの子孫でした。アンモンやモアブよりもっとイスラエルに近い間柄だったのに、この国はイスラエルとよく争っていました。愚かにも、人間どうしで復讐しあっていたのです。でも最終的に、主ご自身がこの国に復讐すると言われています。

15節以降には第四の国、イスラエルの西側にあったペリシテ人、別名クレタ人の国が挙げられています。この国も歴史上何度もイスラエルを苦しめました。しかし主は、この国に対しても復讐することを宣言しておられます。

パウロは、「喜んでいる者たちとともに喜び、泣いている者たちとともに泣きなさい」と言います。だれかの罪がさばかれるとき、自分も同じように悲しむ者となっているでしょうか。これは前の章と矛盾しているのではありません。自分も罪を犯していることに気づいて、その罪のために嘆き、悔い改めるべきだと前の章もこの章も教えているのです。

主よ。だれの罪も正しくさばかれるあなただからこそ、
私は、罪を犯している人々の救いのために祈ります。

26章

エゼキエル書26章から28章は、ツロに対するさばきの預言です。ツロはイスラエルの北の地中海沿岸にあった都市国家で、海上貿易で繁栄していました。26章1節の日付は、捕囚になって十一年目の第十一の月と推測されます。これはエルサレムが壊滅状態になる直前でした。14節と18節で三つの部分に分けて、内容を学んでみましょう。

第一の部分には、ツロが敵軍に攻撃される有様が描写されています。その原因は、ツロがエルサレムの滅亡を嘲笑ったことでした。その結果このツロも滅ぼされて、網干し場になるのです。バビロンの王ネブカドレツァルは、町の城壁を崩して侵入し、その住民を殺します。そこに建てられていた偶像の神殿の石柱は地に倒され、また貿易によってもたらされた財宝も略奪されることになります。ツロは、海岸から少し離れたところにある島にできた町で、難攻不落と言われていましたが、主の御手はその町をも滅ぼすのです。

15節からの第二の部分は、滅んでしまったツロについての哀歌です。その滅びがあまりにも恐ろしいものであったため、近隣の海辺にあった都市国家の君主たちは身震いして、「海上貿易で強くなり、美しい町だとほめそやされた町が海から消えうせてしまった」と言うようになります。

19節からの第三の部分では、この町の住民が滅びの穴に下らせられることが宣言されています。この穴は死の世界を指していると思われますが、深い淵におおわれているこの地下の国に落とされた民は、もはや永久に見つけられることはないと、主は厳しく仰せられるのです。歴史的に見るならば、紀元前三三二年のアレクサンドロス大王による攻撃の結果、ツロの町はまさにそのような悲惨な状態になりました。

主は罪にまみれたエルサレムを滅ぼされました。ツロはその滅びを厳粛に受け取らず、また自分にも同じ罪があることを認めて悔い改めなかったゆえに、その同じ滅びが自分にもくだされたのです。私たちも同じ過ちをしていないでしょうか。罪のゆえに苦しんでいる人を見たら、私たちも反省せねばなりません。決してその人の苦しみを嘲笑ってはならないのです。もし今、あなたの回りに苦しんでいる人がいるなら、その人のために祈り、また自らも反省しましょう。

主よ。私は、自分の罪を正直に悔い改めます。また、罪ゆえに苦しんでいる人々をあわれんでください。

27章

エゼキエル書27章には、前の章に続いてツロに対するさばきが記されています。10節と24節で区切れることは、書き方の違いからもはっきりとわかることでしょう。

第一の部分は詩の形式で、ツロの美しさを豪華な船に譬えて歌っています。地中海に浮かぶ島だったので、遠くからは巨大な船のように見えたからでしょう。船板や甲板の木材、帆や覆いの布も、それぞれの最高級品を産出する所から取り寄せたものです。漕ぎ手や船員は熟練者であり、多くの商品が取引されていました。また外国の兵士が雇われて、略奪されないように守っていたのです。ツロの住民が、「私は美の極みだ」と言うのも不思議ではありません。

11節からの第二の部分は普通の書き方で、ツロが貿易をしていた地方の名とその商品名とを記録しています。ここに登場している地名は、東はアラビアから西はタルシシュまで、現在の国名でいうとイランからスペインまでの五〇〇〇km以上の範囲に及びます。また北も今のトルコやギリシアから、南はアフリカ北岸まで、地中海沿岸の全地域が網羅されています。鉱物や家畜、装飾品や織り物、宝石から農作物に至るまで、数々の商品がツロを経由して流通していました。まさにツロは富み栄え、また誇り高ぶっていました。

しかし25節からの第三の部分には、再び詩の形式で、この町がちょうど豪華船が海の中に沈んでいくように滅ぼされていく様子が描写されています。大海原に乗り出した船が、突然の東風によって難破するとき、漕ぎ手も水夫も商人も戦士も、また数多くの商品も海の深みに沈んでしまうのです。陸にいた他の水夫たちは、この惨事に大声をあげて激しく泣き叫びます。かくして、誇り高ぶったこのツロの町はとこしえに消え去ると、エゼキエルは預言しました。

主イエスは、「神と富とに仕えることはできません」と明確におっしゃいました。富み栄えるとき、人は容易に神のことを忘れてしまいます。この豊かな時代に生きる私たちもそうなりやすいのです。問題は、自分の力でこの富を得たと思う傲慢さです。たとい豊かになったとしても、それを主の祝福と謙遜に受け取り、その富を神と人のために惜しまず用いることを忘れてはなりません。

主よ。あなたにではなく、お金に向かいやすい私であることを悔い改めます。神第一とする者にしてください。

28章

エゼキエル書28章には、前の章から続いているツロに対するさばきとともに、ツロの北方三五㎞の所にあった都市国家シドンについてのさばきも述べられています。10節と19節で三つの部分に区切って学んでみましょう。

第一の部分には、ツロの君主の高ぶりが滅びの原因であることが明記されています。彼は「私は神だ。海の真中で神の座に着いている」と豪語しました。確かに彼はその知恵によって多くの財宝を蓄えたかもしれません。しかし、真の神が、他国人を用いてツロを攻めさせられたときでも、彼は「私は神だ」と言うことができるでしょうか。この高ぶりのゆえに、彼は敵に刺し殺され、悲惨な死をとげるのです。天皇を神としていた頃の日本が思い出されます。

11節からの第二の部分も、同じくツロの王に対してのさばきの預言でしょう。彼は、神の園、エデンにいるような祝福を神から与えられていました。しかし、彼の商いが繁盛すると、彼はさらに利益を得るため、暴虐を働くようになったのです。それゆえ主は彼を園から追い出され、さらに火でもって彼を焼き尽くして灰とされます。ツロの王を知っていた者は、その無残な結果に唖然となるのです。このさばきは、全ての祝福が神から出ていることを忘れた結果でした。

20節からの第三の部分では、シドンのさばきが預言されています。この町もツロとともに繁栄していたのですが、主は疫病と剣をもってこの町を滅ぼされます。これは、主が真の神であることを人々に示すためでした。

このようにして、イスラエルに痛みを与えてきた茨のような国々がさばかれ、逆に諸国の民の中に散らされていたイスラエルの民が再び約束の地に集められるとき、彼らも主こそ真の神であると知るようになります。主のさばきの目的は、徹頭徹尾、ご自身の栄光が現されることでした。

今でも、私たちは自分の栄光を現したいという欲望に捕われがちです。ツロの王のように「私は神だ」とまでは言わないにしても、「自分はこんなことをした。自分は立派なクリスチャンだ」と思いやすいのです。しかし、これは大きな罪です。私たちの毎日の生活は、ただ神の栄光を現すためであることを、今日もう一度確認しましょう。

主よ。私を高ぶりの罪から救ってください。私は、謙遜に、あなたの栄光を現すために歩んでいきます。

29章

エゼキエル書29章から32章までには、イスラエル周辺諸国の第七番目としてエジプトが挙げられ、この国への主のさばきが記されています。本日の29章には二つの日付がありますので、二つに区切って学んでみましょう。

16節までの前半部分はバビロン捕囚となって後、十年目に与えられた預言です。この翌年にエルサレムは陥落することになります。この前半部はさらに三つに分けられるでしょう。まず7節までには詩の形でエジプトの罪が指摘されています。エジプト王のファラオは、エジプト繁栄の源となったナイル川を「私がこれを造った」と誇っていました。その傲慢のゆえに、主は彼をその軍隊や同盟国と一緒に釣り上げ、荒野に投げ捨てると宣言されます。エジプトは、援助を約束していたにもかかわらず、バビロンから攻撃されたイスラエルを守らなかったことも、主のさばきの理由でした。

8節からは、そのさばきを具体的に示しています。ナイル川の河口に近いミグドルから上流のセベネまで荒れ果ててしまい、人々は捕囚となって四〇年間、諸国に散らされます。

しかし13節以降で主は、その後彼らを連れ帰ると約束されています。でももはや昔のような繁栄した国とはなりません。今のエジプトを見ると、まさにその通りです。

17節からの後半部は、前半の預言から十七年も後に与えられた主のことばです。前半で預言された通り、ネブカドネツァル王はツロを攻撃した後、エジプトに進軍します。そして占領するまでには至らなかったものの、彼の支配下に置くことに成功します。それは主がネブカドネツァルに与えられた報いでした。彼は主のさばきの計画を実行するために用いられた王だったのです。この時、民はエゼキエルの預言の正しさを悟って、主が真の神であることを知るに至ります。

ツロにしろ、エジプトにしろ、人間の傲慢がさばきの最大の理由でした。主は傲慢な者をさばかれるとは、聖書を貫く真理です。現在活躍している有名な人々も、傲慢になるなら、必ず身を滅ぼすことになります。

私たちも注意せねばなりません。家庭や職場で、あるいは教会で、「私は何でも知っている、私は一番正しい」と、たとえ心の中でも思っているなら、滅びは近いのです。

主よ。表面では謙遜ぶっても、心中では傲慢になりやすい私をあわれんでください。この罪をお赦しください。

30章

エゼキエル書30章でも、エジプトへのさばきの預言が続きます。すでに前の章で二つの預言がされていました。今日の章も、19節の前後に二つの預言が記されています。

前半の預言の日付は書かれていませんが、前の章にも登場したネブカドネツァル王の名が出ているゆえに、前の章の前半部と同じ時、つまり捕囚後第十年の第十の月になされたものと思われます。ここで、エジプトが滅ぼされる日は「主の日」と言われています。この日にエジプトの同盟国だったクシュ、プテ、ルデ、また混血の民やクブも、剣に倒れると宣告されているのです。その剣とは、ネブカドネツァル王の軍隊のことです。彼らは「横暴な者」なのですが、主はそんな者たちをも主のご計画を実行する手段として用いられます。彼らは偶像を打ちこわし、ここに列挙されているエジプトの繁栄した都市を滅ぼします。これらはすべて、主の主権の中で行われるゆえに、この日は「主の日」なのです。

20節からの後半部は、第十一年の第一の月、つまり前半部から三か月後に与えられた預言です。ここで主ははっきりと、「わたしはエジプトの王ファラオの片腕を砕いた」、また「わたしはバビロンの王の腕を強くする」と仰せられます。主は歴史を支配しておられるゆえに、バビロンがエジプトを攻撃するのも主の御手の中にある出来事だと明確に宣言されているのです。そしてこの預言が成就するとき、エジプト人は主こそが真の神であることを知るようになります。

イスラエル人は、主から律法を与えられながらそれに従わなかったゆえに、主によってさばかれました。エジプトを含め異邦諸国は、自分が神であるかのように傲慢にふるまったゆえに、主によってさばかれました。ネブカドネツァル王は、この主のさばきを実行するために用いられた器にしかすぎません。歴史を実際に動かされているのは主です。

現代の私たちも、このことを知る必要があります。ソビエト連邦を滅ぼしたのは西側諸国ではなく、主ご自身です。神を認めない国は、いつか滅びます。また神を信じない者も、いつか滅ぼされます。しかし、主は「だれも滅びることがなく、すべての人が悔い改めに進むことを望んでおられるのです」。だからこそ福音を伝えねばなりません。

主よ。「罪を悔い改めて主のことばに従え」と、人々に伝える勇気を、私に与えてください。

31章

エゼキエル書31章は、エジプトに対する第五番目のさばきの預言です。日付は第十一年の第三の月ですから、前の章の後半部から二か月後で、エルサレムが滅亡する数か月前のことです。主はここで、アッシリア帝国の栄枯盛衰の例を挙げて、エジプトも同じようになることを示されています。9節と14節で三つの部分に分けて学んでみましょう。

第一の部分は、アッシリア帝国をレバノンの立派な杉の木に譬えて、その繁栄ぶりを描いています。この杉は野のすべての木々よりも高くそびえ、鳥や獣に譬えられている近隣の諸国はその木陰で繁栄の恩恵を受けていました。「神の園にある木々」とは、イスラエルをはじめとする全世界の国々を譬えているのでしょう。でもこの繁栄の源泉は、主が与えられた豊かな水であったことを忘れてはなりません。

しかし10節からの第二の部分では、繁栄したこの国がそれを忘れておごり高ぶったために滅ぼされたことが記されています。「最も横暴な他国人」と言われているバビロニア帝国がこの杉の木を切り倒したため、そこに安んじていた鳥や獣も運命をともにすることになりました。主はこれを通して、繁栄を自分の力のゆえだと思って誇る国はみな同じような結果になることを知らせようとされたのです。

そして15節以降の第三の部分には、このことがエジプトにそのままあてはまることが告げられています。アッシリアと同じくエジプトも、その高慢のゆえによみの穴に下らせられます。これらの強国に虐げられていた「エデンのあらゆる木」やその他の木々は、その滅びの知らせを聞いて慰められます。国の大小にかかわらず、自分の力を誇る国はすべて地下の国に落とされ、無割礼の者たち、つまり神の祝福を受けていない者と同じようになるのです。

国が繁栄するのは神の祝福があるからです。それを自分の力でやったかのように思う所に罠があります。日本の戦後の復興も、実は神の大きなあわれみのゆえでした。それを忘れて高慢になったために、現在の混乱があるのではないでしょうか。私たち個人も同じです。今の豊かな生活は、神のあわれみと祝福のゆえであることを忘れるならば、アッシリアやエジプトと同じであることを銘記せねばなりません。

主よ。私たちの生活があなたの祝福のゆえであることを感謝します。これを忘れず、謙遜に歩ませてください。

32章

エゼキエル書32章はエジプトのさばきの最後の部分であり、25章から始まった七つの国々へのさばきを完結する章です。また16節で二つに分けられますが、これらはエジプトに対しての六番目と七番目の預言になります。

前半部は、第十二年の第十二の月に与えられた預言です。33章の21節によると、エルサレム陥落の知らせが捕囚の地に届いたのは第十二年の第十の月でしたから、それから二か月後の預言でした。ここで主は、エジプトの地上での滅びについて語られます。エジプトは自分を若獅子と思っていましたが、実のところは大海の巨獣のようなものでした。主は横暴にふるまうこの巨獣を捕らえて殺されます。周囲の国々の王たちは、「大国のエジプトでさえ滅ぼされるのなら、自分たちの国はどうなるのだろうか」とおぞ気立つのです。バビロン王の剣がエジプトを打ち破るとき、諸国は悲しんでこの哀歌を歌います。いえ、人間だけでなく、主ご自身も、悲しみの歌を歌われるのです。

17節からの後半部の日付は「第十二年の、その月」となっているので、前半と同じ第十二の月だと考えるのが適切でしょう。この部分は、エジプトの地下での有様について述べています。この国の勇士やその他の人々は、地上でのいのちを終えた後、地下に引きずり降ろされるのです。そこにはすでに神のさばきによって滅ぼされたアッシリア、エラム、メシェクとトバル、エドム、シドンなどの国々の王たちや族長たちもいます。たとえ彼らがどんなに勇敢であったとしても、みな同じように穴に下らなければなりません。エジプトの王ファラオも、同じ運命にあるこれらの人々を見て、少しは慰められるのです。

主は、残虐にふるまう国々を必ず滅ぼされます。それは主にとっても悲しいことですが、正義を貫くためにはさばきがどうしても必要なのです。肉体の死はさばきの一つの表れです。でも本当のさばきは、死後にあります。新約聖書は、「人間には、一度死ぬことと死後にさばきを受けることが定まっている」と宣言していることを忘れてはなりません。しかしあわれみに満ちた主は、私たちがひとりとして滅びることがないように、愛するひとり子を世に遣わされたのです。

主よ。私が自分の罪ゆえに永遠に滅びることのないよう、主イエスをおくってくださったことを感謝します。

33章

エゼキエル書33章から、本書の後半部が始まります。前半はイスラエル並びに近隣諸国についてのさばきの預言が多かったのですが、この章以降はイスラエルの回復と希望についての預言が中心になります。今日の章は、その内容から、９節と20節とで三つの部分に区切れるでしょう。

第一の部分では、すでに３章で述べられていた見張りの役割が新しい意味で記されています。エルサレムがさばかれた後、エゼキエルはこの捕囚の地に残された民に対しての見張りとなりました。剣が近づいていることを民に知らせる責任が彼にあるのです。もし知らせないなら、殺される民の血の責任は彼が取らねばなりません。しかし知らせても民がそれを聞かないなら、それは民の責任です。

10節からの第二の部分もすでに18章で語られていたことでした。でもやはり新しい意味がつけ加えられています。民の罪の結果としてエルサレムは滅ぼされましたが、ここで彼らがその道から立ち返るならば、再び生きることができるのです。主は決して悪しき者の死を喜んでおられるのではありません。不正を行った者でも、いのちの掟に従って歩むなら、彼は死ぬことはないのです。これは、捕囚の地に住むイスラエルの民への熱い励ましでした。

21節からの第三の部分には、陥落したエルサレムから逃れた者が、捕囚の地にその知らせをもってきた時のことが記されています。まず29節まででエゼキエルは、「エルサレムで生き残った者でも、律法に反して生きるなら、廃墟となったその地でも所有することはできない」との主のことばを宣告します。さらに30節以降で、エゼキエルの預言が実現したことに驚く捕囚の地の民も、彼のことばを聞くだけで実行しない者だと、主は厳しく仰せられるのです。

回復を告げる後半の冒頭は、まず主に聞き従うことの重要性を教えています。エゼキエルは、「主は必ず罪をさばかれる方であることを知って、悪の道から立ち返れ」と、見張りとしての責任をもって叫びました。回復はそこからしか始まらないからです。これは今の時代でも同じです。もし罪に苦しんでいるなら、悪から立ち返ってみことばを聞き、そして実行しましょう。これこそが回復の第一歩です。

主よ。罪に陥りやすい者だからこそ、私はあなたのみことばを聞きます。そしてそれを実行します。

34章

エゼキエル書34章は、牧者の譬えを通して、イスラエルの指導者の姿と、主が求めておられる指導者の姿を比較しています。10節と16節とで三つに分けてみましょう。

第一の部分は偽りの牧者の姿を描いています。彼らは羊であるイスラエルの民が傷ついても介抱せず、失われても捜さず、かえって彼らを力ずくで支配している有様でした。それゆえ羊はさまよい歩き、果ては野の獣の餌食となってしまったのです。これはイスラエルのそれまでの歴史でした。王や祭司、また預言者さえも正しく民を導かなかったために、民は偶像崇拝に迷い出て、ついに滅ぼされてしまいました。主は、もうそんな牧者に羊をまかせなさいません。

それに対して11節からの第二の部分では、まことの牧者の姿が述べられています。主はご自分が牧者となって、散らされたご自分の羊を集め、イスラエルの肥えた牧草地で養われるのです。これは、捕囚となった民を再びイスラエルに導き帰されることの預言なのでしょう。そしてこの預言は七〇年後に文字通り実現します。

17節以降の第三の部分では、メシアである牧者の姿がくっきりと描写されています。この牧者は、同じ群れの中にいる肥えた羊と痩せた羊との間をさばかれます。この牧者は「わたしのしもべダビデ」と言われるお方です。そして主は、この方を通して羊と平和の契約を結び、羊に祝福を与えられます。地は豊かに産物を生じ、羊は二度と諸国の餌食となりません。このメシアである牧者が、主イエスを意味することはすぐわかるでしょう。

主イエスは「わたしは良い牧者です。良い牧者は羊たちのためにいのちを捨てます」と言われ、そのことば通りに十字架にかかって羊を救われました。このお方によって、どんな弱い羊でも、豊かないのちを得ることができるのです。

エゼキエルが預言したように、捕囚の民は帰国することができました。でも彼が本当に言いたかったのは、このメシアなる牧者がおいでになることでした。今、私たちはその預言の成就を見ています。主イエスは私たちの牧者です。どんな弱い羊でもあわれんでくださる方です。私たちも喜んで、この正しい牧者を信頼し、従っていきましょう。

主よ。あなたが私の牧者であることを感謝し、私の必要のすべて満たしてくださることを信じます。

35章

エゼキエル書35章は、すでに25章で見たエドムに対するさばきの繰り返しのように思えます。でも実は次の36章に出てくるイスラエルの回復と対比するために、ここに置かれているのです。9節で前後に分けて学んでみましょう。

前半部分では、エドムがイスラエルの人々に敵意を抱いていたゆえにさばかれることが宣言されています。「セイルの山」とは死海の南からアカバ湾に向かって延びる山脈で、エドムの地を象徴的に示しています。36章冒頭の「イスラエルの山々」と対比されているのでしょう。エドムは、ヤコブの兄弟エサウの子孫で、イスラエルとは兄弟関係にある国でした。しかしエサウがヤコブを憎んだように、その後の歴史においてエドムはイスラエルに敵対し続けたのです。エルサレムが陥落したとき、エドムに逃げてきたイスラエル人を剣で刺し殺したことも、その一例でした。主は、このような罪のゆえにエドムを滅ぼすと厳しく仰せられるのです。

10節からの後半部分には、エドムがイスラエルの神を認めなかったゆえにさばかれることが預言されています。エドムは、北王国と南王国の二つの国が滅ぼされたので、これを機会に攻め上って二つとも占領しようとしたのです。しかし国は滅ぼされても、「そこには主がいた」事実を忘れてはなりません。エドムの間違いは、神が全地を支配しておられることを認めず、自分の力に頼って高慢なことばを重ねたことです。それゆえ主は、エドムを荒れ果てさせられます。エドムはイスラエルの滅びを喜んだゆえに、今度は逆にエドムの滅びを近隣諸国が喜ぶようになるのです。生きておられる主は、他人の不幸を喜ぶ者をそのままにしておかれません。

たといイスラエルはその罪のゆえに滅ぼされたとしても、主はこの国を捨てられたのではありませんでした。11章で学んだように、主の栄光はエルサレムから離れて捕囚の地に向かいましたが、それでも主はイスラエルの地におられたのです。しかしエドムはそれに気がつきませんでした。

今も、主の心を痛めるクリスチャンがいます。でも主はそんな人をも愛しておられます。主は、義のゆえにさばかれたとしても、愛のゆえに回復させようとしておられるのです。「そこには主がいた」とは、主のあわれみの宣言です。

主よ。罪を犯しやすい弱い者をあわれみ、ともにいてくださるあなたを、私は常に仰いで生きていきます。

36章

エゼキエル書36章には、次の37章とともに、イスラエルの回復についての預言が記されています。36章は15節までの前半で国土の回復について述べ、後半は民の霊的回復について預言していると言えるでしょう。

まず前半ですがここも二分されるでしょう。7節までで主は、イスラエルの山々や町々を占領し、民を侮辱する敵に対して、ねたみと憤りをもって、「諸国の民は、必ず恥辱を負う」と宣言なさいます。それらの国々は、イスラエルより正しいわけではないからです。

そして8節から、主はイスラエルの山々を擬人化して仰せられます。「おまえたちは耕され、種を蒔かれる。町々は住む所となり、廃墟は建て直される。わたしは二度と国々の侮辱をおまえに聞こえさせない」。つまり主は、イスラエルの国土を回復して、二度と外国の所有にはされないと約束してくださったのです。

16節からの後半部は三つに分けられるでしょう。21節まで主は、イスラエルの民は、その悪い生き方と行いによって主の聖なる名を汚したゆえに滅ぼされたと告げられます。しかし主は、その聖なる名を回復するために、イスラエルの民をまず水できよめ、さらに彼らに新しい心と霊を授け、また木の実と畑の産物を増やしてくださることを32節までで仰せられます。そして33節以降では、荒れ果てていたイスラエルをいにしえのエデンの園のようにしてくださるのです。主は何とあわれみ深いお方でしょうか。

しかし主がこんなすばらしい恵みを注いでくださるのは、いみじくも32節に明記されているとおり、「あなたがたのためではない」のです。イスラエルの民は不義のかたまりでしかありません。でも主の聖なる名が汚されないために、そんな者をあわれんで回復してくださるのです。

現在の私たちもそうです。主はまず水のバプテスマで私たちきよめ、さらに聖霊によって私たちに新しい心、新しい霊を授けてくださいました。だからこそ、今の私たちがあるのです。主の恵みなくしては、私たちはすぐにでも昔の罪人に戻ってしまいます。そうならないためには、日々主を求め、主に拠り頼むことがどうしても必要なのです。

主よ。あなたはこんな罪人の私を顧みて、新しい霊を授けてくださったことを心から感謝します。

37章

エゼキエル書37章は、前の章に続いてエルサレムの回復を預言しています。14節を境に、前半では幻によって、後半では象徴的行為によって、その回復を記すのです。

まず前半部分ですが、エゼキエルは主の霊によって平地に導かれました。これは3章にも出ていた、バビロンにある平地だと思われます。彼はそこで干からびた多くの骨を見ました。でも主の命令に従って骨に預言すると、そこに筋がつき、肉が生じ、皮膚がその上をおおいました。さらに息に預言すると、それは生き返って大きな集団となったのです。

11節以降には、この幻の意味が述べられています。この骨はイスラエルの全家です。彼らは滅ぼされて命を失っていました。しかし彼らは預言のことばによって励まされ、主の霊によって生き返ることができるのです。そして約束の地に再び住むことさえできます。ヘブル語では、息と霊とは同じことばであることに注意してください。

15節からの後半部分で主は、ユダ族を中心とした南王国と、エフライム族を中心とした北王国とを表す二本の杖をつないで一本の杖とするように、エゼキエルに命じられます。これは、主がすでに一五〇年前に滅ぼされていた北王国と、つい最近滅ぼされた南王国の二つを一つとされ、彼らをきよめて神の民とされることを意味していました。

さらに24節以降で主は、この新しい王国に主のしもべダビデを王、また牧者として与えることを約束されています。主はこの民と平和の契約を結び、主の聖所を彼らのうちに永遠に置いてくださるのです。そのとき諸国の民は、主が汚れた民を聖別されるお方であることを知るに至ります。

この章は、昨日学んだ「新しい心、新しい霊」と結びつけて考えると、より正しく理解できるでしょう。律法を守らないため滅びてしまった民に、主はご自分の息である新しい霊を授けられます。それは王であるメシアが、民のうちに永遠に臨在してくださることによって成就するのです。

今も、主イエスが約束のメシアだと信じる私たちには、主の息である新しい霊、すなわち聖霊が授けられます。この聖霊こそが、私たちのうちにいまして汚れをきよめ、正しく清く生きることができるようにしてくださるのです。

主よ。さばきからの回復は、聖霊によることを知りました。今日も、聖霊の導きに従って歩んでいきます。

38章

エゼキエル書38章には、次の章とともに、イスラエルに敵対する外国の王、ゴグについての預言が記されています。ゴグが歴史上のどの王をさすのかはわかりません。でも、イスラエルが回復された後に登場する敵であることには間違いないでしょう。16節で前後に分けてみましょう。

まず前半です。ゴグという人物は、現在のトルコの東部に住んでいたメシェク、またトバルという民族を支配していました。彼は東のペルシアや南のクシュ、さらに北の果てのベテ・トガルマなどの諸国と連合して、イスラエルを攻撃してくるのです。この時イスラエルの民は、廃墟となっていた町々を建て直し、平和に暮らしていました。難なく彼らを打ち破ったゴグは、略奪した物を商人に売りつけるようなことさえします。そしてこのことが起こるのは「終わりの日」だと、16節には明記されています。つまり、主が全世界をさばかれる日の出来事なのです。

17節からの後半には、そのゴグを、主は激しい怒りをもって滅ぼされることが宣言されています。確かに主は、預言者たちが長年に渡って警告していたように、ご自身の民でさえも、その罪のゆえにさばかれます。でもそのさばきに用いられた外国もまた、彼らの罪のゆえに滅ぼされるのです。

主がこのさばきをなされるのは、18節に記されているように、「その日」つまり「終わりの日」です。その日には、主の激しい怒りは地震によって示されます。どんな動物も、どんな人間も、主の厳しいさばきのゆえに震え上がります。疫病と流血があり、豪雨、雹、火、硫黄と言われている自然災害も起こると預言されています。このさばきは、主が聖なる方であることを多くの国々に知らせるためでした。

回復されたイスラエルが、なぜ再び外国の侵略を受けねばならないのか、不思議に思われるかもしれません。でもそれが聖書の告げる「終わりの日」の出来事なのです。新約聖書の福音書や書簡や黙示録は、はっきりと「患難時代」が来ることを預言しています。罪赦された者にも試練はやってきます。それは、私たちが眠ってしまわないためです。悪の勢力が常に私たちを堕落させようとしていることを忘れてはなりません。油断することなく、自分の心を守りましょう。

主よ。恵みに慣れてしまいがちな私です。どうか、悪に立ち向かう勇気を失わないよう、強めてください。

39章

エゼキエル書39章でもゴグについての預言が続きます。10節と20節で三つに区分してみましょう。

第一の部分には、ゴグの軍隊が徹底的に滅ぼされることが宣告されています。彼らはイスラエルの山々で倒れ、その死体はあらゆる種類の猛禽や野獣の餌食となります。また、ゴグの国やその連合国の島々も火によって焼き尽くされます。イスラエルの人々は彼らの武器を薪の代わりに燃やし、略奪されたものを奪い返します。このさばきは、イスラエルの民と諸国の民のどちらもが、主は確かに悪をさばかれる聖なる方であることを知るために、なされるのです。

11節からの第二の部分では、この戦いで死んだ者たちが死海の東側の谷に埋葬され、埋葬しきれなかったものは、鳥や野の生き物よって食い尽くされることが預言されています。埋葬するために七か月もかかるほど多くの戦死者があり、埋葬した場所はハモン・ゴグ、すなわち「ゴグの民衆」の谷と呼ばれるようになるのです。確かに核兵器による世界最終戦争や疫病の大流行がおこるなら、このような悲惨な結果になることは、誰もが認めざるを得ないでしょう。

21節からの第三の部分では、主がイスラエルの敵をそのようにさばかれるのは、諸国の間に主の栄光を現すためであることが示されています。主のさばきはまずイスラエルの家から始まりました。彼らは不信の罪を犯したために捕囚となったのですが、それでも主は彼らをあわれんで母国に帰してくださいました。さらにその後も彼らを脅かす敵を一掃してくださるのは、主の聖なる名が汚されないための熱心のゆえだったのです。かくして主は、「わたしは二度と、わたしの顔を彼らから隠すことはない」と言ってくださいます。

イスラエルの回復と敵の滅びは、主の栄光が現されるためであることを私たちは銘記せねばなりません。イスラエルが立派だからではないのです。あくまでも、この世界とその歴史を支配しておられる主こそが主人公です。私たちも、この真理を常に心に留めましょう。たとい私たちが物心両面でどんなに祝福されても、それは自分の力によるものではありません。主の栄光が現れるためなのです。だから、常に主に感謝しましょう。主の聖名を賛美しましょう。

主よ。今日も私は、あなたの顔を仰ぎ、あなたに感謝して生きていきます。御名の栄光を現してください。

40章

エゼキエル書40章からの三つの章は、主がエゼキエルに示された、新しいエルサレム神殿の幻の描写です。彼は、エルサレムが占領されてから十四年目に、この幻を見ました。捕囚の地に住んでいたイスラエルの民の古い世代は神殿を失ったことに失望し、若い世代は神殿を忘れつつあった頃に、主はこの幻を民に語るように命じられたのです。40章は、4節までの序文の後に、16節、27節、47節で区切れる四つの部分で、新しい神殿の構造を示しています。(133頁参照)

5節からは、まず神殿の回りを囲む外壁の大きさを記します。普通の一キュビトは約四四㎝でしたが、バビロンではそれより少し長い五一㎝ほどの尺度が用いられていたようです。厚さと高さが三メートルもある外壁の東側には門があり、門の両側には控え室が三室ずつありました。

17節からは、外壁の門から入った所にある外庭の様子を述べます。庭の回りには石畳が敷かれ、そこに三〇の部屋がありました。また、東側にあった門と同じサイズの門が北にも南にもあったのです。さらに、南の外壁の門から一〇〇キュビト進んだところに、内庭に入る門がありました。

28節からは、南の門から入った所にあった内庭の説明がされています。この南の門と同じサイズの門が、東にも北にもありました。またこの内庭には、ささげ物を屠るための台や、そのための道具を置くための台がありました。さらに内庭の北側と南側には、祭司たちのための部屋が設けられていました。この内庭のサイズは縦横一〇〇キュビトの正方形で、その中央には祭壇が置かれていたのです。

48節と49節には、内庭の西側にあった神殿の玄関のサイズが示されています。ここから神殿の本堂に入っていくのですが、この先は次の章で学びましょう。

ちょっと聞くだけでも嫌になるような複雑な設計図を、なぜ主は民に示されたのでしょうか。それは捕囚の民に希望を与えるためでした。「たとい神殿は破壊されても、主の臨在は捕囚の地にある。いずれの日にか、主の臨在を示す神殿を再建するのだ」という思いを、彼らに授けるためでした。主は罪をさばかれます。でもさばきの後に希望を与え、そして希望を実現に至らせる力をも与えてくださるのです。

主よ。あなたは苦難の後に希望を与えてくださることを信じます。あなたの臨在こそ、私の希望です。

41章

エゼキエル書41章には、前の章に続いて、エゼキエルが幻の中で見た新しい神殿の様子が述べられています。彼は祭司でしたので、捕囚になる前にはエルサレム神殿で奉仕していました。だからこのように詳しく、神殿の構造を描くことができたのでしょう。前の章では神殿の周囲の状況が記されていましたが、この章ではいよいよ神殿本体が取り扱われます。神殿は、①入り口の間、②本殿と言われる聖所、③その奥の最も聖なる所（至聖所）、④聖所と至聖所の回りを取り囲むように設けられた脇間、以上四つの部分によって成っていました。11節までには、その詳細が記されています。

ここに記されている構造は、列王記第一の6章に記録されているソロモンの神殿とほとんど同じです。各部分の長さや幅、また脇間が三階建てであることなども同じです。主は、捕囚中のエゼキエルに、イスラエルの最盛期に建てられたものと同じ神殿の幻を見せられただけでなく、さらにそれを民にも語るように命じられたのです。

さらに12節には、この神殿本体の西側、つまり裏側に、奥行七十キュビトで間口九十キュビトの大きな建物があったことが書かれています。これはソロモンの神殿にはありませんでした。その目的と用途も説明されていません。

13節以降には、神殿のサイズや内外の彫刻の有様などが記されています。ケルビムとは、天使ケルブの複数形です。1章では四つの顔をもっていましたが、ここでは二つの顔をもつ姿で描かれています。ケルビムは神の臨在の象徴でした。また、なつめ椰子の木は繁栄の象徴だと言われています。至聖所の前にあった木の祭壇や、本殿と至聖所に入るための折りたたみ式の扉なども、ソロモンの神殿に設けられていたものとよく似ています。

エゼキエルがこの幻を民に語ったとき、「そんな幻など、捕囚中の私たちに何の役にたつか」と思った人々がいたでしょう。でも「そうだ、私たちはいつかエルサレムに帰って、その神殿を再建するのだ」と考えた人々もいたはずです。あなたなら、どう思うでしょうか。「幻がなければ、民は好き勝手にふるまう」との聖句通り、主が示された幻の実現を目指して進むことは、私たちの取るべき道なのです。

主よ。私に幻を見せてください。あなたはその幻を実現に至らせてくださる方であることを私は信じます。

42章

エゼキエル書42章でも、神殿の幻が続きます。この章は14節を境として、前後に分けられるでしょう。

前半部分は、神殿本体と外庭の間にあった二棟の建物について述べています。これらの建物は、神殿の北側と南側に、神殿をはさんで対称的に建てられていたのです。これはソロモンの神殿にはありませんでした。二棟とも、長さ一〇〇キュビト、幅五〇キュビト、おおよそ五〇×二五メートルの三階建てで、一階には外庭から入れるように東側に出入口がありました。主に献げられた犠牲はこの建物の中に置かれ、祭司はその聖なるささげ物をここで食べるのです。また聖所での奉仕が終わったときには、この建物で着替えてから外庭に出て、民のところに近づくようにと命じられています。

15節からの後半部分では、エゼキエルは再び最初の外壁の東向きの門のところに導かれます。そして神殿の外壁の周囲を測り竿ではかると、東、北、南、西とそれぞれ五〇〇竿ずつありました。測り竿の長さは六キュビトですので、今の単位に換算すると、神殿の敷地は約一五〇〇メートルの正方形だったことがわかります。ただ45章2節の記述から、五〇〇竿は五〇〇キュビトのことではないかと考える学者もいます。いずれにせよ重要なのは、20節の、外壁は「聖なるものと俗なるものとを分けていた」という意味です。

エルサレム神殿の破壊は、形式的なきよめの儀式が町を守るのではないことを物語っています。しかしそれは、聖なる場所とか聖なるものが不必要だという意味ではありません。レビ記には、「あなたがたは聖なる者とならなければならない。わたしが聖だからである」と何度も繰り返されています。新しい神殿には、俗なるものが入ってはならないのです。

この幻は捕囚の民に聖と俗の区別を教えたと思われます。外壁の門から一歩入ったならば、そこは聖なる場所である。聖所はさらに聖なる所であるゆえ、祭司たちといえども、聖所から出たならば着物を替えなければならない。この原則は、現在も変わりません。しかも、形式的な聖さではなく、内側の聖さこそが必要なのです。会堂で主を礼拝することは、この聖さの中に入ることを意味します。私たちは毎週の礼拝において、このことをはっきり意識しているでしょうか。

主よ。聖なるあなたを礼拝するにふさわしく、私は聖なる心と聖なる服装で、あなたのみ前に出ます。

43章

エゼキエル書43章は、12節を境として前後に分けられるでしょう。前半には、前の章までで示された神殿に主の栄光が帰ってきたという幻が描かれており、後半には、その神殿に置かれた祭壇についての規定が記されています。結論部で見るように、この二つの部分には深い関係があります。

まず前半部分です。エゼキエルは外壁の周囲を測った後、再び東向きの門の所に連れて行かれました。すると、主がエルサレムの滅びの幻を示された11章では、エルサレム神殿から東の山へと移っていった神の栄光が、この新しい神殿に戻ってきたのです。それは1章で見たケバル川のほとりでの栄光に輝く幻のようでもありました。

そしてエゼキエルは、栄光に満ちた神殿からの声を聞きます。「ここはわたしの玉座のある場所。イスラエルの家はもう二度と、わたしの聖なる名を汚さない」と。さらに主は、「彼らが自分たちの不義によって辱められるため、彼らに神殿を示し、彼らにその模型を測らせよ」と仰せられました。それは彼らが同じ過ちを繰り返さないためでした。

13節からの後半部分では、主は、神殿の幻の中で内庭の中心に置かれた祭壇について語られます。これは、長さと幅が一二キュビトで、ソロモンの神殿にあったものより少し小さめですが、高さは台座を含めて一〇キュビトで、これは同じサイズでした。この祭壇を造る日には、まず雄牛をささげ物とし、その血によって宥めを行わねばなりません。その後、七日間にわたって雄やぎと雄牛と雄羊とを献げ、そして八日目以降は祭司が全焼のささげ物と交わりのいけにえを献げ続けるように、主は命じておられます。

しかし、イスラエルの罪はさばかれ、主の栄光は神殿に戻ったにもかかわらず、なぜささげ物が献げられなければならないのでしょうか。実は、これがきよめの生涯の象徴だからです。私たちの罪は主イエスの贖いの死によって、完全に赦されました。そして主はいつも私たちとともにいてくださいます。でも、現実の私たちは大小さまざまの過ちを犯してしまいます。だからこそささげ物が必要なのです。素直に悔い改めて、主の十字架を仰ぐことが不可欠なのです。そのささげ物とは、砕かれた霊、砕かれた心です。

主よ。あなたの臨在によって、私の心の奥底にある罪を示してください。私はそれを悔い改めます。

44章

エゼキエル書44章からの三つの章では、回復された民の礼拝のあり方をエゼキエルに示されています。主は彼を東向きの門に連れ戻され、主の栄光が二度とエルサレムを去らないためにこの門は開かれないことを宣言されます。ただ将来、メシアなる君主が来られるときに開かれるのです。

主はさらにエゼキエルを北の門から、主の栄光に満ちた神殿の前に連れて行かれました。そしてそこで、礼拝に関する三つのことを彼に命じられます。第一に4節から14節までで、聖所で奉仕してはならない人々を指摘されます。まず、心にも肉体にも割礼を受けていない異国の民は駄目でした。過去のイスラエルの歴史にはそういう例があったようですが、主はそれを厳しく禁じられます。また過去に偶像礼拝の咎を犯したレビ人は、神殿での様々な奉仕はできるのですが、祭司として聖なる物に近づいてはなりませんでした。

しかし15節からの第二の部分では、レビ人の中でもツァドクの子孫は祭司の任務を果たすことができると告げられています。聖所の内庭にはいるときには、汗の出やすい毛織り物ではなく、亜麻布の着物を身に着けなくてはなりません。外庭に出る時には着物を着替え、髪は適当な長さに保ち、処女をめとり、正しく裁判をし、また死人に近づいてはなりません。聖と俗とをはっきり区別せねばならないのです。

第三に28節以降では、祭司のゆずりは主であるゆえに、彼らは所有地をもってはならないと宣言されています。民が主に献げたものが、彼らの食物となるのです。初物や最上の奉納物もすべて祭司たちのものです。それらは献げた人々にも祝福をもたらすと、主は仰せられます。また祭司は、自然に死んだ動物やかみ裂かれたものを食べてはなりません。これも、彼らが聖さを保つためでした。

祭司は、民の罪をとりなすために、自らの聖さを維持しなくてはなりませんでした。でも実際には、偶像崇拝に陥る祭司や、所有欲に目がくらむ祭司たちがいたのです。だからこそ主は最後の手段として、御子イエスをこの地上にお遣わしになりました。このお方こそ、真の祭司であり、とりなし手です。今も御子イエスは、天において、私たちの罪をとりなしておられることを忘れてはなりません。

主よ。俗なる世界で生きる私たちが聖く歩めるよう、今も天で祈ってくださっている主イエスに感謝します。

45章

エゼキエル書45章では、祭司だけでなく王や民の日常生活も、新しい神殿を中心とすべきことが教えられています。この章は8節と17節で三つに分けられるでしょう。

第一の部分で主は、土地の分配において神殿を中心とするように命じられます。まず東西が二万五千キュビト、南北が一万キュビト、今の単位に換算するとおおよそ長さが一二キロ半で幅が五キロの長方形の地域を主への奉納地とするように主は仰せられます。その中心の五〇〇キュビト四方が、聖所のある所です。聖所の周囲は祭司たちが住む家の敷地として聖別されます。またこの奉納地と同じサイズの地域を隣に設けて、レビ人の住む所とします。反対側の隣には幅を五千キュビトにせばめた地域を定め、それをイスラエルの全家のものとします。この三地域を合わせると、ちょうど二万五千キュビト四方となります。そしてこの地域の東西の両側に君主の土地を設けます。君主はこの土地に満足し、民を虐げることなく、部族ごとに国土に住まわせねばなりません。

9節からの第二の部分には、君主に対する主の命令が記されています。君主は公正と正義を行い、正しいはかりを用いるべきです。民は君主に、決められた奉納物を納めねばなりませんが、君主は民の宥めのため、主に各種のささげ物を献げなくてはなりません。これは君主の義務なのです。

18節からの第三の部分の「あなた」とは、多分君主のことでしょう。第一の月の過越の祭りには、君主は祭司と一緒になって、自分のためにも、またあやまって罪を犯した者やわきまえのない者のためにも、いけにえをささげなければなりません。さらに第七の月の仮庵の祭りでも、同様にするよう命じられています。ここでは、君主は政治家である以上に、民をとりなす祭司的人物として描かれています。

回復されたイスラエルの中心は神殿でした。彼らは主の臨在の中で、生活すべきなのです。君主も主の定められた公正と正義によって政治を進めていきます。イスラエルの家の宥めのためにはささげ物が献げられ、彼らはきよめられて再出発するのです。私たちも、このようになりたいものです。生活の中心に主イエスを置きましょう。そして、もしあやまって罪を犯したなら、すぐに悔い改めてやり直しましょう。

主よ。私はあなたを心の真ん中において、今日の一日を過ごします。どうか弱い私を助け、導いてください。

46章

　エゼキエル書46章には、前の二つの章に続いて、神殿を中心とする礼拝のあり方が記されています。12節と15節と18節で四つの部分に分けてみましょう。

　第一の部分は、安息日と月の最初にもたれる新月の祭りの日の規定です。これらの日に、君主は外庭から内庭にはいるための東の門の戸口で礼拝し、一般の人々も夕暮れまで同じように礼拝します。そのとき祭司が献げるささげ物は、民数記28章の規定とは多少違うようです。また、君主が礼拝するときは東の門から入ってそこから出るのですが、一般の人々は北の門から入る場合は南の門から出、南からの場合は北から出るというように、内庭を通り抜けなければなりません。この間、君主も民とともに礼拝を守るのでした。さらに、以上の日や特別な例祭の日以外であっても、君主が全焼のささげ物や交わりのいけにえを献げる場合には、東の門が開かれることになっていました。

　第一の部分は君主を中心とした記述でしたが、13節からの第二の部分には「あなた」と言われるエゼキエルのような祭司的人物への命令が記されています。祭司は定められたものを毎朝、主に献げることになっていたのです。

　16節からの第三の部分では、文脈からはずれて、君主が土地を贈る場合の規定が述べられています。君主は、自分の相続地を減らしてもまた増やしてもならないのです。

　19節からの第四の部分では、エゼキエルは内庭への門を通って、聖所の北側にある祭司たちの部屋に連れて行かれます。これはソロモン神殿にはなかった建物でした。この建物の西の隅にいけにえを煮る調理場がありました。そこは祭司のために聖別された所で、祭司以外の宮の奉仕者のためには、外庭の四隅が定められていたようです。

　以上で、三つの章に渡った神殿中心の生活の規定が終わりますが、ここで目立ったのは君主と祭司が協力して、宗教的な行事をすることでした。様々な宗教がある現代社会では、このような政治と宗教の一致は不可能でしょうが、終末においては麗しい形でこれが実現するのです。政治家が国民のために喜んで犠牲を払い、牧師が謙遜に国民のために祈るような社会は、きっとすばらしいものに違いありません。

　　主よ。主の主であり王の王であるキリストが、この世界を治められる日を、一日も早く実現させてください。

47章

エゼキエル書47章は、12節を境として大きく二つに分けられます。前半では神殿の下から流れ出る川が荒地を豊かにする幻が描かれ、後半には回復されたイスラエルの領土の境界線が示されるのです。

まず前半部分に目を留めましょう。40章からエゼキエルを神殿のあちこちに案内していた御使いは、彼を神殿の入り口に連れ戻しました。注意して見ると、小さな川が神殿の祭壇の南側から流れだし、外壁の下を通って東側に延びているではありませんか。この東向きの外門は閉じられていたために、御使いは彼を北の門から神殿の外に連れ出し、この東の門から流れ出す川に沿って歩かせたのです。千キュビトつまり五〇〇メートルほど歩くと、川は足首の深さになり、さらに遠くに行くにつれてどんどん深くなって、ついには渡ることのできないほどの大きな川になりました。

そして御使いは彼を川の岸に連れ帰って、こう話します。「この川は生物の住まない死海の水をきよくして多くの魚が生きるようにし、荒地にあらゆる種類の果樹が生長するようにする」と。これは、聖所から流れ出る神の恵みが汚れた者をきよめ、祝福を与えることを意味しているのでしょう。

13節以降の後半部分では、主が創世記でアブラハムに与えると約束された地が、ほぼ同じような広がりをもって記録されています。北側は地中海からレボ・ハマテ（ダマスコの北七〇㎞の町?）にまで至り、東側はそこからヨルダン川と死海を経てタマル（死海南端から三〇㎞の町?）まで、南側はタマルから地中海まで、そして西側は地中海の海岸線にそうもので、東西八〇㎞、南北三五〇㎞ほどの広さでした。現在のパレスチナ自治区を含むイスラエル共和国よりは大きいですが、大阪以西の本州と同じ程度の領域です。

イスラエルは昔から軍事的にも経済的にも強い国ではありませんでした。ただ、そこに聖なる主がおられることが特色だったのです。だからこそ、主の聖さを周囲に及ぼすことがこの国の使命でした。これは、現在のクリスチャンの使命と同じです。私たちは、汚れたこの世をきよめる川となっているでしょうか。まわりのすべてのものを生かしているでしょうか。そしてその聖さの源は、祭壇の下、すなわち十字架のもとにあることを忘れてはなりません。

主よ。十字架の血できよめられた私です。きよい流れを家庭や職場や学校に広げていく力を与えてください。

48章

エゼキエル書48章は、前の章の後半を受け継いで、回復されたイスラエルの国の領土が十二の部族にどのように分配されるかを記しています。これは未来の姿を象徴的に描いている幻ですので、ヨシュア記などに記されている実際の位置とはかなり違うものです。7節、22節、29節で四つの部分に分けて学んでみるとわかりやすいでしょう。

第一の部分では、北から南に向かって七つの部族の所有地が述べられています。それぞれの領域は、南北が五㎞ほどで東西は国境にまで及ぶ帯状の地域だと推測されます。各部族の人口や土地の形とは無関係に、機械的に定められている点が実際の場合とは異なるところです。

8節から22節までの長い第二の部分は、すでに45章の前半に記されていた国の中央部の共有地とでも言える地域について、再び言及しています。キュビトを換算すると、一二㎞半四方のこの地域には、聖所を中心に置く幅五㎞の祭司への奉納地、その隣に同じ幅のレビ人への奉納地があり、残りの幅二㎞半の地所が一般の人々用でした。この一般人用の地所の中央に、四方を放牧地で囲まれた二㎞余りの正方形の町が建てられます。全部族から来た人々がこの町の周辺の放牧地を協力して耕し、その収穫物が町の人々の食物となるのです。また、この一二㎞半四方の共有地の東西両側は、国境に至るまで君主の所有地とされています。

23節以降の第三の部分には、残り五部族の所有地が、北から南に、前の七部族と同じ大きさに定められています。

30節からの最後の部分は、先ほどの二㎞余りの正方形の町の記述に戻ります。この町の四方には、十二部族の名前がつけられている十二の門があり、町は「主はそこにおられる」という名で呼ばれることになるというのです。

回復されたイスラエルは、ささげ物を献げる祭壇のある聖所と、「主はそこにおられる」という名の町を中心に置く国となります。そしてこのエゼキエルの象徴的な預言は、黙示録21章にあるように、将来必ず実現します。現在の私たちもこのような国を目指しましょう。いえ、目指すだけではなく、今、この地において「主はそこにおられる」という神の国を、少しでも体験しようではありませんか。

主よ。罪の生活から回復された私は、今日も祈りの祭壇を築き、あなたの臨在を覚えて歩んでいきます。

ダニエル書　解説

これから学ぶダニエル書は、ヘブル語原典では「預言書」の部分には入っていません。知恵文学やエズラ記が置かれているのと同じ所、つまり旧約聖書の最後の部分に含まれているのです。それには二つほどの理由があります。一つはダニエル書が完成した時期が遅かったこと、もう一つは内容が今までの預言書と少し違っていることです。

＊　　＊

第一問　では、本書はいつごろできたのでしょうか。

1章1節から考えると、ダニエルは、紀元前六〇五年、ネブカドネツァル王によってバビロンに連れて行かれたのでしょう。彼は「ペルシアの王キュロスの第三年」(10章1節)、すなわち紀元前五三五年にも生きていましたから、七〇年ほど預言活動をしていた計算になります。この期間の前半は、すでに学んだエゼキエルの生きた時代と重なります。

しかしある学者は、本書が書かれたのは紀元前二世紀頃だと言います。特に7章以降は、実際に事件がおこった後に、その事件がずっと昔から予言されていたように書いたものだと主張します。でも私たちはそのようには考えません。ダニエル自身によって書かれたものが、後の時代にまとめられたと考えるのが一番適切かと思われます。

第二問　内容的には、他の預言書とどう違うのですか。

ほとんどが散文で、幻についての記述が多いのです。これはエゼキエル書と似ていますが、その他の預言書とは違います。また、2章から7章までが当時の世界言語だったアラム語で書かれていることは、他の預言書にはない特徴です（ただし、同じ頃に書かれたエズラ記の一部はアラム語です）。でも最大の違いは、ユダヤ人はダニエルを預言者ではなく、「知恵ある者」と考えていることです。確かに、高い地位に就《つ》いて政治を行い、また王の夢を解き明かすダニエルの姿は、預言者のイメージにあてはまりません。

第三問　ではなぜ、今のような所に置かれたのですか。

神の救いの計画を示すためには、エゼキエル書と同じく、捕囚の地でも神の御旨が啓示されることや、世界の歴史が神の支配のもとにあることを宣言する本書は、この位置でなくてはなりませんでした。それは、本書の内容を検討すればすぐわかるでしょう。

第四問　本書全体の大まかな内容を教えてください。

十二章しかない本書は、ちょうど六章ずつに二分できます。

前半は、ダニエルとその友人の出世物語で、六つの章にそれぞれ一つずつの物語が記されています。教会学校で話されるのは、ほとんどこの個所からです。共通するテーマは、異教社会においても真の神に忠実に仕えるなら、必ず成功して高い地位につくことができる。逆に神を信じない者は、たとい王であっても高官であっても、必ずさばかれるということです。この点は、エステル記とよく似ています。

5章まではバビロニア帝国での出世物語ですが、6章は、その帝国を滅亡させたメディア（あるいはペルシア）の国での物語であることに注意しましょう。たとい支配者が変わっても、神に忠実に仕えるダニエルの地位はまったく揺るがなかったのです。

7章からの後半部では、ダニエルが「わたし」と一人称で名乗り、自分のみた幻や御使いのことばを書き記しています。これらは共通して、ダニエルの時代より後におこる出来事を預言するものです。そういえば、2章でネブカドネツァル王がみた夢も、似通った内容でした。

後半部は、様々な象徴的表現を用いて、バビロン、メディア・ペルシア、ギリシア、ローマなどの強大な国々が次々に興亡するけれども、最後には神の国が実現することを教えています。でもこの神の国の実現が、主イエスの初臨の時か再臨の時かについては、学者の間でも意見が分かれます。特に「ひと時とふた時と半時」や「七十週」などの期間については色々な解釈があり、どれが正しいかは断言できません。

第五問　ではダニエルの預言は無意味なのでしょうか。

決してそうではありません。新約聖書の黙示録にも、ダニエルの預言は引用されています。たとえ細かい所の解釈の違いはあっても、その預言の中心点は明確です。それは、地上の国々はいつか必ず滅ぼされ、神の支配が全世界に及ぶ日が来るということです。

第六問　それは私たちの日常生活とどう関連しますか。

だれかが、「世界滅亡の日が来る」などと叫んでいても、恐れる必要はないということです。もし、地球温暖化が激しくなって大洪水がおこっても、あるいは世界的な疫病や経済恐慌がおこっても、ミサイルがとんできても、私たちが真の神に忠実に仕えているなら、神は私たちを守り、必ず神の国に入れてくださいます。御使いがダニエルに告げたことばの意義を悟りましょう。「賢明な者たちは大空の輝きのように輝き、多くの者を義に導いた者は、世々限りなく、星のようになる」（12章3節）。

１章

今日から始まるダニエル書は、エゼキエルよりも七年早く捕囚となったダニエルが、バビロニア帝国とその後に勃興したペルシア帝国の王宮において、どのように活躍し、どのような預言をしたかを記しています。約七〇年間のできごとが十二の章にコンパクトに収められているのです。今日学ぶ1章は全体の序論で、ダニエルとその三人の友人たちが紹介されています。7節と16節で三つに分けてみましょう。

第一の部分では、ダニエルたちがシンアル、つまりバビロンで王宮に仕えるようになった理由が述べられます。バビロンのネブカドネツァル王は、占領した国のエリートたちにバビロンの文化を教え込み、彼らを用いてその国を治めようとしたのです。そこで優秀なダニエルたちが選ばれ、バビロン風の名前までつけられることになりました。当時、彼らは十五歳前後ではなかったかと推測されています。

8節からの第二の部分では、ダニエルたちの信仰のあり方が記されています。彼らは、バビロンの偶像に献げられた可能性のあるごちそうやぶどう酒は、たとい王から提供されたものでも、飲食しないと申し出たのです。これは大決心でした。彼らはバビロンの文化や教育は拒絶しませんでしたが、偶像に対しては明確に「否」と宣言しました。そして神は、そのような彼らを守り、祝福してくださったのです。

17節からの第三の部分は、この信仰的態度の結果を描いています。ダニエルと三人の友人たちは、足かけ三年の教育を終えて王の前に出ました。当時、バビロニア帝国の占領地から同じ目的で集められていた若者が多くいたようですが、ダニエルたちに並ぶような賢い者はいませんでした。また彼らは、帝国内のどんな呪法師や呪文師よりも格段に優れていました。神がダニエルたちを祝福されたからです。

異教の地で信仰を貫き通すことは、決して簡単ではありません。日本も異教の国です。日本には日本の立派な文化があり、それをすべて否定する必要はありませんが、偶像の神々に頭を下げることだけは断固拒否すべきなのです。たといそれで損をするようなことがあっても、長い目で見るならば、神は必ず豊かに報いてくださいます。あなたには、神を第一とするこの覚悟ができているでしょうか。

主よ。私の周囲には多くの偶像があります。でも私は決してそれらを礼拝しません。どうか助けてください。

2章

ダニエル書2章には、主はダニエルにネブカドネツァル王の見た夢を解く力を与えられたことが記されています。16節と30節と45節で四つに区分して学んでみましょう。

第一の部分です。ダニエルたちの三年の教育期間がちょうど終わった頃、ネブカドネツァル王は奇妙な夢を見たのですが、バビロンの呪法師たちはだれもそれを解き明かすことができませんでした。王が夢の内容を話さないのですから、それも当然です。きっと呪法師たちが勝手な解釈をすることを防ぐためにそうしたのでしょう。誰も解き明かせないことを知った王は非常に立腹し、ダニエルたちをも含め、バビロンの知者をすべて滅ぼせとの命令を出したのです。

17節からの第二の部分は、ダニエルが三人の友人たちとともに天の神に祈ったときに、夢の内容を知ることができたことを述べています。彼はまず神が全能者であることを賛美した後、王の前に出ました。彼が強調したのは、天の神が終わりの日に起こることを王に示すためにこの夢を与えられたという点です。王の夢は、神のご計画の啓示でした。

31節から、いよいよ夢の内容とその意味が明らかにされます。王が見たのは、金、銀、青銅、鉄と粘土でできた巨大な像が、一つの石によって粉々に砕ける夢でした。ダニエルの解き明かしを歴史上の出来事と結びつけて解釈するなら、この像は、バビロン、ペルシア、ギリシア、ローマと続いて起こる強大な国々を表します。しかし神は一つの石でもってこれらの国々を滅ぼし、神ご自身の御国を立てあげられるのです。そしてこの夢はその後、文字通り実現しました。

46節からの最後の部分は、ダニエルのことばに驚嘆した王が、ダニエルの神の偉大さを認め、またダニエルと三人の友人を帝国の重要な地位につけたことを述べています。

命令一つで知者たちをすべて滅ぼせる王も、奇妙な夢に悩む弱い人間でした。ダニエルはこの王に、真の神の偉大さを示したのです。彼は、夢を解いたのは自分ではなく、天の神であることを明言しました。神は、現代に生きる私たちをも同じように用いられます。主は、自分を誇らず常に神の前で謙遜に祈る者にみ旨を示し、ご自身の働きのために用いられるのです。あなたもその一人ではないでしょうか。

主よ。こんな弱い者でも、もしあなたが用いようとされるなら、お用いください。私はあなたにお従いします。

3章

　ダニエル書3章は、ダニエルの三人の友人たちがネブカドネツァル王の造った金の像を拝まなかったために、殺されそうになったことを記しています。前の章でダニエルの信じる神を認めた王が、いとも簡単に心変わりしているのは不思議に思えます。でもそれが現実の人間です。特に古代の王は、その絶大な権力のために、傲慢になりがちだったのです。本章は7節と23節で大きく三つに分けられるでしょう。

　第一の部分では、金の像の落成奉献式のありさまが描かれています。この像は高さが二十七メートルほどもある巨大なものだったので、高い山がないバビロンの平原では特に目立ちました。国の高官たちがみな集まり、この像を礼拝する姿を見て、王は満足感にひたっていたことでしょう。王は、自分自身の力の偉大さを誇示したかったのです。

　しかし8節からの第二の部分には、この王の命令を無視する三人のユダヤ人、シャデラク、メシャク、アベデ・ネゴが登場します。ダニエルの名前がないのは、彼がもっと高い地位に就《つ》いていたからでしょう。王は怒り狂い、もし彼らが命令に従わないなら、炉の中に投げ込むと脅しました。でも彼らは大胆に答えます。「王よ。私たちが仕える神は、火の燃える炉から私たちを救い出すことができます。しかし、たとえそうでなくても、あなたが建てた金の像を拝むことはしません」と。当然、彼らは炉の中に投げ込まれました。

　そして24節以降の第三の部分には、この三人が信じたとおり、神は彼らを救われたことが証言されています。王が見た、三人の者とともに火の中を歩く第四の人物とは、受肉前の主イエスではなかったかと推測されていますが、さすがの王もこの事実を認めざるをえませんでした。王は、三人の信じる神に不敬な態度をとるなとの命令を出したのです。

　異教社会に生きる信徒は、時々、この三人のような危機に遭遇することがあります。戦前の日本がそうでした。『たとえそうでなくても』という有名な本は、一人の韓国人女性が断固として天皇崇拝を拒否した事実を記しています。命をかけてでも守るべきことがある。私たちは、自分の信仰をそのようなものとしているでしょうか。「自分のいのちを救おうと思う者はそれを失う」と主イエスは警告されています。

　主よ。私は、自分の立身出世のために、信仰をごまかすような者となりません。どうか私を守ってください。

4章

ダニエル書4章は、ネブカドネツァル王がみた、もうひとつの夢について記しています。文章の書き方に注目するなら、18節と33節で区切れることに気づかれるでしょう。

第一の部分では、ネブカドネツァル王が国の全ての民に、自分の体験を知らせています。彼は、繁栄を極めていたときに恐ろしい夢をみました。すぐにダニエルに相談しなかったのは、真の神のことばを聞くことを恐れていたからかもしれません。でも最終的にはダニエル以外にそれを解き明かせる者がないことを認め、彼を呼び寄せて夢の内容を話しました。2章の時に比べるとより冷静ですが、大帝国の王といえども、自分の将来に大きな不安をもっていたことがわかります。

18節からの第二の部分は、多分ダニエルが書いたものでしょう。彼は夢を次のように解き明かします。ネブカドネツァル王は天にまで届く木のように繁栄しますが、そこで傲慢になったために、聖なるお方によって切り倒されます。でもその根株は残され、ある一定の期間、鎖をかけられるというのです。そしてこれは文字通り実現します。ダニエルの警告にもかかわらず自分の威光を誇った王は、それから一年後に精神的な病にかかって理性を失い、野を放浪して牛のように草を食べるという悲惨な状況になりました。

34節からの第三の部分は、再びネブカドネツァル王によって書かれます。定められた期間の後、神は王に理性を戻されました。そこで王は、神こそ永遠の主権者であり、みこころのままにすべてのことをなさることを認めて、神を賛美します。王の威光も回復され、身分の高い顧問や貴族たちに求められて王位に戻ることができました。王は最後に、「主は高ぶって歩む者をへりくだらせることのできる方」と告白するに至るのです。これこそ神が求められたことでした。

主なる神は、権力ある者に厳しく臨まれます。自分を誇る高慢な者を打たれるのです。でもそれは、その人が謙遜になるためであることを忘れてはなりません。「神は高ぶる者には敵対し、へりくだった者には恵みを与える」という新約聖書のヤコブ書に記されている真理は、昔も今もあてはまります。私たちも、決して高ぶってはなりません。ひたすら謙遜に、主に拠り頼んで、今日も歩みましょう。

主よ。自力で何でもできると思いやすい私をあわれんでください。今日こそ、あなたに拠り頼んで生活します。

5章

ダニエル書5章は、ネブカドネツァル王の孫にあたるベルシャツァル王の時代の出来事です。この頃、バビロニア帝国は衰退しており、首都バビロンは新しく興ったメディアとペルシアの連合軍に包囲されていたと推測されています。すでにダニエルは、八〇歳近くなっていました。この章は、9節と28節で三つに区分すると理解しやすいでしょう。

最初の部分には、ベルシャツァル王が国の存亡の危機にあるときに、千人もの人々を招いて大宴会を催していたことが記されています。これだけでも、国の衰退の理由がわかるような気がします。さらに王は、エルサレム神殿から略奪してきた聖なる器で酒を飲み、偶像の神々を賛美したというのです。このとき、人間の手の指が空中に現れ、宮殿の壁に不思議な文字を書きました。王はおびえて呪文師や知者を呼び寄せたのですが、だれもその意味を理解できません。

しかし10節からの第二の部分では、王母の助言によってダニエルが呼び出され、その文字を解読するのです。この王母とはネブカドネツァル王の娘だったと考えられています。彼女は当時すでに引退していたと思われるダニエルのことを思い出し、王に進言しました。王の前に立ったダニエルは、前の章に記されていたネブカドネツァル王の病いに言及し、高ぶりがどれほど大きな罪であるかを示したのです。不思議な文字は「終わりだ。終わりだ。量られて分割される」という、バビロニア帝国の滅びを預言することばでした。

29節以降の第三部分は、ダニエルが国の第三の権力者となったことを記すと同時に、その日の夜に、ベルシャツァル王は暗殺されて、メディア人ダレイオスがバビロニア帝国を受け継ぐことになったと述べています。あの繁栄した帝国も、王の高慢によって簡単に滅亡してしまったのです。

主なる神は、王の行動がどんなに高慢だったかをちゃんと量っておられました。そして、その悪が満ちたときに王とその国を滅ぼされたのです。現代でも同じです。私たちの悪はどんなものでも神によって量られています。特に高慢は最大の罪です。神は聖書や預言者を通してその高慢を指摘されているのに、もしそれを聞き入れず、謙遜にならないなら、滅びは私たちに迫っていると覚悟せねばなりません。

主よ。聖書のことばや人の意見によって高慢を指摘されたとき、それに耳を傾ける謙遜さを与えてください。

6章

ダニエル書6章は、異教社会においても誠実に神に仕えるダニエルを、神は悪人から守られたことが記されている痛快な箇所です。この章は、9節、18節、24節で四つに区切ると、うまく起承転結のパターンにあてはまります。

第一の部分は事の発端です。有能なダニエルは、バビロンを滅ぼしたペルシアでも高い地位に着いたため、それをねたむ人々がいました。彼らはダニエルが神に対して誠実な人物であることを悪用して、彼を失脚させようとしたのです。彼らはダレイオス王に、「王以外のものに祈願する者は、獅子の穴に投げ込まれる」という禁令を出させました。

10節からの第二の部分で事は発展します。ダニエルはこの法令を知っても、決してあわてず、いつものように神に祈ることをやめませんでした。敵は大喜びで王に報告します。王はここで彼らの謀略に気づきますが、後の祭り。自分が自分の出した法令に縛られて、ダニエルを獅子の穴の中に投げ込むことになりました。でもその夜、王は一晩中断食をし、眠ることもしませんでした。

19節以降で、事は新しい方向に転がります。王は朝になるとすぐ獅子の穴に向かいました。そして、「おまえがいつも仕えている神は、おまえを獅子から救うことができたか」と呼び掛けます。返事はちゃんとありました。ダニエルは神に信頼していたからです。王は非常に喜び、今度はダニエルを中傷した者たちを獅子の穴に投げ込みました。

25節からの結論部は、全国民に対するダレイオス王の手紙です。王はその中で、ダニエルの神こそ生ける神で、その主権はいつまでも続くと宣言し、だれもがこの神の前に震えおののくように命じます。神に誠実に仕えたダニエルは、その後に登場したキュロス王の治世にも栄えたのです。

エステル書を思い出させるこの記録は、真の神に誠実に仕える者は、たとい敵がどんな謀略をめぐらしても、必ず最後には勝利を得ることを教えています。異教社会では、この確信によって生活することが非常に重要です。神に誠実に歩む者は、人に対しても誠実です。たといねたみをかうことがあっても、神はあなたを守り、またあなたの誠実さを知る誰かがあなたを支えてくれることを忘れてはなりません。

主よ。私は神と人に誠実に仕える毎日をおくります。他の人の誤解や悪意があっても、私を守ってください。

7章

ダニエル書7章からはこの書の後半部にはいり、将来の神のご計画を示す幻が次々とダニエルに与えられます。

この7章は、すでに2章でネブカドネツァル王が見た巨大な像の夢と似通った幻で、14節までには幻の内容が描写され、それ以降には幻の解き明かしが記されているのです。

ベルシャツァル王の元年とは、紀元前五五三年だと言われています。ネブカドネツァル王の死後九年がたち、国は次第に弱体化していました。歴史を見ると、この時から十四年後にこの国はメディアとペルシアの連合軍に滅ぼされることになります。ダニエルが見たのは、四頭の大きな獣が次々と大海から上がってくる幻でした。特に四頭目は、十本の角がある非常に強くて恐ろしい獣でした。これは、ネブカドネツァル王が見た四つの部分を持つ巨大な像の夢と似ています。そしてこの四頭目の獣の時代に「年を経た方」が座に着かれ、この獣は殺されるのです。さらに人の子のような方が天の雲とともに来られて、世界の諸国民を支配されるようになります。ちょうどあの巨大な像を破壊した一つの石のように。

15節からの後半部には、あの知恵に満ちたダニエルもこの幻に悩み、その解き明かしを御使いと思われる人物に求めたことが記されています。その解き明かしを2章の場合と照らし合わせて解釈するなら、四頭の獣とは、バビロン、ペルシア、ギリシア、ローマの四大帝国だと思われます。ペルシアとは、より正確にはメディアとの連合国を意味するのでしょう。特に第四の国ローマは、十人の王によって支配されますが、そのあとに立つもうひとりの王が神に逆らうことばを吐き、聖徒たちを苦しめることが預言されています。しかしその後に神は彼をさばき、すべての主権を聖徒である民に与えられるのです。これは、神の国の完成の時です。

神の国は、地上の国とはまったく異質のものです。しかしローマ時代のクリスチャンの迫害をはじめとして、地上の権力者はこの神の国をも支配しようと、何度も神の国の民を苦しめてきました。この世の終末にもきっと同じことがおこるでしょう。しかし、神に逆らう権力者は必ず滅ぼされます。今までもそうでしたし、これからもそうです。あなたは、将来の患難時代にも、この確信をもって歩めるでしょうか。

主よ。たとい闇が支配する時があっても、かならず光が勝利することを信じて、私は勇敢に歩みます。

8章

ダニエル書8章には、前の章の第二と第三の獣をさらに詳しく描く幻が記されています。この幻は前の章から二年後に与えられました。この章も、14節を境として、前半が幻の説明、後半がその解き明かしといえるでしょう。

ダニエルはこの時、まだバビロンにいたはずですが、幻の中では、後のペルシアの首都、シュシャンの城にいます。その近くを流れるウライ川の岸に一頭の雄羊が立っており、一つは長く一つは短い二本の角をもっていました。この雄羊は高ぶって、思いのままにふるまっていたというのです。でもその後に一頭の雄やぎが西からやってきて、この雄羊を打ち殺しました。この雄やぎには一本の角がありましたが、それが急に折れて、四本の角が生えてきました。その内の一本から新しい角が出て軍の長に並ぶほどになり、聖所に献げられる常供のささげ物を取り上げたのです。

さて15節からの後半部分では、御使いガブリエルがこの幻をダニエルに解き明かしています。その解き明かしに歴史的な事実も重ね合わせて解釈してみましょう。雄羊の二本の角のうち、短い方はメディアで長い方がペルシアです。またこの雄羊を打ち殺した雄やぎはギリシアで、その大きな角はその第一の王、アレクサンドロス大王です。彼は急死したために、その国は四つの国に分割されますが、その内の一つがシリアでした。その王アンティオコス・エピファネスはエルサレムに進軍し、紀元前一六七年、神殿でささげられる常供のささげ物を廃止したのです。その状態は、この王が三年余り後に死ぬまで続きます。この期間を計算してみると「二千三百の夕と朝」、つまり千百五十日です。ダニエルはこの幻に驚いて、何日かの間、病気になったままでした。

ダニエルがこの幻を見たのは、紀元前五五〇年頃でした。彼の生きた時代から、約四〇〇年も先の出来事がこんなに詳しく示されたのです。そしてこれは神のご計画だからこそ、文字通り成就しました。ダニエルはこの後、世の終わりの幻も見ます。それは二十一世紀になってもまだ実現していませんが、それもいつか必ず成就します。私たちは、神のことばの真実さを覚えねばなりません。そして、終末の日に対しての備えをきちんとなすべきです。

主よ。あなたのみことばは、必ず成就することを私は信じます。冷静にその日の備えをする者となります。

9章

ダニエル書9章は、前の章からさらに十一年が経過した紀元前五三九年の出来事だろうと推測されています。この年にバビロンは陥落し、メディア人ダレイオスが王となりました。この年は、エルサレムが最初に攻撃され、ダニエルたちが捕囚となってから六十六年後です。エレミヤが預言していたエルサレムの回復まであと四年という時に、ダニエルはこの章に記されている二つの経験をしたのです。

第一に、彼はエルサレムの滅亡が自分たちの罪のゆえであったことを悔い改め、神のあわれみを祈り求めました。ここで注目すべきなのは、捕囚となったときにはまだ青年であり、また捕囚地でも誠実に神と人とに仕えていたダニエルが、自分の国の滅亡を「私たちが神の前に罪ある者であったからです」と祈っていることです。彼は自分を罪人の一人と認め、自分の正しい行いを一言も主張しませんでした。ただ、「あなたご自身のために」回復の時期を遅らせないでくださいと、ひたすらに主の栄光が現れるよう祈ったのです。

この祈りに答えて御使いガブリエルは彼に現れ、20節以降でエルサレムの回復のみならず、それをはるかにしのぐ全人類の回復の預言をダニエルに与えました。これが第二の経験です。捕囚からの解放とエルサレムの回復は近いうちに実現するが、「罪を終わらせ、咎の宥めを行い、永遠の義をもたらす」という人類の霊的回復のためには、もう七〇週が定められているというのが、御使いの預言でした。

この「週」と訳されるヘブル語はもともと「七」という意味なので、多くの学者は「七十週」を四九〇年と考えています。細かい違いがあっても、学者は共通して、この時代から約五〇〇年後に誕生されるイエス・キリストが「油注がれた者」として霊的回復を実現される預言と考えるのです。

ダニエルの謙遜な悔い改めの祈りの後に、主は大きな希望の預言を彼に与えられました。これは、昔も今もあてはまる真理です。悔い改めなくしては、真の希望はありません。私たちは、自分の罪のためだけではなく、家族や友人や教会の兄姉のためにもとりなしをしているでしょうか。「今は恵みの時、今は救いの日です」。神は、だれもが霊的な回復をするためにこそ、御子イエスを遣わされました。

主よ。私は他の人々の罪をも自分のこととして悔い改めます。どうか血潮によって赦し、きよめてください。

10章

ダニエル書10章以降には、ダニエルに与えられた最後の幻が記されています。まずこの章には、幻に圧倒されたダニエルを御使いが励ます姿が描かれています。9節と14節で三つの部分に区切って学んでみましょう。

第一の部分には、この幻が与えられたときの状況が述べられています。ペルシア王キュロスは、前の章に登場したダレイオス王のあとをついで紀元前五三八年に即位し、すぐさまイスラエル人を捕囚から解放せよとの命令を出しました。しかしダニエルは政治的にも重要人物であったのでペルシアにとどまっていたのでしょう。キュロス王の第三年、ダニエルは母国でもたれている過越の祭りを思いながら、断食をしていました。母国の復興がはかどらないという知らせを聞いていたからかもしれません。断食の直後に彼は幻を見、受肉以前の主イエスと思えるお方にお会いしたのです。彼はその栄光の偉大さに打たれて、地に倒れてしまいました。

10節からの第二の部分では、御使いが来て彼を揺さぶり、重要な知らせを告げます。ダニエルが断食をして祈っているへりくだった姿を神はご存じで、この御使いを遣わされたのです。彼はすぐにでもダニエルのもとに来たかったのですが、それを妨げるペルシアの君がいました。これは多分ペルシアを守ろうとする霊的な存在でしょう。でも戦いの御使いであるミカエルの助けを得て、彼はここに来ました。

15節以降の最後の部分には、この御使いとダニエルとの対話が記されています。この幻に圧倒され、力を失ったことを正直に告白するダニエルを、御使いは「特別に愛されている人よ、恐れるな。強くあれ」と励まします。そして御使い自身がペルシアの君やギリシアの君と戦っていることを知らせて、歴史の背後に神の計画があることを教えたのです。

昔も今も、世界の歴史は神の御手の中にあります。イスラエルの回復の時期は、神が決められることです。私たちもダニエルと同じで、自分の願い通りに事が運ばないときによく気落ちします。しかしそのときこそ、へりくだって祈ることが大切でしょう。「その最初の日から、あなたのことばは聞かれて」います。小さな頭で、「神のご計画はどうなっているのだろうか」と心配する必要はありません。

主よ。あなたは私の祈りを最初から聞いておられることを感謝します。私はあなたの最善の時を待ちます。

11章

ダニエル書11章は、前の章が霊的な戦いを述べているのと対照的に、地上での戦いを記しています。王たちの権力闘争の記録ですが、できるだけ理解しやすくするために、19節と35節で三つの部分に分けて考えてみましょう。

第一の部分では、紀元前三世紀以前の大帝国の盛衰が見事に預言されています。ペルシア帝国にはキュロス王の後に三人の王がおこり、第四の王のクセルクセスで最盛期に達します。でもギリシアの都市国家との戦いで力を使い果たし、紀元前三三〇年、アレクサンドロス大王によって滅ぼされました。この大王が急死した後、国は大王の子孫ではない武将たちによって四つに分割されます。特に北部のシリアを治めたセレウコス王朝と南部を治めたエジプトのプトレマイオス王朝とは、その後長く争うことになりました。これらの歴史は、まさにここに書かれている預言通りだったのです。

20節からの第二の部分の冒頭に登場する「一人の卑劣な者」とは、紀元前一七五年から十年余り北部のシリアの王であったアンティオコス・エピファネスのことだと推測されています。彼は巧言を使って王となり、エジプト遠征を二度も行い、エルサレム神殿の常供のささげ物を取り払って忌まわしいものを据えるなど、この預言通りの悪い人物でした。でも彼に反対する「民の中の賢明な者たち」もいました。

36節からの第三の部分に描かれている王は、エピファネスにあてはまらない点が多いため、終末時代の反キリストではないかと思われます。彼は「神々よりも自分を高く上げる」ような傲慢な者であり、「麗しい国」といわれるイスラエルをはじめとして多くの国々を侵略します。45節は、彼が地中海とエルサレムの間に本営の天幕を張るのですが、その後、ついに終わりを迎えることを預言しています。

このように学んできますと、聖書は世界の歴史を把握しているすごい書物であることを認めざるをえません。世界の歴史は神の御手に握られています。現在も、北の富める国々と南の貧しい国々とは、環境問題や経済問題で、大きく対立しています。しかし私たちは、世界がどのように動いても、神の手の中にあることを信じましょう。あわてず落ち着いて、神と人とに仕える毎日をおくりましょう。

主よ。この世界に、また私の周囲に何がおころうとも、すべてがあなたの御手の中にあることを信じます。

12章

ダニエル書12章は、10章から始まった最後の幻を完結する箇所です。4節で前半と後半に分けられるでしょう。

前半部分では、前の章で言及された反キリストは、終わりの時に、イスラエルを守る御使いのミカエルによって打ち破られることが預言されています。それは、神の民にとっても苦難の時ですが、神のいのちの書に名前が記されている者はすべて救われるのです。死んだ者もよみがえり、ある者は永遠のいのちに、ある者は永遠の嫌悪に定められます。そして、永遠のいのちを得た賢明な者たちや、多くの者を義に導いた者は、大空の輝きのように輝き、星のようになるのです。

このことがいつ、どのような形で実現するかは、ダニエルでさえもわかりませんでした。この書は終わりの時まで封じられるので、探し回ったとしても無駄でしょう。

しかし5節からの後半部分には、この終わりの時までの期間が象徴的な表現で示唆されています。ダニエルは幻の中で川を見ました。その両岸には御使いがおり、川の水の上には亜麻布の衣を着た人がいました。この方は受肉以前の主イエスではないかと思われます。「この不思議なことは、いつになると終わるのですか」というダニエルの質問に対して、この方は、片手ではなく、両手を上げて誓います。「一時と二時と半時である」と。この表現はすでに7章にも出ていましたが、ダニエルはこの意味を理解できませんでした。

再度のダニエルの質問に対する答えにも、一二九〇日とか一三三五日とかの数字が出てきます。どちらも三年半余りの日数で、7節の「一時」を一年と考えるなら一致します。この期間に、悪しき者どもが働き、荒らす忌まわしいものが据えられると記されているので、これらは神の民に試練が臨む患難時代を指すのではないでしょうか。

新約聖書における終末の記事にも、同じようなことが述べられています。終末がいつかはだれにもわかりませんが、それが試練の時であることは明確です。私たちはそのような苦難があっても、忠実に歩むことができるでしょうか。世の終わりが近いことを実感するこのごろ、試練の時でも忍んで待つ覚悟をしている者こそ、主から与えられる「あなたの割当ての地」に堅く立つことができるのです。

主よ。私は、終末の近いこのときこそ、異教の地で忠実に生きたダニエルを模範として歩んでまいります。

小預言書の前半

小預言書の前半　解説

預言書の最後に置かれている十二の書巻は、その長さが今までのものより短いため、一般に「小預言書」と呼ばれています（ホセア書とゼカリヤ書は十四章もあり、ダニエル書より長いのですが）。しかしその価値は、今までのものより低いのではありません。これらは、昔は一つの巻物にまとめられていたようです。全部合計すると六七章になり、イザヤ書とほぼ同じ量になりますね。順番は、最初から現在と同じだったと思われます。ほぼ、書かれた時代順と考えていいでしょう。まずここでは、前半の六つの書を学んでみます。

＊　　＊

第一問　この六書は、どんな時代に書かれたのですか。

ヨエル書とオバデヤ書には年代を示唆する所がありません。でも、他の四書には何かの言及がありますので、アッシリア帝国が南北両王国を脅かしていた時代（紀元前九〜八世紀頃）だと推測されています。イザヤは八世紀の後半に預言活動をしていました。なお、北王国がアッシリアに滅ぼされたのは紀元前七二二年頃です（4頁の年表を参照のこと）。

第二問　ホセア書から大体の内容を教えてください。

ホセアは、イザヤと同じ時代に北王国で預言した人物です。彼は神の命令に従って、姦淫を犯した女性と結婚し、結婚後も彼女に裏切られながらも、彼女を愛し通しました。4章以降にはこれが神とイスラエルの関係に適用され、イスラエルの背きの罪の大きさと、それでも愛し続けられる神の愛の深さが述べられます。そして最後の14章でホセアは「イスラエルよ、あなたの神、主に立ち返れ」と呼びかけるのです。

第三問　ではヨエル書の内容はどうでしょうか。

三つの章で成るこの書は、いなごによる農作物への被害を神のさばきとして捉え、特に南王国に「悔い改めよ」と預言します。またヨエルは、必ず「主の日」が来ること、また、その日に神の霊が注がれる者たちと滅ぼされる者たちとが区別されることを宣言するのです。これはペンテコステの預言として、使徒の働き2章に引用されています。

第四問　次のアモス書について教えてください。

アモスは南王国の農夫でしたが、神の命令に従ってわざわざ北王国に行って預言しました。イザヤより少し前の時代だったと思われます。彼はまず周辺の国々に対する神のさばきを預言した後、北王国に的を絞り、五つの幻を通してこの国にさばきが迫っていることを宣告しました（特に第五の幻は神殿が震えるもので、これはこの書の冒頭に記されている地震のことだとか、イザヤ書6章に書かれている時のことだとかいう学者もいます)。しかし、この書最後の9章後半は、さばきの後にこの国が建て直されることを預言します。

第五問　一章しかないオバデヤ書の主題は何ですか。

旧約聖書最短のこの書は、エドム人の滅亡を預言していいます。エドム人は、族長ヤコブの兄弟、エサウの子孫でした。でもエルサレムが攻撃されたとき、それを助けず、逆に「火事場泥棒」のようなことをしたため、主はエドム人をさばかれると告げるのです。そして最終的に「王国は主のものとなる」ことを預言して、この短い預言書は終わります。

第六問　その次のヨナ書は、興味深い内容ですね。

この書は教会学校でもよく語られます。ヨナは、南北両王国を占領しようと狙っていたアッシリア帝国の首都ニネベに行けと、神に命じられます。最初はそれに逆らって逃げようとした彼でしたが、後に悔い改めて神の命令に従います。しかし「ニネベは滅ぼされる」と言うだけで、「悔い改めるなら救われる」とは預言しませんでした。アッシリアが滅びるなら、自分の国は助かると考えていたからです。でもニネベの人々が悔い改めたので、神は彼らを救われました。

本書は、エドムの滅びを預言したオバデヤ書とは対照的に、外国人でも悔い改めるなら救われることを述べています。ヨナは最後にやっと、神のあわれみの深さに気づいて深く悔い改め、この書を記したのでしょう。

第七問　ミカ書はどうですか。

この書の冒頭から判断すると、ミカの時代はイザヤの後期と重なります。ミカ4章とイザヤ2章に同じような世界平和の預言が記されているのは、そのためかも知れません。彼は南北両王国の罪を指摘します。特に金持ちや支配者の不正を糾弾し、そこに神のさばきがくだることを預言するのです。しかしそれとともに、神に忠実に仕える「残りの者」によって平和な国が建てられることも預言します。そして最後の7章で、神は再びイスラエルをあわれまれるとの信仰を告白して、その預言を閉じるのです。

第八問　六人の預言者とも、同じような内容ですね。

そうです。預言者によって、多少の重点の違いはありますが、誰もが罪のさばきと回復の約束を語っています。この二つを橋渡しするのが悔い改めです。さばきと回復は預言の両輪で、神の御旨はこの両者によって示されます。ヨナのように、さばきにかたよらないよう注意しましょう。

ホセア書

1章

今日から始まるホセア書は、イザヤと同じ時代に、主を見捨てた北王国イスラエルに対して主が語られた預言を記しています。主はホセアに「姦淫を犯した妻を愛せよ」と命じ、裏切る者を愛し続けられる主の思いを体験させて、主の愛を民に語らせられたのです。ですからこの書は、エレミヤ書などで学んだ象徴的行為による預言ということができます。内容は9節で二つに分けることができるでしょう。

前半部分にはホセアの体験が述べられています。彼は主の命令に従って、ゴメルという女性を妻とします。結婚した時に彼女が姦淫を犯していたかどうかは不明確ですが、少なくともホセアが自分の好みでゴメルと結婚したのではありませんでした。彼女は身ごもって男の子を産みました。主はその子をイズレエルと名づけるように仰せられます。これは、当時の北王国の王ヤロブアムの先祖であるエフーという王が、彼の前の王を虐殺した場所の名前でした。このことによって主は、ヤロブアムの罪をさばくために、北王国の軍隊をイズレエルで滅ぼされることを示唆されたのです。

その後、ゴメルはもう二人の子を産みます。この二人は姦淫によって生まれたのだと思われますが、ホセアは彼らを引き取りました。主は、最初の娘にはロ・ルハマ、次の息子にはロ・アンミという名をつけるよう命じられます。それぞれ、「あわれまない」また「わたしの民でない」という意味です。これこそ、イスラエルに対する主の態度でした。

しかし10節以降の後半部分では一転して、主はイスラエル人の数を増やすと仰せられます。主は彼らを「生ける神の子ら」と呼び、南ユダ王国と北イスラエル王国を一つにして、散らされた国々から集めると預言されたのです。これは、捕囚からの解放とメシアによる救いを意味しています。

主は、反逆する民をさばかないで放置されることはありません。しかしそれでも彼らを愛し続け、回復してくださるのです。ホセアはこれを自分で体験しました。人間の感情だけを考えるなら耐えられない体験でしたが、彼はそれを通して主の忍耐深い愛の意志を実感したのです。あなたは、この愛の意志を持っているでしょうか。自分を裏切った人や、自分を憎んでいる人をも愛そうとする意志をお持ちでしょうか。

主よ。こんな罪深い私を愛してくださっているあなたの愛を思い、私も裏切った人を愛する決意をします。

2章

ホセア書2章では、章の全体にわたり、姦淫の妻ゴメルと反逆の民イスラエルが二重写しとなって描かれています。5節と13節で三つの部分に分けて学んでみましょう。

第一の部分です。1節は前の章に続く恵みの宣告ですが、2節以降にはゴメルの罪とイスラエルの罪が厳しく指摘されています。ゴメルが自分に食べ物や着物を与えてくれる恋人のあとを追っていったように、イスラエルは御利益を与えてくれる偶像の神を追っていった。これらはどちらも恐ろしい姦淫の罪だ。それゆえ、ゴメルはもはやホセアの妻ではなく、イスラエルも主なる神の民ではない。ホセアは、自分が主と一つであるかのように、そう宣言します。

6節からの第二の部分には、この姦淫の罪に対する罰が述べられています。ゴメルは自分に食べ物や着物をくれたのは恋人だと思い、またイスラエルは自分の国を豊かに祝福してくれたのはバアルの神だと思っていたのですが、本当は主なる神がそうされたのでした。そこで彼らの思い違いを正すため、主は彼らに与えられていたすべての物を奪い取り、その楽しみをやめさせられます。それは彼らに「初めの夫のところに戻ろう」と告白させるためでした。

14節以降の第三の部分では、主はそれでも彼らに真実を尽くされることが記されています。出エジプトの時、イスラエルの民が荒野で主の恵みを知ったように、主は荒野と思われる所で彼らに語られます。罪人アカンが罰を受けたアコルの谷を、回復に至る「望みの門」とされるので、民はもはや偶像の神バアルの名を呼ばず、主なる神を自分の夫とする永遠の契りを結びます。主は、イズレエルという名の通りに祝福を蒔き散らし、ロ・ルハマを「あわれまれる者」と呼び、ロ・アンミを「わたしの民」としてくださるのです。

主のあわれみはいかに深いことでしょうか。姦淫という恐ろしい罪を犯した者でさえも、罪を認めて主に立ち帰るときにはすべて赦し、再びご自分の民としてくださるという、破格の恵みを注いでくださるのです。反逆する民に心を痛めながらも、それでも愛してくださる主。もし私たちがこの主を無視し、他のものに心を引かれるなら、主ご自身がさらに大きな痛みを感じられることを忘れてはなりません。

主よ。私があなた以外のものに心を奪われ、あなたを悲しませることがないよう、みことばで導いてください。

3章

ホセア書3章は、ゴメルに対するホセアの愛を具体的に述べることによって、イスラエルの民に対する主の愛を示そうとしています。短い章ですが、ここに本物の愛はどんなものかが、見事に描かれているのではないでしょうか。

第一に、それは裏切る者を受け入れる愛です。1節では、姦淫の罪を赦されたゴメルが再び他の男のもとに走っていったことが示唆されています。しかし主は、「そんな女をも愛せよ」とホセアに命じられたのです。それはちょうど、偶像の神にささげた干しぶどうの菓子を求めるイスラエルの民さえも、主は愛されているのと同じことでした。裏切りを繰り返す者をも愛し続けることが、どれほど心に痛みをもたらすものかを、ホセアは実感したことでしょう。

また第二に、本物の愛は犠牲を払う愛です。ホセアはゴメルに裏切られても、銀一七〇グラムと大麦三五〇リットルを携えて、姦淫の果てに奴隷となったゴメルを買い戻すために出掛けていきます。普通の人なら、「裏切った妻のためになぜそこまでしなくてはならないのか」と言うでしょう。しかし主なる神はもっと大きな犠牲を払われたのです。それは愛するひとり子をこの世に遣わすという犠牲でした。本物の愛は、痛みを覚えてもさらに犠牲を払うのです。

そして第三に、本物の愛は人を変える愛です。ゴメルは自分を迎えに来てくれたホセアの愛に感動したでしょう。「もう姦淫してはならない」という彼のことばをそのまま受け入れたでしょう。イスラエルも罪のゆえに捕囚となり、王宮も神殿もない時代を過ごしますが、その後主に立ち帰り、偶像ではなくダビデの子孫であるメシアなる王を尋ね求めるようになります。ホセアは数百年後に実現するこの預言を、主が民に期待されることとして民に告げたのです。

ホセアは自分の体験を通して、主なる神がどれほど深くイスラエルの民を愛しておられるかを知りました。だからこそ必死になって、悔い改めて主に立ち帰るよう、民に語ったのです。あなたがだれかに裏切られたとき、それは神の愛を知るチャンスです。裏切った人を愛することができますか。簡単にはできないでしょう。しかし主は、ご自分にそむく者を愛し続け、犠牲を払って買い戻してくださったのです。

主よ。私は人を愛せない者です。そんな愚かな者をも、あなたは愛していてくださることを本当に感謝します。

4章

ホセア書4章から13章は、北王国イスラエルの罪を厳しく指摘し、またその罪に対するさばきを宣言しています。今日の4章には四つの罪を見ることができるでしょう。

まず3節までには、民衆すべての罪が記されています。彼らには神に対する真実も誠実もなく、また神を知ろうともしませんでした。そして呪い、欺き、人殺し、盗み、姦通がはびこり、流血が続いていました。出エジプトのときに与えられた十戒のすべてが破られていたのです。それゆえ、この国からすべての生き物が絶え果てる日がきます。

続いて10節までには、祭司と預言者の罪が述べられています。彼らは民衆に十戒や律法を教えるべき立場にあったのにそれをしませんでした。しかも、民がもってきたささげ物を貪り食うため、民が咎を犯すことを望んでさえいたのです。主は、民衆に正しい知識を示さなかった彼らを退け、その悪い行いに仕返しをすると宣告されます。

さらに14節までには、以上の罪を生み出したのは偶像崇拝であったことが明らかにされています。ホセアが3章までで自分の体験を通して語ったように、偶像崇拝は霊的な姦淫でした。イスラエルを本当に愛しておられる主を見捨てて、他の神々にいけにえを献げたことは、結果として娘や嫁を姦淫に走らせ、神殿娼婦を横行させることとなったのです。

15節以降には最後の罪が示されています。北王国イスラエルの罪は、南王国ユダに悪い影響をもたらすものとなりました。ですから主は、南王国との国境に近い町、ギルガルやベテ・アベンで、「主は生きておられる」などと口先だけの礼拝をするなと命じられます。エフライムとは北王国の別名ですが、主は罪を悔い改めないこの国をなすままに任せられます。でも最後にはさばきの風が彼らを巻き込むのです。

現在の日本の国を見るとき、この北王国の姿そのままではないかと思わざるをえません。道徳は地に落ち、ご利益宗教は蔓延しています。人々に正しい知識を教えねばならない牧師や伝道者が、かえってつまずきを与えている話も耳にします。形式的な信仰は人を悔い改めに導くことはできません。今こそ、牧師も信徒もへりくだり、お金や組織の力にではなく、主に聞き従うことが必要ではないでしょうか。

主よ。形式的に「主は生きておられる」と言うのではなく、本当に主を第一とする信仰をもたせてください。

5章

ホセア書5章には、前の章に続いて、イスラエルの罪、特に王たちの罪とそれに対する主のさばきが記されています。7節を境として二つに分けてみましょう。

前半部分は、前の章で指摘された一般民衆や祭司たちだけでなく、王たちも姦淫の罪を犯していることを暴露しています。主は、「イスラエルの家よ」「王の家よ」と北王国の王たちに呼び掛け、彼らが昔は主を礼拝する場所であったミツパやタボルの町で偶像礼拝をしていること、それは姦淫の罪であることを明確に示されます。彼らは、ささげ物の羊や牛の群れを連れて行きますが、心の内に姦淫の霊があるために、主を見つけ出すことはできません。彼らは本当の夫である主を裏切り、偶像の神と交わり、他国人の子を生むという恐ろしい罪を犯したのです。本来は主を礼拝すべき月初めの新月の祭りも、偶像の神の祭りと化していました。これらすべての罪のために、主は彼らをさばかれます。

8節からの後半部分には、主が北王国をさばかれる様が描かれています。実はこの時代、北王国は大帝国アッシリアに対抗するために南王国と軍事同盟を結ぼうとしたのですが、それが断られたために両国の間に戦争がおこりました。北王国の侵略に反撃して、南王国ユダはギブア、ラマ、ベテ・アベンと進軍していきました。さらにアッシリアも北から攻めてきたために、北王国は打ち砕かれてしまいます。自己の無謀さを知った北王国はアッシリアの大王に人を遣わして和睦しましたが、これも本当の解決ではありませんでした。

偶像も、強大なアッシリアも、この国を癒やすことはできません。この方に立ち返らなかった北王国と南王国は滅ぼされます。彼らがこの罪を認めて主の顔を慕い求める日まで、主は彼らから離れ去られるのです。

民衆や祭司の罪も恐ろしいのですが、王の罪は、全国民を巻き込むものであるゆえ、より一層恐ろしいものです。王やその臣下たちが利己的で、好戦的で、高慢な場合には、その国はいつか滅んでしまいます。今もそんな国があるでしょう。本当に必要なのは、王であっても自分を神と国民に仕える者と考え、謙遜に政治をすることです。世界中の政治家が、この謙遜さを身につけるように祈ろうではありませんか。

主よ。世界のすべての指導者に、経済力や軍事力ではなく、道徳と正義を求める心を与えてください。

6章

ホセア書6章には、主が罪深いイスラエルの民に何を求めておられるかが記されています。3節と6節で、三つの部分に分けて学ぶと理解しやすいでしょう。

第一の部分で、ホセアはイスラエルの民に「さあ、主に立ち返ろう」と呼び掛けています。確かに主は私たちを、罪のゆえに罰し、引き裂かれた。しかし主は、しばらくの後に私たちを生き返らせ、立ち上がらせてくださる。主は、そのようなあわれみに満ちた方であることを知ろう。一度この国から去られた主も、暁に光が照りだすように、再び私たちのところに来てくださる。ホセアは「主が求めておられるのは立ち返ることだ」と、声をからして民に叫ぶのでした。

4節からの第二の部分では、今度は主ご自身が民に語っておられます。主はエフライム、つまり北王国の民ばかりではなく、南王国ユダに対しても、「あなたがたの真実の愛は、朝もやのようにはかなく消え去るものだ。わたしが喜ぶのは、いけにえではない。わたしがどういうものであるかを誠実に知ろうとするあなたがたの姿なのだ」と仰せられます。神は、単に神の存在を知ることを求められるだけでなく、神の御旨を知って生きることを求めておられるのです。

7節からの第三の部分には、この神の求めをイスラエルの民は全く無視したことが述べられています。彼らは最初の人アダムがしたのと同様に主との契約を破り、祭司でさえ人を殺し、姦淫や偶像礼拝によって汚れていました。しかもこれは北王国だけでなく、南王国ユダにも共通することでした。主は、捕囚の民を解放してくださると同時に、罪人が自分の蒔いた悪の結果を刈り取るようにもなされるのです。

この章には何度も「主を知る」べきだと記されています。この「知る」という語は、ヘブル語では、夫婦関係をもつことさえも意味するそうです。主は、私たちが主とそのような深い人格的な関係をもつことを求めておられるのです。

私たちはそのような意味で、「主を知ることを切に追い求めている」でしょうか。主がどれほど深く私たちを愛しておられるかを知るなら、私たちは誠実にならざるをえません。裏切ることなど到底できないはずです。今日、主は私がどう生きるのを喜ばれるかを考えて行動しましょう。

主よ。私は今日、私の行動の一つ一つを、主が喜ばれるかどうかと自問しながら歩んでいきます。

7章

ホセア書7章では、5章で指摘された王たちの罪が再び取り上げられています。7節で前後に分けられるでしょう。

前半部分には、王や首長たちが民の中の嘲る者たちと手を握って、陰謀を企てている様子が描かれています。主がイスラエルをあわれんでその罪を癒やしてくださっても、彼らはまだ偽りを行っていました。彼らはそれを気にも留めませんが、主はそのすべての悪を覚えておられます。その悪の最たるものは、王や首長たちに取り入って、その欲望をとげようとする人々でした。彼らの欲望は燃えるかまどのようであり、一時は弱くなってもまた燃えだします。王の宴会に同席してもうけ話をもちかけ、王と手を握るのです。結局それは王を焼き尽くすことになるのですが、王のうちだれ一人それに反対して、主に呼び求める者はいませんでした。

8節からの後半部は、もっと直接的な王の罪を述べています。それは王たちが、主ではなく強大な軍事力をもつ国々を信頼した罪です。イスラエルは神から選ばれた特別の民でしたが、普通の国々の中に混じり込んでしまいました。半分だけは主に信頼しても、あとの半分は人の力に頼っていました。ちょうど片面しか焼けていないパンのようだったのです。王たちはエジプトやアッシリアに顔を向け、主を尋ね求めませんでした。苦しい時には泣きわめき、食物が必要な時は主のもとに群がって来ても、その心は主から遠く離れていました。その結果、彼らはたるんだ弓のように役立たずのものとなり、敵国の剣に倒れることになるのです。

ホセアの時代から二七〇〇年以上たった現代のわが国も、ここで指摘されているのと同じ罪を犯しているように思えます。政治家と官僚と財界とが互いに忖度し、有利な立場を守ろうとしているようすが見受けられます。また、軍事力を放棄したはずのこの国が、大国にすり寄っている姿も目のあたりにします。どちらも、正義を行われる主なる神を認めないところから生まれる罪なのです。

テモテの手紙の中でパウロは、「王たちと高い地位にあるすべての人のために願い、祈り、とりなしなさい」と命じています。政治家や官僚が正しくこの国を指導していけるよう祈ることは、私たちクリスチャンの責任なのです。

主よ。この国の指導者が自分たちの罪に気づき、悔い改めて本当に正しい政治をすることができますように。

8章

ホセア書8章には、イスラエルに対する厳しいさばきが記されています。そこには四つの理由があります。3節、7節、10節で区切ってそれらを学んでみましょう。

第一に、彼らは主との契約を破りました。彼らの先祖アブラハムを通して、またモーセを通して、主はイスラエルの民が主のおしえに従って正しく歩むなら祝福を与えると約束されたのですが、彼らはかえってそのおしえに背きました。主に対して「私たちはあなたを知っている」と言いながら、実は何も知ってはいませんでした。それゆえ、敵は主の宮であるはずのイスラエルを鷲のように襲うのです。

4節からは第二の理由です。彼らは自分勝手に王を立て、偶像を造りました。北王国を構成する十の部族は、ソロモン王の死後、ヤロブアムを王とし、サマリアを首都として自分たちの国を立て、また南王国のエルサレム神殿に対抗するために、ベテルに金の子牛の像を置いて礼拝の対象としたのです。しかし、敵は子牛を粉々に砕き、収穫物は少なく、やっと得た物も他国人に略奪されることになります。

8節以降には、さばかれる第三の理由が記されています。彼らは神にではなく、アッシリア帝国に頼りました。しかしこのことはだれにも喜ばれません。ついにはアッシリアの脅威に屈服して贈り物をすることになるのですが、かえって、自分たちが汚される結果となります。

11節以降には最後の理由が示されています。彼らは罪を赦してもらうための祭壇を造りながら、本当は悔い改めをしない者でした。主のおしえがありながら、自分のためのものとは思っていませんでした。ですから主は、彼らの罪を罰し、あのエジプトでの暗黒時代を再現なさいます。神殿も城壁のある町々も、すべて焼き尽くされるのです。

イスラエルの人々は、契約を破り、偶像を造り、外国に頼り、そして偽善的な信仰でお茶を濁していました。これらの罪のゆえに、主は彼らをさばかれるのです。これは私たちに対する警告でもあります。私たちは主のみことばに従っているでしょうか。自分勝手な信仰、形式的な礼拝に陥ってはいないでしょうか。私たちは、神の選びの民であるイスラエルの犯した失敗を二度と繰り返してはなりません。

主よ。あなたに従わずに自分の利益を求めがちな私です。どうかこの罪を赦し、私を造り変えてください。

9章

ホセア書9章には、主のさばきはどのような形で表されるかが示されています。6節と9節で三つの部分に区切り、そこからさばきの三つの形を見てみましょう。

第一に、主のさばきは捕囚という形で実現します。ホセアは、当時の繁栄していた北王国の民に、「あなたは神にそむいて姦淫の罪を犯したため、その報酬として外国に捕囚となる」と宣告します。彼らは昔のエジプトでの奴隷の状態にかえり、アッシリアの国で汚れた食物を食べざるをえなくなるのです。もはやぶどう酒やパンを主の宮に持ち込むことはできなくなります。たといエジプトに難を逃れても、そこで彼らは殺されて葬られるのだと、ホセアは預言します。

7節からの第二の部分は、主のさばきは預言者の堕落という形にもなることを述べます。神のことばを語るべき預言者が、人々を罪に引き込む罠となるのです。主に仕えるレビ人がそばめを持ち、さらにそのそばめがギブアの町で虐殺されるという、士師記19章に記されているような恐ろしい事件が、当時の北王国でも起こっていたのでしょう。主は彼らの咎を心に留め、その罪を罰しなさいます。

10節以降には、主のさばきは人口の減少という形で表されることが記されています。主はイスラエルを荒野に生えるぶどうの木のように貴重なものと見ておられました。ところが彼らが偶像に身を委ねたので、彼らは忌まわしいものとなったのです。子どもは生まれず、生まれた者でさえ早く死ぬようになります。バアル礼拝の中心地であるギルガルで、多産の神に願ったとしても、何の役にもたちません。かえって彼らは国々の間でさすらい人となるのです。

政治的破産である外国への捕囚、宗教的破産である愚かな預言者、社会的破産である人口の減少。どれをとってみても悲惨なできごとですが、これらはみな、イスラエルの罪の結果として与えられる主のさばきです。ホセアは、まだ繁栄していた時代の北王国でこの預言をしました。

現代の日本も繁栄しています。しかし主のことばに従わないなら、この国も早晩、同じ結果となるでしょう。その兆候はすでに現れているのではないでしょうか。私たちは、ホセアのようにこの民に警告しなければなりません。

主よ。あなたにそむき続けるこの日本の国に、あなたの警告のことばを告げ知らせる勇気を与えてください。

10章

ホセア書10章は、4章から始まったイスラエルの罪の指摘と、その結果としてのさばきの宣告をまとめた箇所と言えます。8節で前後二つの部分に分けて学んでみましょう。

前半部分には、イスラエルの罪が大きく二つにまとめられています。まずその一つは偶像崇拝です。真の神である主が、イスラエルを生い茂るぶどうの木とされたにもかかわらず、彼らは豊かになるにつれて偶像崇拝のための祭壇や石の柱を造りました。しかし、主はそれらを壊されます。ベテ・アベンにあった金の子牛の像も、アッシリアに持ち去られることとなります。民も祭司も、この結果を悲しみ、喪に服するようになるのです。

もう一つの罪は外国に頼ることでした。当時の北王国は、この国を隆盛に導いたヤロブアム王の死後、王位継承争いによる暗殺が続き、十五年足らずの間に五回も王が代わるという惨状でした。当然国力は弱まり、当時の大国アッシリアの脅威にさらされることになります。3節はそのことを言っているのでしょう。王はアッシリアに贈り物をして国を保とうとしたのですがその企ては失敗し、民は丘に向かって「私たちの上に崩れ落ちよ」と言うような悲劇を経験するのです。

9節からの後半部分では、この二つの罪の結果としてのさばきが預言されています。昨日学んだギブアは北王国の南端の町ですが、そこまで敵は侵入してきます。民は牛のように奴隷として働かされることになるのです。母親はその子どもたちの前で八つ裂きにされ、王たちは戦いが始まったばかりの夜明けに全滅すると、ホセアは厳しく宣告します。

偶像崇拝と他国への依存は、どちらも主なる神を信頼しないところから生まれます。その結果、滅びを刈り取ることになるこの民に、ホセアはなお叫び続けるのでした。「今が主を求める時だ。ついに主は来て、正義の雨をあなたがたの上に降らせる」と。自国が主から見捨てられたと思う時でも、「今が時だ」と言ったホセアの気持ちを想像しましょう。

この日本も「今が主を求める時」です。悪がこの国に満ちあふれ、政治的にも経済的にも行き詰まっているこの時こそ、私たちは声を大にしてそう叫ばねばなりません。家族や友人に、「今は救いの時だ」と知らせねばなりません。

主よ。不安が満ちているこの国の人々に、揺り動かされない救いがあることを、私は語っていきます。

11章

ホセア書11章には、今までの厳しい罪の指摘とさばきの宣言とは対照的に、主の大いなるあわれみが述べられています。4節と7節で三部分に区切ってみましょう。

第一の部分は、主から愛されているにもかかわらず、主から遠ざかろうとするイスラエルの姿を描写します。主は彼らを愛するがゆえにこそ、エジプトでの奴隷生活から救われました。しかし彼らはバアル礼拝に走ります。けれど主は、彼らに正しく歩むことを教え、腕に抱き、愛の絆で彼らを導かれました。食物を食べさせないために牛の口につけた口籠を外すように、彼らが自由に食べられるようにされました。主は、反逆する彼らに偉大な愛を示されたのです。

続いて5節からの第二の部分には、イスラエルの頑なな態度が記されています。この態度のゆえに、彼らは昔のエジプトではなく、アッシリアの下で奴隷状態となるのです。彼らがはかりごとをめぐらしても、結局アッシリアの剣によって殺され、城壁を閉じていたかんぬきは打ち砕かれてしまいます。預言者が主に立ち返るように叫んでも、それを聞こうとせず、神をあがめようともしなかったからです。

8節以降の第三の部分には、それでも彼らを見捨てることができない主の心の痛みが吐露されています。アデマとツェボイムは、ソドムとゴモラとともに滅ぼされた死海の南端にあった町です。主は、どんなにイスラエルが反逆しても、これらの町のようにすることはできないと仰せられます。そして主が全世界を支配されるとき、彼らは地中海の西から、またエジプトやアッシリアから、主の御力の偉大さに震えつつ約束の地に戻り、自分の家に住むようになるのです。

自分に忠実な者を愛することはだれにでもできますし、そこに心の痛みはありません。しかし、自分に反抗するもの、自分を裏切る者を愛することには、大きな痛みが伴います。ホセアは自分の経験を通してそれを知っていました。だからこそ、主の痛みを理解することができたのです。

私たちはこの痛みを経験したことがあるでしょうか。愛しても愛しても理解されず、かえって反逆されるときに感じる痛みを。この痛みを自らの人生で経験した者こそ、主の愛の偉大さを実感できるのです。

主よ。たとい反逆されても裏切られても、愛し続けることの痛みを、私の人生で実際に経験させてください。

12章

ホセア書12章は、もう一度、北王国エフライムの罪とそのさばきを述べています。ヘブル語聖書では前の章の12節からこの章が始まっていますが、その方が文脈にあっています。6節と10節で三部分に分けて学んでみましょう。

第一の部分は、北王国が軍事力に頼ろうとする罪を、彼らが尊敬している先祖ヤコブの例を引用しながら指摘します。彼らは大国アッシリアと契約を結び、エジプトに油を贈って自分の国を守ろうとしているが、それは風を飼うようにむなしいものだ。それはヤコブが神と争ったようなもので、たとえ勝ったように見えても、本当の解決はない。今必要なのは、ヤコブがベテルで神に出会ったように、神に立ち返ることだ。誠実と公正を守り、あなたの神を待ち望むことだ。ホセアはこのように民に語りかけたのです。

7節からの第二の部分では、今度は経済力に頼ろうとする罪が指摘され、またそれに対するさばきが記されています。北王国の商人は自分の得になるような秤を持ち、弱い立場の人々を虐げて富を得ていました。でも彼らは、これは正しい商取引であって「罪となる不義は見つからない」とうそぶいていたのです。それゆえ主は、仮庵の祭りで行うごとく、出エジプトの時に荒野で天幕に住んだのと同じような生活を再び彼らにさせると仰せられます。主は、それまで何度もされたように、預言者を通してそう警告されるのです。

11節からの第三部分で、ホセアは預言者として語ります。北王国の町であるギルアデもギルガルも、不法と偶像崇拝に陥っている。先祖ヤコブは羊の番をしたが、この民の番をして守るために主は預言者モーセを遣わされたのではなかったか。けれど民は主に信頼しなかったので、主は激しく怒って彼らに報いを返されると、厳しく民に宣言します。

軍事力、経済力、偶像に頼って、主なる神に信頼しないこの北王国の生き方は、今でも多くの人が歩んでいる道です。私たちも、ふと気がつくとそのように歩んでいることはありませんか。主に頼るよりも、偉い立場の人やお金に頼ったことはないでしょうか。もしそうなら、主は心を痛めておられます。私たちは今日、聖書を通して語っておられる主に聞き従う者となろうではありませんか。

主よ。あなたに頼るよりも、目に見える人や物に頼ってしまうこの愚かな私をあわれんでください。

13章

ホセア書13章も、前の章と同様、イスラエルの罪とそれに対するさばきを記しています。3節、8節、13節で、四つの部分に分けると理解しやすいでしょう。

第一の部分では、偶像崇拝の罪が示されます。エフライムが主の権威を認めて恐れ慎んで生きていたとき、主はあがめられていました。しかし銀の鋳物でバアルの神を造り、子牛の像を礼拝して口づけするようになったときに、彼らは朝もやのようにはかなく消え去っていきました。偶像は、人の欲望から作り出された偽りの神だからです。

4節からの第二の部分には、高ぶりの罪が述べられています。昔のイスラエルは、出エジプトを実現してくださったのは主であることを知っていました。主もまた、荒野での民の苦難を知っておられました。でも彼らは約束の地に住んで満腹すると、その心が高ぶり、主を忘れてしまいました。それで主は獅子のように彼らを食い尽くされるのです。

さらに9節からは王の罪が描かれています。約束の地で繁栄したイスラエルの民は主を王と認めず、人間の王を求めました。王こそ自分たちを救ってくれると期待したのです。でも王は結局、敵の手から彼らを救い出すことはできませんでした。彼らはそれを認め、悔い改めて新たに生まれるべきでしたが、知恵がないのでそれができなかったのです。

この文脈から考えて、多くの学者は14節以降の最後の部分を主のさばきの宣言と解釈します。主は反逆する北王国をもはやあわれまず、死に対して、そのとげと針とで彼らを滅ぼすように命じられます。彼らはしばらく栄えることがあっても、アッシリアという東からの熱風によってその水源は涸れ、幼子も妊婦も虐殺されるのです。

しかし驚くべきことに、新約聖書の第一コリント15章では、14節のことばが全く逆の意味で用いられています。逆らい続ける人間に与えられるべき罰である死を、神の御子であるキリストが身代わりになって受けてくださった。それのみか、死を滅ぼして復活された。いまや、死はそのとげで人間を脅かすことができなくなったゆえ、新約聖書は大胆に宣言します。「死よ、おまえの勝利はどこにあるのか」と。ホセアの嘆きの叫びはこのとき勝利の歌へと変えられたのです。

主よ。御子イエスが死んで復活されたゆえに、こんな私にも、死に勝利する力が与えられたことを感謝します。

14章

ホセア書14章は本書の最後の章であり、本書のまとめということができます。3節と8節で三つに分けてみましょう。

第一の部分には悔い改めへの招きが記されています。ホセアが「あなたの神、主に立ち返れ」と命じたゆえに、イスラエルは三つのこと、つまり願いと献身と信仰を表明したのです。願いとは、罪の赦しを求めるものでした。そして赦された自分のすべてを主にお献げするのです。「唇の果実」とは、賛美をも含め、彼らに与えられている良いもののすべてを意味しているのでしょう。さらに、軍事力にも偶像にも頼らず、ただ主にのみ頼ると告白します。みなしごのような弱い自分をあわれんでくださるのは、主なる神以外にないことを、彼らはやっと悟ったのでした。

4節からの第二の部分は、イスラエルの悔い改めに対する主の赦しのことばです。前の部分の願いと献身と信仰に対応して、ここでは癒やしと祝福と交わりが言い表されています。彼らが悔い改めるとき、主の怒りはイスラエルを離れ去り、彼らの背信は癒やされます。さらに主は露のように彼らに生気を与えて祝福されるので、彼らはゆり・レバノン杉・オリーブ・穀物・ぶどうなどのように、美しく、生き生きと、香り高く育つことになるのです。主なる神とエフライムは、農夫とぶどうの木のような親密な交わりをもつようになり、豊かな実を結ぶに至ることが預言されています。

最後の部分である9節は勧めのことばで、この書の預言を悟り、それに従って歩むようにと命じます。ホセアは、読者が「知恵ある者となってほしい」と心から願いながら、主のことばに従って平らな道を歩むか、それに背いてつまずくか、どちらかを今選び取れ、と訴えているのです。

ホセアは、姦淫の罪を犯した妻を愛し続けるという体験を通して、主の深い愛を悟りました。そして、「主は、背信のイスラエルであっても愛しておられる。だから主に立ち返れ」と叫んだのです。現在の私たちにもこのホセアの叫びが聞こえてこないでしょうか。一度悔い改めたからもういいのではありません。人の力や富の力に少しでも頼っているのなら、私たちは悔い改めるべきです。今、素直になって主の前に出ようではありませんか。

主よ。不信仰な私を赦してください。こんな私を愛し続けてくださるあなたを、私も心から愛し続けます。

ヨエル書

1章

今日から始まるヨエル書は、ホセア書より五〇年以上前に南王国で記されたものだと推測されています。この頃、いなごが大量発生して農作物を全滅させるという災害があったようです。ヨエルはこの事件を通して、主のさばきがくだされる「主の日」が近いことを実感し、それを民に知らせたのです。4節と14節で三つに区分して学んでみましょう。

第一の部分は、これが前代未聞の恐ろしい災害であったことを子どもたちに伝えよと命じています。普段からいなごの害に悩まされていたイスラエルの人々は、いなごの種類を明確に区別することができ、4節でも四種類の違った用語を用いています。これらが一度に襲ってきたのか、あるいは四度にわたって襲ってきたのか詳しくはわかりませんが、いずれにせよ壊滅的な被害をもたらしたことは確かです。

そして5節からの第二の部分で、主は、「酔いどれ」、「農夫たち」、「祭司たち」の三者に呼び掛け　大きな被害を泣き悲しむように命じるのです。酒に酔い痴れている上流階級の人々も、汗を流して農作業にいそしむ勤労者も、神に仕える宗教家も、食べ物や飲み物がなくなるのでみな同じように苦しむようになります。ヨエルは、特に祭司に、民を主の宮に集めて主に向かって叫び求めるようにと命じます。主のあわれみがどうしても必要だからでしょう。

15節以降の第三の部分では、いなごによる災害と主の日の出来事が二重映しとなって描かれています。自然災害でさえこのような恐ろしい事態をもたらすのなら、全能者がその力で世をさばかれる主の日はどんなものだろうか。そう考えると、ヨエルは19節以下で、「主よ、私は呼び求めます」と祈らざるをえませんでした。主の日は炎によるさばきの日であることがここに示唆されています。

自然災害は、いつの時代にも、どこの国にも起こることです。特別に悪い人間が多いからそれが起こるわけではないでしょう。しかしヨエルはそれを通して、主のさばきの日が近いことを民に知らせました。今でも、地震・津波・水害・感染症などが繰り返して起きています。このことを通して、主の日が近いことを感じるのです。今こそ、私たちは必死に主を呼び求めるべきではないでしょうか。

主よ。困難な時代だからこそ、私はあなたに向かって叫びます。どうか罪深い私たちをあわれんでください。

2章

ヨエル書2章は、すべての預言書に共通する四つのテーマをみな含んでいる章です。11節、17節、27節で区分するとそれが明確にわかるでしょう。

第一の部分のテーマはさばきです。前の章からのいなごの来襲の記事が続きますが、この章ではその災害の悲惨さがより一層強調されています。またいなごの頭が馬の顔に似ているからでしょうが、いなごが軍隊に譬えられています。注目すべきなのは、この災害が主の日が来たときに全地にくだされる厳しいさばきと二重映しになっていることです。

12節からの第二の部分のテーマは悔い改めです。ヨエルもホセアと同じく、「主に立ち返れ」と繰り返し叫びます。祭司たちに対して、老人や幼子を、また花婿や花嫁をきよめの集会に召集し、「主よ、あなたの民にあわれみをかけてください」と泣いて祈るよう命じるのです。民を悔い改めに導くところに、さばきの目的があります。

18節からのテーマは回復です。民が謙遜に祈るとき、主は三つのことをしてくださいます。まず災いを遠ざけ、次に祝福を与え、さらに主が共にいてくださることを証ししてくださるのです。また、いなごは海に追いやられて全滅し、農作物も豊かに実ります。主がイスラエルの真ん中におられるゆえに、人々は主の名をほめたたえるようになるのです。

そして28節以降には、最後のテーマである終末が描かれます。終末には主の霊がすべての人々に注がれます。そしてたとえ天変地異がおころうとも、主の御名を呼び求める者はみな救われるのです。これは、使徒の働き2章に明記されているペンテコステの日に実現しました。そして今日に至るまで、聖霊はすべて信じる者の内にいて、御名を呼び求める者を救い続けておられます。

いなごによる大災害に遭遇したとき、これらのことを人々に訴えたヨエルは、確かに偉大な預言者でした。現代でも、大津波とか世界大の感染症とか、想定外の出来事は何度も起こっています。そのとき、あたふたと対策を考えるだけでなく、静かに主の御心を求めることができるでしょうか。主は決してむやみに災いを起こされるのではありません。それを通して私たちが「主の日」を思い出し、悔い改めて主を信じる信仰を持ってほしいと願っておられるのです。

主よ。私は聖書に預言されている主の日を常に意識し、主の御名を日々呼び求めて生きていきます。

3章

ヨエル書3章はもはやいなごの災害について全くふれず、もっぱら主の日の出来事を述べていることに気がつきます。8節と15節で三つに区切って、主の日とはどんな日なのかを学んでみましょう。

第一に主の日は世界的なさばきの日です。その日にはすべての国民がヨシャファテの谷に集められ、彼らがなした悪い行いについて主がさばかれます。ヨシャファテとは、ヘブル語で「主はさばかれる」という意味です。ヨシャファテは、ヘブルリシテという地名は一例としてあげられているだけで、主のさばきがここに限定されるわけではありません。日本がアジアで犯した多くの罪をも含め、世界の歴史の中でなされた残虐な行為はすべて、主のさばきの対象となります。

第二に、主の日は世界的な戦いの日です。鋤や鎌で平和に農作業をしていた民が、それらを剣や槍に造り変えて戦い始め、主ご自身もその戦いに臨まれます。ちょうど熟したぶどうの実を踏んで汁を出し、それを石がめに入れてぶどう酒を造るように、主は判決の谷で群衆を踏みつけて彼らを滅ぼされるのです。また、太陽も月も星もその輝きを失うと書かれているゆえ、天変地異が起こるとも考えられます。

しかし第三に、主の日は世界的な救いの日です。16節以降にあるシオンやエルサレムとは主の臨在の象徴的表現だと思われます。世界的な戦いがあろうとも、主に信頼する者には避け所があるのです。主のおられる所には酒と乳と水が豊かに流れています。これは、主に敵対していたエジプトやエドムが荒れ果てるのと対照的な状況でしょう。

この章を表面的に読むと、イスラエルの国だけが特別扱いされているように思えます。でも新約聖書は、主はどの国もえこひいきされないとはっきり教えています。どの国民でも主に信頼する者には救いを、そうでない者には滅びを与えられるのです。主の日はそれが明確に現される時です。

本章の「主の日」とは、主イエスの再臨の日のことだと考えられます。今から二八〇〇年前のヨエルの時代より、現在のほうこの「主の日」に近づいているのは明らかでしょう。しかし大切なのは、主の臨在こそが私たちの避け所であるという確信です。「主は私のうちに住まわれる」と信じる者には、主の日は、主とお会いできる喜びの時に他なりません。

主よ。私は毎日、あなたと交わる祈りの時を持ちます。そして主の日を恐れず、かえって喜んで待ち望みます。

1章

今日から始まるアモス書は、ヨエルより少し後の紀元前八世紀の中頃に活動したアモスによって書かれたものです。彼は南王国にあるテコアという田舎町出身の牧者兼農夫だった人物ですが、主の命令に従ってわざわざ北王国へ行って預言しました。彼が預言してから二年後に、大きな地震があったことも注目すべきことです。彼はまず1章2章で、北王国周辺諸国の罪に対する主のさばきを宣告しています。

最初に挙げられているのはダマスコで、この町は北王国の北東にあったアラムの国の首都でした。アラムは昔、北王国の一部であったギルアデを踏みにじったことがありました。主はこの罪のゆえに国王ハザエルの宮殿を焼き尽くし、ダマスコの町を滅ぼし、民は捕らえ移されるのです。

次に指摘されるのが北王国の南西にあったガザの町の罪です。ガザはペリシテ人の国の主要都市でした。彼らは北王国の民を捕らえてエドムに引き渡したことがあったようです。主はこの罪のゆえにペリシテの町々を滅ぼされます。

第三に、北王国の北西にある都市国家ツロの罪が糾弾されています。この都市もどこかの国との契約を破り、その民を捕囚としてエドムに引き渡したようです。主はこの罪を忘れず、その宮殿は焼き尽くされると仰せられます。

第四に挙げられる国は北王国の南東にあったエドムです。エドム人の祖先はエサウであり、イスラエルとは兄弟関係にある国ですが、彼らはしばしばイスラエルを侵略していました。だから主はその主要な町々を滅ぼされます。

第五に指摘されるのは、北王国の東にあったアンモン人の罪です。彼らは領土を広げるためにギルアデの妊婦を切り裂くという残酷な行動をとりました。それゆえに主は、首都ラバの宮殿を焼き尽くし、王たちを捕囚とされるのです。

興味深いことに、第一と第二の町を結ぶ線と、第三と第四の町を結ぶ線とが交叉するところに北王国があります。次の章で明確になるのですが、アモスは北王国の罪を告知するためにこのようにしたと思われます。歴史上どこの国も、利己的な目的のために残虐なことを行ってきました。でも主は必ずその罪をさばかれます。私たちは、罪を軽くみてはいけません。私たちの罪も、主は必ずさばかれるのです。

主よ。この程度の罪なら良いと思いがちな私の考えを変え、自分の罪を厳しく点検する目を与えてください。

2章

アモス書2章では、前の章に続いて周辺諸国の罪が指摘された後に、いよいよ本論である北王国に焦点が合わせられることとなります。3節と5節で三つに分けてみましょう。

第一の部分はモアブの国の罪を示します。モアブは1章の末尾に述べられた二つの国、エドムとアンモンの間にはさまれていた国で、アンモンと同様、アブラハムのおいのロトの子孫の国でした。ですから、これら三つの国と南北両王国はみな同じ祖先をもつ民族なのです。しかし、エドム王の骨を焼くという非道な行いをしたために、モアブは主にさばかれ、その宮殿は焼き尽くされて高官たちは殺されます。

4節からの第二の部分には、南王国ユダの罪が宣告されています。神の選びの民であるユダの場合は、今までの諸国のような残虐な行為ではなく、主のおしえを捨てたことや偶像に惑わされたことが罪とされています。その結果、主はこの国も火で焼き尽くすと仰せられるのです。

6節以降の第三の部分から、北王国に対する長い預言が始まります。今までと同じパターンで始まるこの部分ですが、内容はより詳しく、次の三つの点が述べられています。

まず、社会的には貧しい人々が虐待され、道徳的には性の堕落があり、宗教的には神殿が悪の巣窟になっているというひどい罪の現実が暴露されます。次に、主がイスラエルの民をエジプトから救い出され、預言者やナジル人を起こして彼らを正しく導こうとされたにもかかわらず、民は主に反抗し続けてきたことが指摘されます。その結果として最後に、主はこの北王国を押しつぶすと仰せられるのです。たといどんな勇士であっても、主のさばきの手から逃れることはできないことが宣告されています。

アモスの預言を聞いていた北王国の民は、周辺諸国のさばきが預言されている間は喜んでいたでしょうが、事が自分たちの国に及ぶようになると、とたんに顔色を変えたのではないでしょうか。現代でもそんな例があります。ある求道者が伝道集会の後、「本当に良い話だった。夫に聞かせたかった」と言われたことがありました。でも、自分に対して語られたものだとは思っていなかったかもしれません。今日の聖書のみことばは、あなたに何を訴えているでしょうか。

主よ。人の罪は明確に見えても、自分の罪には気づかない愚かな私です。私の真の姿に気づかせてください。

3章

アモス書3章から6章までは、北王国イスラエルへのさばきについて記しています。特に今日学ぶ3章では、それぞれに果たすべき責任があるからこそさばきが下されることが表明されるのです。2節、8節で区切ってみましょう。

第一の部分では、イスラエルの責任が問われています。主はこの民をエジプトから救い出されました。それは主がこの民を特別に選ばれたからです。そして地上のどの部族よりも正しく誠実にそして幸せに歩むようにと、主は律法を与えられました。しかし彼らはその律法に従わずに咎を犯したのです。彼らが選び出された者としての責任を果たさなかったゆえに、主は彼らをさばかざるをえませんでした。

3節からの第二の部分には、預言者の責任が述べられています。主はこのさばきを民に知らせるために一介の農夫であったアモスを選び出されました。南王国からわざわざ北王国まで来た彼を、民は預言者として認めなかったようです。でも彼はここで明言します。「主は私といっしょに歩き、獅子や鳥網の餌食になる者たちの姿を示された。主がこの民にわざわいを下すと語っておられるのに、私は預言しないでいられようか」と、預言者としての責任を強調したのです。

9節以降の第三の部分は、主なる神の責任を宣告しています。ペリシテ人の町アシュドデやエジプトにも、「北王国の首都サマリアに来て、その混乱を見よ」と言えるほどに、この国は堕落していました。そこで主は、この国を敵の手に渡されます。主のあわれみにより、野獣が食べ残した羊の足や耳たぶのような少数の者は残されますが、金の子牛を礼拝しているベテルの祭壇は壊され、夏冬の別荘や豪華な象牙の家は滅ぼされます。正しくさばくのが神の責任だからです。

主がイスラエルを選ばれ、約束の地に導かれたのは、主がどれほど偉大な神であるかを諸国民に知らせるためでした。しかしその責任を果たさないならば、主はこの民を厳しくさばかれます。これは現代の選びの民であるクリスチャンにも同じようにあてはまる原則でしょう。罪赦され、神の子とされた私たちは、この神の恵みの偉大さを語り告げているでしょうか。そうではなく、ただ利己的に、物質欲にとらわれて生きているなら、主のさばきを覚悟せねばなりません。

主よ。私は、あなたから選ばれた者だとの自覚を持ち、あなたの栄光を現すために全力で生きていきます。

4章

アモス書4章で、アモスはイスラエルの罪を指摘し、「そんな状態で神に会うことができるか」と民に警告します。3節、5節、11節で四つに区分できるでしょう。

第一の部分は、サマリアに住む上流階級の女性たちに対しての警告です。彼女らはヨルダン川東部にあるバシャンの草原の肥え太った雌牛のようで、勝手気ままにふるまっていました。弱い者を虐げ、主人をあごで使うような彼女たちを、主は敵の手に渡されます。破壊された城壁の破れ口から、彼女らは捕囚として敵の国へ連れて行かれるのです。

4節からの第二の部分では、形式的な礼拝をしている者に警告が与えられています。ベテルとギルガルは、北王国にあった偶像崇拝の中心地でした。彼らはそこで熱心に宗教行事を執り行っていたのですが、それは明らかに主が求められることではありませんでした。主が望まれているのは、心を主に向けて、主のもとに帰ってくることです。

6節からの第三部分でそれがはっきり表されています。主は、彼らが主のもとに帰って来るようにと、五つの災いを与えられました。飢饉、旱魃、病害虫による不作、疫病と戦争、そして最後に地震と思われる自然災害です。これらの幾つかはすでに起こっていたでしょうし、また最後の地震は、この預言の二年後におこったのかもしれません。しかし、それでも民は主のもとに帰って来ませんでした。

12節以降の第四の部分で、主は「最後通告」とでも言えるようなことばを民に語られます。「あなたの神に会う備えをせよ」。民が帰って来ないなら、神ご自身が民のもとに出て行かれる。その時、どんな顔をして神とお会いするのか。天地を創造し、御思いを人間に告げ、全地を支配しておられる主に対してどうお答えするのか。実に厳しいことばです。

主は、今も同じように私たちに語りかけておられます。人生の様々な試練は、私たちが主のもとに帰るためのものです。それでもなお主に返ろうとせず、主に拠り頼もうとしないならば、主ご自身が私たちのもとに来られます。私たちにとっては、それは主イエスの再臨の時でしょう。その時あなたは、どんな顔で主とお会いできますか。喜びの顔でしょうか。それとも恐れの顔でしょうか。

主よ。私は、あなたのもと立ち返ります。そしてあなたとお会いできる日を、喜びをもって待ち望みます。

5章

アモス書5章は15節で前後に分けられるでしょう。前半では「生きよ」との主の激励のことばが繰り返されますが、後半では主のさばきが強調されています。

まず前半から見てみましょう。主はイスラエルを若い女性にたとえ、彼女が罪のゆえに倒されてしまうことを悲しまれます。兵士の九割が戦死するという中でも、主は「わたしを求めて生きよ」と招き続けられるのです。ベテルやギルガルに置かれている偶像に助けを求めるのは愚の骨頂。天の星座を造り、昼と夜を交互に来させ、海の水を雨とされる主は、人間が造った要塞をものともされません。貧しい者を踏みつけ、賄賂を受け取るような人間を、主はその力で滅ぼされます。あまりにも悪い時代なので、賢い者も沈黙せざるを得ないようなときでも、主は正しくさばかれるのです。

アモスは声を涸らして叫びます。「善を求めよ。悪を求めるな。そうすれば、あなたがたは生きる」と。自分たちの悪に気づいて悔い改める者が少しでもいたなら、主はあわれんでくださるかもしれないと、彼は望みを表明するのです。

しかし16節からの後半部分では、その望みは消え去り、主の厳しいさばきのみが描かれています。主のさばきが全国に広がるので、町の広場でも田舎のぶどう畑でも嘆きの声が起こります。主が敵を滅ぼしてくださる日と民が考えていた主の日は、実はイスラエルがさばかれる日でもありました。そのさばきから逃れ出る者はだれ一人いないのです。

問題は、民が形式的な宗教行事を行っても、公正を行っていないことでした。出エジプトのときでさえ、彼らは真の神を求めず、偶像の神々を担いでいたのです。これらの罪のゆえに、主はイスラエルの民をダマスコのかなた、アッシリアの国に捕らえ移すと仰せられます。

イスラエルの罪は根本的には二つありました。一つは真の神である主を求めなかったこと、もう一つは社会正義を行わなかったことです。アモスはどちらの罪をも悔い改めよと叫びます。主を求め、そして善を求めるべきなのです。福音派も社会派も必要です。私たちは、現代の乱れ切った社会にアモスの預言を語らねばなりません。「主を求め、善を求めて生きよ」と叫ばねばなりません。

主よ。神を忘れ、公正を忘れたこの時代です。どうか私に、真の神と神の義とを語る勇気を与えてください。

6章

アモス書6章には、主はどんな方法で罪あるイスラエルをさばかれるかが預言されています。7節と10節で三つの部分に分けて、このことを考えてみましょう。

第一に、主のさばきは外国に捕囚となることによって現されます。南王国の代名詞であるシオンで安逸を貪る者も、北王国のサマリアの堅固な防備に信頼している者も、たとい彼らが最高の首長たちであろうとも、高慢になって贅沢に暮らしている者は、必ず外国に捕虜となって連れて行かれると、アモスは預言するのです。南北両王国は、アッシリアやエジプトほどではないにしろ、カルネとか大ハマテとかガテなどの都市国家よりずっと繁栄していました。それは主の恵みのゆえなのですが、それを忘れて宴会にうつつを抜かしていた彼らに、滅びは近づいていたのです。

第二に8節からは、主のさばきは恐ろしい殺戮によって現されると教えています。主はイスラエルの国の誇りを忌み嫌われるゆえに、その国民を敵の手に引き渡されます。敵の攻撃から逃れた者が家族の中で十人いても、その者たちも疫病などで死んでしまうのです。普通ならイスラエルでは行われない火葬によって、その死体は焼かれます。主のさばきの恐ろしさのゆえに、だれも主の名を口にしません。

第三のさばきは、11節以降に記されています。捕囚と殺戮を行うのは、具体的な一つの民です。ここではまだ名前までは明らかにされていませんが、それがアッシリア帝国であることは、それから三〇年ほど後に明確になります。イスラエルは、馬が岩の上を走り、牛でそこを耕すようなあり得ないことをしました。公正を毒に変え、また自分たちの力でカルナイムの町を占領したと豪語するのです。それゆえに、主はこのようなさばきを下さざるを得ませんでした。

以上ではっきりわかるのは、高慢こそイスラエルがさばかれる根本的な原因だということです。自分たちの繁栄が主の恵みであることを忘れるなら、結果は滅びでしかありません。現在の日本はまさにそういう状況ではないでしょうか。経済大国であることを誇っていたこの国は、今や大きな危機に直面しています。この時こそ、私たちは自分の高慢を悔い改め、謙遜になって主に立ち返るべきです。

主よ。高慢がどれほど恐ろしい結果を生むかを教えられました。今日から私は、謙遜に歩んでいきます。

7章

アモス書7章から9章までには、イスラエルに対する主のご計画が、幾つかの幻と預言のことばによって述べられています。今日の7章は、前半9節までに三つの幻を記した後、後半に北王国のお抱え祭司アマツヤとの対決を描きます。

まず前半の幻の意味を学んでみましょう。最初のいなごの幻は、ヨエル書にもあったような恐ろしい自然災害を予告するものでした。王に献上する最初の麦が刈り取られた後、民衆のものとなる麦が生え始めた頃に、いなごがそれを食い尽くそうとしていたのです。アモスが必死に願ったので、「このことは、起こらない」と主は言ってくださいました。

第二の幻は、火が地を焼き尽くそうとしているものでした。それは水のたまった淵を涸らすような勢いでした。あるいはこれは旱魃を意味しているのかも知れません。この時もアモスは主にあわれみを祈り求め、主はそれに応えて、「そのことも起こらない」と仰せくださったのです。

第三は、城壁などが垂直に建っているかどうかを調べるための下げ振りの幻でした。主はこれによってイスラエルを調べられました。そして歪んでいると判断され、この国を滅ぼそうと決心されたのです。罪を犯し続けるこの民を、主はもはや見過ごすわけにはいきませんでした。

10節以降の後半はいわば挿入部分です。北王国のベテルの町の聖所で祭司をしていたアマツヤは、アモスが北王国の滅びを預言していることに腹を立て、王に直訴しました。しかし王から何もお達しがなかったからでしょう。直接アモスに「ここで預言するな」と命令します。でもアモスは冷静に答えます。私は一介の牧者にすぎない。でも主が私に預言せよと言われたのだ。私に「預言するな」と言うあなたに主は言われる。「あなたは汚れた土地で死ぬ」と。

主の召しに従って故郷を離れ、北王国で預言していたアモスにとって、きっとこれはつらい経験だったことでしょう。涙をもって主にとりなしているのに、だれも彼を理解せず、かえって迫害するのです。それでも彼は主のさばきを語らねばなりませんでした。現代でも、主のことばを語ることは決して容易ではないでしょう。しかしひるんではなりません。もし私たちが語らないなら、だれが語るのでしょうか。

主よ。たとい誤解されることがあっても、涙をもって祈らせてください。勇気をもって語らせてください。

8章

アモス書8章には、昨日示された三つの幻に続く第四の幻が示されています。これは第三の下げ振りの幻と似ており、主がもはやイスラエルの罪を見過ごされないことを意味しています。3節と6節で三つに分けて検討してみましょう。

第一の部分は「終わりの啓示」と言えます。アモスは幻の中で一かごの夏の果物を見ました。そのとき主は、「イスラエルに終わりが来た」と仰せられたのです。ヘブル語で夏の果物はカイツと発音し、終わりはケーツと発音します。エレミヤ書1章にあるのと同じように、主はことばをもじって、イスラエルの終末を啓示されたのです。神殿の歌声は悲鳴に変わり、屍が多すぎて、いたるところに投げ捨てられるような、悲惨な状況になることが預言されています。

4節からの第二の部分は「終わりの理由」とでもまとめられるでしょう。それはまず宗教的な堕落です。新月の祭りの日や安息日には仕事ができないので、人々はその日が終わるのを待ち望んでいました。経済的な利益追求が、宗教を形骸化させてしまったのです。次に社会的な腐敗です。舛を小さくし重りを重くするような不正が許される社会、貧しい者を奴隷として安く買って、屑麦を高く売るというような不義に満ちた社会には、必ず終わりが来ます。

7節以降の第三部分には「終わりの到来」と見出しをつけられるでしょう。ここには三つの現象が預言されています。第一は地震です。地はナイル川の流れのように上下に震えます。あるいはこれは地震による液状化現象を言っているのかもしれません。第二の現象は天変地異です。多くの人が死ぬので、だれもが嘆きます。第三に、主のことばを聞くことの飢饉が起こります。もはや主のことばを語る人はだれもいません。偶像崇拝者は二度と起き上がれなくなるのです。

マザー・テレサは日本を訪問したとき、「この国にはパンに飢えている人はいません。でも愛に飢えている人はたくさんいます」と演説しました。確かにそうです。アモスの預言した飢饉は日本をおおっています。利益追求の結果、宗教も社会も堕落しているようなこの世界に、本当の愛のことばを語ることができるのはだれでしょうか。あなたの回りには愛に飢えた人はいないでしょうか。

主よ。弱い私ですが、愛されることよりも愛することを喜びとして、毎日を生きていきます。助けてください。

9章

アモス書9章では、7章から始まった幻の最後の一つが示された後、そこから「主の日」とはどんな日であるかが述べられます。6節と10節で三つに分けてみましょう。

第一の部分でアモスは、祭壇の傍らに立っておられる主の幻を見ます。祭壇と言っても、北王国の各地にあった偶像礼拝のものでしょうが、主の日にはそれらが粉々に打ち砕かれるのです。主は、そこで礼拝していた者がどこに逃げようとも彼らを追い回し、彼らを滅ぼされます。偶像崇拝や形式的宗教は、主の心をひどく痛めるものだったからです。主は、地に少し触れるだけでも大きな地震をおこされる偉大な方であることを、アモスは強調しています。

7節からの第二の部分では、主の日は滅びの日であると同時にあわれみの日でもあることが示唆されています。主はイスラエル人をエジプトから導き出されたように、ペリシテ人やアラム人をもそれぞれの地から連れ上られました。だから主は彼らの罪も同じようにさばかれます。しかしヤコブの家、つまりイスラエルだけには特別のあわれみを示し、彼らを全く根絶やしにされることはありません。民の中の罪人はみな剣で死にますが、信仰に生きる少数者は残されるのです。

11節からの第三の部分は、主の日はまた回復の日であることが記されています。その日にはさばきによって倒された南北両王国が再び建て直され、また異国のエドム人でさえ「残りの者」とされるという、世界的な回復の恵みが与えられるのです。刈り入れが終わらない内に次の種蒔きのために畑を耕し、ぶどう酒を造るためにぶどうの実を踏んでいる間に次の種蒔きを始めるという祝福で満たされます。捕囚となった民も帰国して町を再建し、この土地で繁栄することができるのです。まさにハッピーエンドです。

しかしこれは単なる成功物語ではありません。主の厳しいさばきを経験した後に注がれる恵みなのです。主は必ず悪をさばかれます。でもさばきの中で罪を認め、悔い改める者には、大いなるあわれみをもって臨まれるのです。現在の私たちも同じです。罪を認めない限り、祝福は与えられません。主の日はすべてを明らかにします。その日が来る前に、熱心になって悔い改め、主のあわれみを祈り求めましょう。

主よ。私は、形式的な礼拝を嫌われるあなたを畏れかしこみます。罪を悔い改めて、生きていきます。

オバデヤ書

1章

　オバデヤ書はたった一章しかなく、著者オバデヤも「主のしもべ」という意味の名前だという以外に、どういう人物かはわかっていません。でも本書のテーマがエドムに対する主のさばきであることは明確です。今までの預言書にも何度か言及されていたように、エドムは南北両王国と親戚関係の国でしたが、南北両王国が外国の攻撃にあった時に、火事場泥棒のようなことをしました。だからさばかれたのです。9節と14節で三つに分けて学んでみましょう。

　第一の部分には、エドムは高慢になったためにさばかれることが示されています。エドムの首都セラは標高千メートルの高台にあり、そこへの道も岩壁に囲まれていて、難攻不落を誇っていました。しかし主はその高慢を打ち砕き、その町を徹底的に滅ぼされます。エドムと同盟を組む者たちがこの国を欺いて征服するのです。エドムの国の知恵ある者たちも勇士たちも、主によって断ち切られることになります。

　10節からの第二の部分では、エドムがイスラエルに行った暴虐の数々が述べられています。イスラエルの国が外国人に侵略されたとき、エドムは素知らぬ顔で立っていました。いや、それを喜んでいたのです。さらに、この混乱に乗じてイスラエルの人々の財宝に手を伸ばし、生き残った者を敵に引き渡すようなことさえしました。

　そしてこれらの全てのことについて、主は正しいさばきをなさることが、15節以降に記されています。それは「主の日」に実現します。エドムのみならず、すべての国々が彼らの行った暴虐の報いを受けるのです。でもイスラエルの国は守られ、19節では南西北東にその領土が広がっていくことが預言されています。このように主の日には、エドムをはじめ世界の国々がさばかれ、王国は主のものとなるのです。

　このオバデヤ書の最後の節は、主の日とはどんなものかのエッセンスを述べています。それは主が王となられ、善悪ともに正しくさばかれる日です。主イエスが最初にこの地上に来られたとき、この日は部分的に成就しました。そして主が再び来られる日に、それは完全に成就します。主イエスを王として私たちの心に迎える日、それは主の日の始まりです。あなたは毎日を「主の日」としているでしょうか。

　主よ。私は今日、あなたを私の王とします。あなたのことばに謙遜に従う、主のしもべとなります。

1章

今日から始まるヨナ書も、昨日のオバデヤ書と同じくイスラエル以外の国についての預言ですが、その内容は全く対照的で、アッシリア帝国の首都ニネベの救いを記しています。列王記第二の14章によると、ヨナは紀元前八世紀前半の北王国の預言者であり、当時北王国はヤロブアム王の支配下に繁栄していました。しかしアッシリア帝国の脅威は日増しに強くなっていたので、愛国者のヨナはこの帝国が滅びるのを秘かに期待していたと思われます。今日の1章は2節と10節で三つに分けて考えるとわかりやすいでしょう。

第一の部分は主の声を聞いたヨナを紹介しています。たとい異国であっても、主はニネベの悪を知って心を痛め、彼らが悔い改めるように叫べと、ヨナに命じられるのです。全世界を愛しておられる主の姿がここに示されています。

3節からの第二の部分は、主のもとから逃げようとするヨナを描いています。彼は東のニネベに行くのではなく、西方のスペインにあるタルシシュ行きの船に乗り込むのです。しかし暴風雨が襲ってきて、船は難破寸前になりました。これがヨナの責任であることは明らかです。どんなに逃げようとしても、彼は主の御顔を避けることはできませんでした。

11節以降の第三の部分では、自分の罪を認めたヨナについて述べられています。彼は、自分が主のさばきを受ければこの船には危害が及ばないと思い、自分を海に投げ込むように頼みました。乗員たちは躊躇しながらも、それを実行します。すると海は静かになりました。またヨナも大きな魚にのみこまれて、いのちを保つことができました。

このような出来事によって、ヨナ書は歴代の預言者が共通して語っていた三つの真理を示しています。第一に、神に従わないことが罪であること。第二に、主は必ず罪をさばかれること。そして第三に、罪を認めて悔い改めるなら主は回復させてくださること。ヨナの体験は、今まで何度か学んだ象徴的行為の一つと言えるのではないでしょうか。

主は、私たちの生涯にも同じようなことをされる場合があります。主に従わないなら、あるときには試練に会わせ、それを通して、主の御旨を知らせようとされるのです。試練を通して主の御旨を悟ることができる人は幸いです。

主よ。試練の時に悲しみやすい私です。でも積極的に、試練を通してあなたの教えを学ぶ者とさせてください。

2章

ヨナ書2章には、ヨナが魚の腹の中で祈ったことが記されています。前の章の6節で、ヨナは船が沈みそうになったときに船長から祈るように言われていますが、実際には祈らなかったように思えます。でも海に投げ込まれて死の寸前まで行きながら奇跡的に魚によって救われたとき、この書で初めて祈るのです。この祈りは、6節の真ん中にある空白行を境にして、前後に分けることができるでしょう。

前半は「苦しみの叫び」と言えます。海に投げ込まれたヨナは、よみの腹の中にいるようなものでした。潮の流れと大波とに翻弄されている間に、彼はもう一度、主の宮で礼拝したいというほのかな希望を持ったのでしょう。しかし水は口に入って喉にまで至り、海藻は頭に絡みつきます。山々の根元である海底にまで下ったとき、彼はもはやこれまでと覚悟しました。これは、ヨナの下り坂の歩みの象徴です。でも彼は、この「苦しみの中から、主に叫んだ」のです。

後半は「しかし」の一言から始まる「喜びの叫び」と言うことができるでしょう。ヨナは、この絶体絶命の中から主の備えてくださった魚によって救われました。それは滅びの穴から引き上げられるようなものでした。彼は、「私のたましいが私のうちで衰え果てたとき、私は主を思い出しました」と告白しています。最悪のときに主を思い出し、主に祈ったのです。その祈りは主の聖なる宮に届きました。神以外のものに心が奪われている者は、自分に与えられている恵みに気づきません。しかし、すべての恵みが主から来ていることを悟った者は、主に感謝することができるのです。

4節でヨナは、「私は御目の前から追われました」と言っていますが、本当はそうではありませんでした。主がヨナを追い出されたのではなく、ヨナが主から逃げていったのです。けれど主はその逃げるヨナを追って救い出されました。これこそ、主の計りがたい偉大な恵みなのです。

私たちも、今までに主のもとから逃げ出すことがあったかもしれません。でも主は追ってこられます。逃げ出しても、行き着くところは苦難の海でしょう。しかしそこで主を思い出してください。苦しみの中で祈ってください。主は必ず大きな魚を備えてあなたを救い出してくださいます。

主よ。あなたから逃げ出すような愚かな私をも、必死に追い求めてくださるあなたに、心から感謝します。

3章

ヨナ書3章には、奇跡的に救い出されたヨナが今度は主のことばに従ってニネベに行き、さばきを預言したことが記されています。4節と9節で三つに分けてみましょう。

第一の部分は、ニネベの町で「あと四十日すると、ニネベは滅びる」と人々に必死に語りかけているヨナの姿を描いています。でも注意してください。今まで学んだ中で、滅びの預言だけで終わっていた預言者がいたでしょうか。先日学んだあの短いオバデヤ書でさえ、滅びだけでなく救いをも預言していました。ひょっとしてヨナは、主が彼に告げられたことばのうち、滅びだけを語ったのではないでしょうか。もしそうなら、彼はイスラエルの愛国者ではあっても、神から遣わされた預言者ではありません。

しかし5節からの第二の部分では、彼の預言を聞いて多くのニネベの人々が神を信じ、悔い改めたことが述べられています。民衆のみならず、ニネベの王さえも悔い改めました。王は人間だけでなく家畜にも断食を布告し、「それぞれ悪の道と、その暴虐な行いから立ち返れ」と命令したのです。しかし、ヨナがはっきりと救いを語らなかったために、「もしかすると、神が思い直してあわれみ、私たちは滅びないですむかもしれない」としか言いようがありませんでした。「悔い改めるなら赦される」との確信がなかったのです。

最後の10節を見ましょう。たといヨナが救いの道を語らずとも、主は悔い改める者を滅ぼされるはずがありません。ニネベの人々が「悪の道から立ち返ったのをご覧になった」主は、彼らに下すと言ったわざわいを思い直されました。私たちは自分の努力で救われるのではありません。しかし、悪い行いをやめようと決心することは必要です。自分の自由意志を用いて、回れ右をするのです。

主は昔も今も、罪人が悔い改めて主に立ち返ることを願っておられます。滅びを預言されるのは、救いを与えたいからです。私たちは、滅びと救いのどちらをも語らねばなりません。どんなに言いにくくても、「あなたには罪があります」と告げねばなりませんし、「けれど罪を悔い改めるなら、必ず赦されるのですよ」と語らねばなりません。私たちクリスチャンには、両方を語る責任があります。

主よ。人を恐れて語ることが難しい臆病な私です。罪を指摘し、赦しを宣べ伝える勇気を与えてください。

4章

ヨナ書4章は、主がニネベを滅ぼされないことに腹を立てているヨナの姿を描いています。4節と9節で三つの部分に分けて、その内容を検討してみましょう。

第一の部分で、「ニネベは滅びる」と預言したにもかかわらず、主がそうされなかったことに腹を立て、ヨナはまるで駄々っ子のように主に文句を言っています。でも、「悔い改めるなら救われる」とも語っておれば、その通りになっていたのですが。ヨナは、主が「情け深くあわれみ深い神」であることを知っていながら、ニネベの滅びを願うだけで、その救いは眼中にありませんでした。ニネベ憎さの余り、このことを語りませんでした。自分の思い通りにならなかった彼は、「死んだほうがましです」とさえ言うのです。

5節からの第二の部分で、そんなヨナが自分の過ちに気づくために、主は実物教育をなさっています。「これだけ文句を言えば、主もニネベの町を滅ぼされるだろう」と思ったのでしょうか。ヨナは町を出て安全な場所へ移り、町の中で何が起こるかを見極めようとしました。主は以前に大きな魚を備えられたように、一本の唐胡麻を備えてヨナの不機嫌を直そうとされ、また一匹の虫を備えて唐胡麻を枯れさせ、さらに熱風を備えて彼を苦しませられました。ヨナはここでもまた、「死んだほうがましです」と叫ぶのです。

最後の部分で主は、ヨナに語りかけておられます。「あなたは、自分で労さず、育てもしなかった唐胡麻を惜しんでいる。ましてわたしは、大きな都ニネベを惜しまないでいられるだろうか」と。ヨナはこのときやっと悟ったでしょう。「そうだ。主は滅ぼすことを願っておられるのではない。惜しんでおられるのだ。どんなに悪い民であっても、悔い改めて立ち返ることを望んでおられるのだ」と。

ヨナは、ついに主の御心を理解しました。主はイスラエルだけではなく、全世界の人々を愛しておられることを。だからニネベの人々をも惜しまれました。また駄々っ子のようなヨナさえも惜しみ、諭されました。さらに、私たちすべてをも惜しんで、主イエスを遣わされたのです。こんな罪深い私たちを惜しむゆえに、ご自身のひとり子であるお方を、惜しまずに私たちに与えてくださったのです。

主よ。私が快く思っていないあの人をも、あなたは愛しておられます。その人のためにも、私は祈ります。

ミカ書

1章

今日から始まるミカ書は、小預言書の最初の人ホセアが北王国で預言していた時代に、おもに南王国に対して語られた預言です。この時代にはイザヤも生きていました。イザヤが王室と関係の深い祭司出身の預言者であったのと対照的に、ミカは農民の出だったと推測されています。1章と2章は、南北両王国に対してのさばきの預言です。今日の1章は、4節と9節で三つに分けて学んでみましょう。

第一の部分では、神である主が天から降りて来てすべての国々をさばかれることが宣言されています。ちょうど裁判の席に証人が来て、被告の罪の事実を訴えるようなものです。全能の主が来られるなら、山々は、まるで火の前のろうのように、主の足もとに溶け去ります。

5節からの第二の部分は、北王国の罪を指摘し、この国の滅びを預言しています。北王国の首都サマリアは、バアル礼拝の中心地でした。これは主なる神に対するそむきの罪にほかなりません。直後に出てくる南王国の首都エルサレムも同じ罪に陥っていました。この罪のゆえに、主はサマリアを瓦礫の山とされます。また偶像礼拝の罪はすぐに姦淫の罪と結びつき、この町は遊女の儲けで繁栄します。日本でも、多くの門前町のそばに遊廓が栄えていました。主は嘆きながら北王国を打たれ、そのさばきは南王国にも及ぶのです。

10節からの第三の部分は、南王国の幾つかの町の名前とそこに下されるさばきが語呂合わせのよう結びつけられています。たとえばベテ・レ・アフラとは「ちりの家」という意味です。「苦い」という意味のマロテの町は、幸せを待ち望むが実現しないと宣告されます。アクジブとは「欺き」という意味で、この町は王を欺く者となりました。南王国全土に悪が広まっているゆえ、主はこの国をさばかれるのです。

主から特別に選ばれたイスラエルの民が、南北に分かれるだけでも主の痛みとなっているのに、その両国が主に背いて堕落していることを、主はどれほど嘆いておられたことでしょうか。預言者ミカにはその嘆きがわかりました。私たちも主の嘆きを知る必要があります。ひょっとして主は、あなたのことも嘆いておられるかもしれません。選ばれた者でありながら、もし罪を犯しているとするならば。

主よ。私が罪を犯すなら、あなたは嘆かれることを知りました。あなたの嘆きとならないよう、私は歩みます。

2章

ミカ書2章は、11節ではっきり二つに分けられるでしょう。前半には南王国の罪とさばきが記されており、後半にはさばきからの回復が述べられているのです。

前半部分はさらに二分できます。5節までは、不法を謀って土地を取り上げようとしている者に対する厳しいさばきの預言です。レビ記25章にあるように、イスラエルでは土地は神のものと考えられていましたから、たとい土地が人手に渡っても、ある年になると元の所有者に戻されることになっていました。でも当時はこの律法は守られず、かえって今で言う「地上げ」のようなことさえ行われていたようです。主はそのようなことをする氏族にわざわいを下し、彼らが胸を張って歩くことができなくされます。

6節からは、さばきを預言するミカに向かって「戯言を言うな」と嘲る者たちへの反論です。彼らは神の民でありながら、神の敵として立ち上がっていました。そして戦いをやめて平和に過ごしている者たちから上着をはぎ取り、弱い立場にある女たちをその楽しみの家から追い出すようなことをしていたのです。南王国は汚れて、もはや憩いの場所ではなくなっていました。それゆえ主は、この国にひどい滅びを下されます。民にぶどう酒と強い酒を薦めている者たちこそ戯言を言う者だ、とミカは断罪するのでした。

しかし12節からの後半部分で場面は一転します。そんな罪深いイスラエルの民の中に主は「残りの者」をおこし、散らされていた国々から、「牧場の中の群れのように、一つに集める」と仰せられるのです。思いもしなかった救いの業に驚いて、民の中にはざわめきが起こります。そして敵を打ち破ってくださる王なるお方は、彼らの先頭に立って上って行かれます。主なる神こそが彼らの救い主でした。

表面的にはどんなに繁栄している国でも、その内部に不正が満ち、弱い立場の人々が苦しめられているならば、主はその国を滅ぼされます。繁栄に酔っていた日本もこの道をたどっているのかもしれません。しかし、主のみことばに聞き従う少数の「残りの者」の祈りによって、主はこの国を回復してくださるのです。主は、あなたも「残りの者」の一人となるように期待されているのではないでしょうか。

主よ。様々な矛盾に満ちているこの国のために、私は真剣に祈ります。どうかこの国をあわれんでください。

3章

ミカ書3章では、南王国の指導者に対してのさばきが宣告されています。4節と8節で三つに区分してみましょう。

第一の部分は、政治的指導者に向かって語られています。彼らは主から与えられた律法を知り、公正を知っているはずでしたが、実際は善を憎んで悪を愛していました。主が「わたしの民」と言われる一般民衆の皮を剥ぎ、その骨から肉をそぎ取り、それを大釜で煮て食べていたというのです。これは、民から重い税金を取り立てていた人々を、比喩的に非難したものでしょう。それゆえ、たとい彼らが苦しみのときに主に叫んでも、主は彼らに答えられません。その行いが悪いために、主は彼らから御顔を隠されるのです。

続いて5節からの第二の部分では、宗教的指導者に向かってのさばきが告げられています。この当時も偽りの預言者がいたようです。彼らは自分に利益を与えてくれる者には「平和があるように」と祝福しますが、そうでない者には「聖戦を布告する」ような人でした。それゆえ、主はもはや彼らに答えを示されません。本当は民に光を示すべき預言者たちも、暗闇の中を歩むことしかできなかったのです。しかしミカは真の預言者として、「主の霊によって、公正と勇気に満ち」、南王国の罪を指摘し続けました。

9節からの第三の部分は、この章のまとめです。再び政治的指導者であるかしらたちと首領たちに対してその圧政を批判し、また宗教的指導者である祭司たちと預言者たちに対しては、金に動かされている罪を告発します。そんな罪を犯しながら、彼らは「主は私たちの中におられるではないか。わざわいは私たちの上に及ばない」とうそぶいていました。それゆえシオンは人の住まない畑となり、エルサレムは瓦礫の山になると、主は厳しいさばきを宣告されるのです。

主は指導者の罪を特に厳しくさばかれます。それは今も同じです。政治家の罪は国を滅ぼし、牧師の罪は教会を堕落させるからです。正しく歩んでいないのに「主は私たちの中におられる」と言うほど欺瞞的なことはありません。これは、クリスチャンでありながら、主のみことばに従っていない全ての人々にもあてはまります。あなたは「主は私と共におられる」と言いながら、悪を行ってはいないでしょうか。

主よ。あなたと共に歩むことが口先だけの告白にならないよう、あなたの臨在を明確に意識させてください。

４章

ミカ書４章は、次の５章とともに、「終わりの日」に実現する神の国を描いています。今日の４章は、５節と８節で三つの部分に分けると理解しやすいでしょう。

第一の部分は、この神の国が平和に満ちていることを預言しています。「主の家の山」とは、エルサレム神殿のあるシオンの山をさしていると思われますが、全世界の民がここに集まって主を礼拝し、謙遜に主のことばを学ぶようになるのです。戦争に強かった国々も、剣を鋤に、槍を鎌に打ち直し、二度と軍事演習をしなくなり、また農作物を略奪する者や偶像崇拝をする者は絶え果てます。主を信じる者は、世々限りなく、主の御名によって歩むのです。

６節からの第二の部分には、この神の国に住む者は苦難を経験した者であることが述べられています。彼らは、足を引きずる者や、異国に追いやられた者でした。しかし主は彼らを「残りの者」とし、強い国民として、シオンの山に呼び戻し、羊の群れのように守られます。ダビデやソロモンが王であった時代の繁栄が回復されるだけでなく、今度は主ご自身が王となってこの国を支配なさるのです。

９節からの最後の部分では、この神の国は主の不思議な御計画によって最終的な勝利を得ることが告げられます。この国は、王が滅び失せる苦難の時代、つまりバビロンに捕囚となる時代を経験するのですが、主はその後に彼らを敵の手から助け出されるのです。多くの国々がこの国に敵対して集まって来ても、主は彼らを脱穀した後の麦束のように燃やし尽くされます。また動物の攻撃手段である角とひづめを金属にするように、主はシオンの娘である民の力を強くされます。それは彼らが主に拠り頼むからにほかなりません。

この章は、ミカの時代から約一五〇年後のバビロン捕囚とその後の解放を預言すると同時に、全世界に本当の平和がもたらされる終末時代をも預言しています。世界の国々が「剣を鋤に、槍を鎌に打ち直す」時代が来るのは、まだまだ先のように思えます。しかし、いつか必ずこの預言が成就することを信じて歩みましょう。「剣を取る者はみな剣で滅びます」と言われた主イエスは、武力ではなく愛の力で、この世界に本当の平和をもたらすお方なのです。

主よ。終わりの日まで戦いは続くでしょう。でもあなたは必ず本当の平和を実現してくださることを信じます。

5章

ミカ書5章は、前の章に続いて神の国が実現する時について述べています。6節と9節で三区分してみましょう。

第一の部分では、神の国を支配なさるお方がイスラエルの国にお生まれになることが預言されています。イスラエルの指導者たちの頬が杖で打たれているとき、ベツレヘム・エフラテという小さな村から、イスラエルを治める方、メシアが出るというのです。このお方は立って、イスラエルの群れを安らかに守られます。また、アッシリアのような大国が攻撃してきても、メシアは牧者や指導者を立てて、彼らを撃退なさいます。この預言は、主イエスの誕生のときに部分的に成就しましたが、完全に成就するのは終末の日でしょう。

7節からの第二の部分では、神の国が実現する日に「残りの者」が果たすべき二つの使命が記されています。まず彼らは多くの国々のただ中で、露や夕立のように神の恵みを示す者となります。彼らは神だけに拠り頼み、人には望みを置きません。さらに彼らは多くの国々のただ中で、森の中の獅子のように敵を滅ぼす者となります。これらの二つの使命は決して矛盾しません。恵みは罪を認めて悔い改める者に与えられ、滅びは悔い改めない者に下されるからです。

10節以降の第三の部分には、主ご自身も悔い改めない者に滅びを下されることが宣言されています。まず、主は彼らの馬や戦車や要塞などの軍事力を絶ち滅ぼされ、さらに呪術者や占い師や偶像などの偽りの宗教をも滅ぼし尽くされます。主ご自身が怒りと憤りをもって、主に聞き従わなかった国々に復讐すると仰せられるのです。

ミカは、罪に満ちていたイスラエルがさばかれることを預言していましたが、その後に必ず「神の国」が実現することも堅く信じていました。それはバビロン捕囚からの解放によって部分的に実現し、また主イエスがこの地上にお生まれになったときにも部分的に成就しました。しかし、その全体が実現するのは、主イエスの再臨の時なのです。

現代に生きる私たちは、すでに神の国の恵みを味わっています。でももっとすばらしい恵みが将来に用意されているのです。その日を心から待ち望みましょう。すべての悪が滅ぼされ、良きものが残されるその日を待ち望みましょう。

主よ。悪に満ちたこの世にあっても、主イエスが全世界を支配される日が来るのを信じて歩ませてください。

6章

ミカ書6章で、主はイスラエルと論争されています。まず、変わることのない地の基や山々が証人として立てられた後に、3節から四つの段階を経て、イスラエルの罪と罰が確定されるのです。5節、8節、12節で区切って考えましょう。

第一の段階で、主はイスラエルの民に、「どのようにしてあなたを煩わせたというのか」と問いかけておられます。出エジプトの時も、異国の王バラクがイスラエルを滅ぼそうと企てた時も、シティムの町を過ぎてヨルダン川を奇跡的に越えた時も、主は民を守られました。「あなたを煩わせたことは一度もない」と、主は訴えておられるのです。

6節からの第二の段階で、ミカは言います。「主は、全焼のささげ物や幾千の雄羊、幾万の油を喜ばれるだろうか。また、背きを赦してもらうために、長子を献げるべきだろうか。いや、主が求めておられるのはそんな犠牲ではない。ただ公正を行い、誠実を愛し、へりくだってあなたの神とともに歩むことではないか」と。

9節からは第三の段階で、ミカは「主の御名を恐れることは英知だ」と叫びます。悪しき者たちの家には、不正な秤を用いて人々からだまし取った不正の財宝が蓄えられていました。主は、御名を恐れずにそんな不正を行う人々を誤りなしとすることはできません。富む者たちは不法で満ち、住民たちも偽りを言い、皆等しく罪に満ちていたのです。

そして13節からの最後の段階で、これらの罪のゆえに主はこの民をさばかれることが宣告されています。敵がこの国を攻撃するので食物は不足し、オリーブの油もぶどう酒も敵に奪われてしまいます。オムリやアハブという最悪の王が過去にもっていた掟や慣わしを今も守っているようなこの国は、他国から嘲りの的となるのです。

イスラエルがさばかれたのは、宗教的な儀式やささげ物をしていても、公正を行わず誠実を愛していなかったためでした。形式を整えてはいても、心から主を愛して正しく生きていなかったためでした。これは今日の私たちにもそのままあてはまります。礼拝に出席しても、十分の一献金をしても、それが主を愛するゆえでなければ無駄なことです。人を愛して仕える純粋な思いがなければ無益なことです。

主よ。形式に陥りやすい私の信仰生活を悔い改めます。公正を行い、誠実を愛し、主とともに歩んでいきます。

7章

ミカ書7章はほとんどがミカ自身のことばですが、7節までの前半とそれ以降とは調子がガラッと変わっています。

前半は「失望の叫び」と言えるでしょう。ミカは当時のエルサレムの国に、食べられるぶどうもいちじくも見いだせませんでした。敬虔な者はこの地から消え失せ、人々は互いに傷つけあい、欺きあっていました。役人は賄賂に踊らされ、一見善良に見える人々も本当は茨のような刺をもっていました。友さえも信用できず、家族の関係も崩れさって争いが満ちていたのです。ミカは、その悲惨な現状をありのまま主に叫んで、このように書き記したのです。

しかし8節からの後半部は「希望の叫び」です。ミカは主が次のような方であると信じて、心から祈りました。

第一に、主は正しくさばかれることを信じていました。ミカは自分をイスラエルの代表と考え、自分の罪のゆえに主の激しい怒りを身に受けていることを告白します。しかし主は自分の訴えを取り上げ、正しくさばいてくださり、光に連れ出してくださると信じていたのです。その時、イスラエルを嘲っていた敵は、恥におおわれることになります。

第二に、主はイスラエルを回復してくださることを信じていました。11節から17節を見てください。終末の日、イスラエルの国境は広げられ、主はこの民が羊のように草をはむようにしてくださいます。主は、出エジプトの時のような奇しいわざを見せてくださるのです。

第三にミカは、主は咎を除いてくださることを信じていました。確かに主は正しくさばかれます。しかし、咎を認めて悔い改めた「残りの者」については、そのすべての咎を踏みつけて海の深みに投げ込み、アブラハムやヤコブに誓われた契約を守って、再び神の民としてくださるのです。

ミカとは、ヘブル語で、「だれが主のようであろうか」という語の短縮形だそうです。主は罪を正しくさばかれるとともに、罪を赦してくださるお方です。矛盾するこの両者を解決する唯一の方法、それは罪のない者を罪人の代わりにさばくという道でした。そんなことをなされる神が、どこの世界にあったでしょうか。主なる神こそ、それをなされたお方です。このような神が、ほかにあるでしょうか。

主よ。正義と愛をどちらも貫くために、愛する御子イエスを遣わしてくださったあなたに、心から感謝します。

小預言書の後半

小預言書の後半　解説

いよいよ、旧約聖書の最後の部分にたどりつきました。毎日一章ずつ、こつこつと読んでこられた方は、約二年半かかったことになるでしょう。最初の創世記の解説で、「千里の道も一歩から」と書きましたが、始めなければ完成しません。あと二十九章です。気をひきしめて読んでください。

さて、ここで解説する小預言書の後半の六書はみな、北王国がアッシリア帝国に滅ぼされた紀元前七二二年以降に書かれたものだと考えられています。

＊　　　＊

第一問　後半最初のナホム書の内容を教えてください。

この書のテーマは、冒頭に明記されているように「復讐する神」です。ヨナの時代（紀元前八世紀）に一時は悔い改めたアッシリアの首都ニネベは、その後北王国にだけでなく、他にも多くの国々に暴虐を行ったため、神が正しく復讐されることを預言しています。その預言通り、アッシリアは紀元前六一二年に新興のバビロニア帝国によって滅ぼされました。

この書に何度も繰り返される「おまえ」とは、アッシリアかニネベであることに注目してください。

第二問　次のハバクク書はどうでしょうか。

ハバククはナホムより一世代ほど後の預言者と推測されています。彼はまず南王国の不正を神が見逃しておられるのはなぜかと神に問います。神はそれに答えて、「カルデア人（バビロニア帝国）によってこの国をさばく」と仰せられました。彼は驚いて、「より悪い国によって滅ぼされるのはおかしい」と神に再び問いかけるのです。

神のお答えは「正しい人はその信仰によって生きる」でした。3章の祈りは、神の正しいさばきを静かに待つ信仰者ハバククの姿を示しています。

第三問　ではゼパニヤ書は？

1章1節によると、ゼパニヤはヒゼキヤ王の子孫で、宗教改革を進めたヨシヤ王の時代の預言者でした。ナホムと同じ時代に、彼は南王国の偶像崇拝の罪を指摘したのです。彼の預言によって、ヨシヤ王は宗教改革を始めたとも考えられます。彼はまた、アッシリアやその他の国々に対する神のさばきを宣言します。しかし最後には、彼らもイスラエルも神に立ち帰ることを預言するのです。

以上三書はみな、エレミヤの時代と部分的に重なっており、バビロニア帝国の脅威の影があちこちに見受けられます。

第四問　次のハガイ書は？

紀元前五八六年にバビロニアは南王国を滅ぼし、七〇年間捕囚としました。でもペルシア帝国が覇権を握って、民を帰国させたのです。その後にハガイ書以降の三つの預言書が書かれました。

帰国民の第一の仕事は、神殿を再建することでしたが、エズラ記にある通り、他国人の妨害で中断されていました。ハガイは、神殿建築を後回しにしている民を叱咤激励し、建築再開にこぎつけます。この書は紀元前五二〇年の第六の月から第九の月までの四か月間に書かれたことが、本文からわかります。

第五問　その次に置かれているゼカリヤ書の内容はどんなものですか。

本書は十四章もありますが、一息で読み通してくださるなら、9章から文体も内容も一変することに気づかれるでしょう。前半はハガイと同じ頃に与えられた預言で、神がエルサレムのただ中に住まわれるゆえに、神のみ心にかなう正しい生き方をせよと民を励まします。エズラ記とハガイ書にも登場する大祭司ヨシュアと総督ゼルバベルを、本書はメシアのひな型としていることに注意してください。

9章以降は、ゼカリヤの晩年に書かれたものでしょう。メシアが来られて全世界が神の支配下におかれることを、詩の形で預言しています。

第六問　では最後のマラキ書の内容を教えてください。

神殿が再建されてから半世紀以上たちましたが、期待したような祝福はありませんでした。そのためか、歴史書で学んだエズラ記やネヘミヤ記にあるように、民の信仰は形式的なものに堕落してしまったのです。その頃に登場したマラキは、祭司の不敬虔、異国の女性との結婚、不誠実なささげ物などの罪を鋭く指摘します。

しかし神は、「わたしが来て、打ち滅ぼすことのないように」預言者エリヤを遣わすと仰せられました。これが旧約聖書最後の神の約束です。

第七問　前回学んだ、罪のさばきと回復の約束という預言の両輪が、ここにも見られますね。

そうです。神は人間の罪を見過ごすことはできませんが、何とか救いたいと願っておられます。「預言者エリヤ」は、新約聖書冒頭のバプテスマのヨハネを指しており、その後、神の御子イエスが誕生されて、神の救いの計画は大きく前進するのです。

ナホム書

1章

今日から三日間続くナホム書は、アッシリア帝国の首都ニネベの滅びを宣告しています。ヨナの働きで一時は謙遜に罪を悔い改めたニネベの民でしたが、その後、再び彼らは傲慢になり、周囲の国々を侵略するようになりました。北王国は紀元前七二二年に彼らのえじきとなり、南王国もひどく苦しめられました。その数十年後に、ナホムはこの書の幻を主から示されたのだろうと推測されます。今日の1章は、主が復讐なさる方であることを三つの点から教えています。

第一に、2節では、主が「ねたんで復讐する神」と明確に宣言されています。「ねたみ」は悪いことのようですが、愛しているからこそねたむのです。主はニネベもイスラエルも同じように愛されていました。だから彼らが罪を悔い改めるようにと、ヨナやその他の多くの預言者を遣わされました。主は本来、怒るのに遅い方です。それでも彼らが悪を行い続けるならば、愛するがゆえにこそ懲らしめられるのです。

第二に、主は力強い方ですから復讐されます。アッシリアとイスラエルが平和共存すれば問題はなかったのですが、アッシリアがその軍事力を誇って侵略を始めたため、悲劇が起こりました。しかしどんなに強大な軍事力でも、主の力とは比較になりません。つむじ風をおこし、川を涸らし、地震や洪水をもたらされる主の力で、アッシリア軍は乾ききった刈り株のように焼き尽くされます。

第三に、主は平和の神だから復讐されます。12節以下で主は、アッシリアに苦しめられたイスラエルに対して「あなたのかせを打ち砕く」と約束されるのです。主ご自身が、弱い人々を苦しめる暴虐な者の墓を造られるのです。主によってもたらされるこの平和の知らせを伝える者は、何と幸いでしょうか。これこそ主が願っておられることでした。

北王国を滅ぼしたアッシリアを憎む人々は、イスラエルに数多くいたことでしょう。でもナホムは人々に語ります。「我々が復讐しないでも、主が復讐なさる。だから主に委ねようではないか」と。このメッセージは現代にも必要です。あなたもだれかを憎んではいませんか。しかし憎しみはあなたの骨を溶かします。その人がどんな悪いことをしたとしても、主が復讐されると信じようではありませんか。

主よ。憎しみを私から取り除いてください。主は正しいさばきをなさる方であると心から信じます。

2章

ナホム書2章は、主がニネベに復讐される様子を絵画的に描写しています。2節と9節で三つに分けてみましょう。

第一の部分は序文で、ニネベの町が滅ぼされる理由が示されています。主はニネベに対して、「追い散らす者が、おまえに向かって上って来る」と仰せられた後、ニネベが攻撃されるのは、「主がイスラエルの威光を回復されるからだ」と、その理由を明確に述べるのです。敵がどんなに苦しめようとも、神はイスラエルを再び栄えさせてくださいます。

3節からの第二の部分では、緋色の軍服をまとったメディアとバビロニアの連合軍がニネベの町を攻撃する様が、目に浮かぶように描かれています。高貴な人も軍隊に呼び出されて戦いますが、戦いに慣れていないためにつまずき倒れてしまいます。城壁が崩されて、王妃たちは捕らえられ、捕虜として連れ去られるのです。それまで多くの人々や財宝にあふれていたニネベでした。でもそれらは池から流れ出る水のように、町から失われてしまいます。豊富な金銀財宝はみな、敵によって奪われてしまうのです。

10節からの第三の部分は、それまでのニネベの繁栄ぶりを回顧して、滅亡後の悲惨さを強く訴えています。滅亡して荒廃したニネベは、昔は獅子のように強い町であり、アッシリア帝国も強大でした。その同盟国も子獅子のようにふるまい、雄獅子であるアッシリアから十分な獲物をもらって安全に生活していたので、彼らを脅かすものはありませんでした。けれども彼らの住みかはもはやどこにもありません。主が彼らの戦車を燃やし、その財宝を地から絶やされます。彼らは、外国へ使者を遣わすこともできなくなりました。

この預言の通り、ニネベは紀元前六一二年にメディアとバビロニアの連合軍によって陥落し、アッシリア帝国は滅亡しました。イスラエルが何もしなくても、主がアッシリア帝国に復讐されたのです。しかし、それを喜んでいた南王国も、このバビロニアによって、それから約三〇年後に滅ぼされることになります。このことは明後日から学ぶハバクク書に預言されています。主は、罪に満ちた国はどこの国でも滅ぼされます。また罪を行う者はどの国の人でも滅ぼされます。主は、私たちにはどうされるでしょうか。

主よ。私を探り、滅びに導くような罪がないかを点検してください。私はその罪を心から悔い改めます。

3章

ナホム書3章も前の章に続いて、ニネべの町がバビロニア軍によって滅ぼされる様子を描いています。7節で前後に区切ると理解しやすいでしょう。

前半はまず3節までに、短い文を次々と繰り返して、まるで映画のシーンのようにニネべが侵略されている有様を描写します。そしてその後にニネべを遊女にたとえ、その淫行の罪のゆえにこの町は滅ぼされるのだと宣言するのです。この淫行の罪とは、今までに何度も学んだように偶像崇拝のことも暗示しているでしょう。でも直接的には、アッシリア帝国がその巧みな外交交渉によって同盟関係を結んだ諸国を、自国が危うくなったときには犠牲にしたことを意味していると思われます。経済的また軍事的利益を見せびらかして、小国を利用する大国の政策は、昔も今も変わりません。

その淫行の結果として、ニネべは敵によって愚弄されます。その惨状を見ても、だれもニネべを慰めようとしません。ニネべのために悔やむ者はいないのです。

8節からの後半部分には、紀元前六六三年にアッシリア軍が、一時的にエジプトの首都であったテーべを攻撃して、幼児たちを殺し、高貴な人たちを捕囚としたことが述べられ、それと同じことがこんどはアッシリアの首都ニネべにおこることが預言されています。

テーべは、アモンという神を祭る神殿のあった大都市で、ナイル川の水を引く水路によって守られていました。プテ人やルブ人と同盟していたこの都市が滅ぼされたのと同様、ニネべの民もいちじくの実が人の口に入るように敵の手に陥ります。包囲された時のために飲料水を用意し、城壁補修のためのれんがを用意しても、敵の火攻めにあうと、いなごのように逃げ出すのです。また、アッシリアの王や高貴な者たちの傷は癒えることがないと、厳しく預言されています。

新約聖書には、「神は侮られるような方ではありません。人は種を蒔けば、刈り取りもすることになります」と書かれています。その正しさは歴史が証明しているでしょう。アッシリア帝国だけでなく、アジア諸国を苦しめた日本も、その悪行によって一度は滅びました。再び同じ過ちを犯してはなりません。今の時代の私たち一人一人も、蒔いたものを刈り取るようになることを忘れてはならないのです。

主よ。私は、憎しみや悪口の種ではなく、愛と喜びと平和の種を蒔いて、今日一日を歩んでいきます。

ハバクク書

1章

今日から始まるハバクク書は、アッシリアを滅ぼしたバビロニア帝国が南王国をも占領しようと狙っていた頃に書かれたものと推測されています。エレミヤも同じ頃に活動していました。この時代にハバククは、詩篇に見られるような「魂の叫び」を主に向かって叫んだのです。そして主もそれに答えてくださいました。今日の1章は、4節と11節で三つに区切るとそれがはっきりとわかるでしょう。

第一の部分でハバククは主に向かって叫んでいます。この当時、南王国には暴虐が満ち、律法はもはやないのも同然でした。神の民のそんなひどい状態に心を痛めたハバククは、「主よ。この国を救ってください」と何度も祈っていたのです。しかし何の答えもありませんでした。彼は「いつまでですか、主よ」と、主が正しいさばきをしてくださるように、必死に叫ぶのです。

5節からの第二の部分はこの祈りに対する主の答えです。主は狂暴なカルデア人、つまりバビロニア帝国を起こし、この国によって罪深い南王国をさばくと仰せられました。彼らは、全てを枯らす東からの熱風のように南王国を攻撃する。しかし、彼らは「自分の力を神とする者」だから、彼らもまた罰せられると、主はお語りになるのです。

12節からの第三の部分では、この主の答えに対してハバククが再び訴えています。主よ。カルデア人は私たちよりずっと悪い者たちです。彼らが自分より正しい者を呑み込むことなどあってはなりません。彼らは私たちを魚のように釣り針で釣り上げます。軍事力を神のようにして拝んでいます。軍事力という網で、諸国の民を容赦なく捕らえ、そして殺しているのです。そんなことを許してはなりません、と。

普通なら預言者は神に代わって民に語るのですが、ハバククの場合は民に代わって神に訴えています。それは南王国の現状が余りにもひどいのに、神は何もしておられないように思えたからでしょう。私たちも時として、「なぜ神は黙っておられるのだろう」といぶかることがあります。でも大切なことは、その不満を主に訴えることです。主に祈り求めることです。決して「神などいないんだ」と結論づけてはなりません。主は、求める者に必ず答えてくださいます。

主よ。悪に満ちた現状や正しい者が苦しんでいる現実に失望せず、常に主に訴える心を私に与えてください。

2章

ハバクク書2章は大きく二つに分けられます。4節までの前半は、1章のハバククの質問に対する主の答えであり、後半は高ぶる者に対する主のさばきの宣言です。

まず前半です。主に「なぜあなたは悪いカルデア人を用いて、神の民である南王国をさばかれるのか」という疑問を呈したハバククは、「主が私に何を語られるか」と待っていました。主は彼に答えられます。「幻を板の上に書き記して、確認せよ」と命じた上で、「見よ、彼の心はうぬぼれていて直ぐでない。しかし、正しい人はその信仰によって生きる」と、重要な聖書の真理を彼に示されたのです。

カルデア人も南王国の民も、実は同じ問題をもっていました。それはうぬぼれです。南王国は、神の恵みによって生かされていることを忘れ、自分中心に生きていました。カルデア人は軍事力に頼って、自分が神であるかのようにふるまっていました。だから主はどちらもさばかれるのです。しかし、正しい人は、自分に頼らず、ただ主を信じ、主に信頼して生きていきます。これが聖書の言う「信仰」なのです。

5節からの後半部には「わざわいだ」という嘆きの言葉が五回繰り返され、うぬぼれる者の罪と彼らのさばきが記されています。第一に、彼らは諸国を略奪したので彼らも略奪されるようになる。第二に、彼らは自分の家のために不正な利得を貪った。第三に、圧政によって都を築き上げる者は、主のさばきの火で焼き尽くされる。第四に、自分の友である同盟国を裏切る国は、主の怒りの杯を飲むことになる。第五に、偶像に頼っても、それらは何の役にも立たない。しかし主は、その聖なる宮におられて、必ず悪をさばかれる。

以上の「うぬぼれる者」への警告は、単にカルデア人のみならず、南王国の民にもあてはまります。いえ、すべての人々に対して、主はこの警告をなされているのです。もし私たちが自分の利益のみを追求し、富や名誉という偶像に頼っているのなら、私たちは「信仰によって生きる」者ではありません。新約聖書はこの「正しい人はその信仰によって生きる」という句を三度引用しています。それらはすべて、「正しい人とは、自分の善行に頼る者ではなく、ただ謙遜に主に拠り頼む者だ」という意味で用いられているのです。

主よ。自分が利己的な者であるからこそ、私はあなたに拠り頼みます。どうか私をあわれんでください。

3章

ハバクク書3章は、この書をまとめるハバククの祈りで、詩篇の一つのような形式になっています。冒頭と末尾には聖歌隊への指示が書かれていますし、途中には「ここで止まって考えよ」という意味のセラが三度使われています。前の章で「信仰によって生きる」という真理を悟ったハバククは、その真理をこの歌の中で四つの面から表しているのです。2節、15節、16節で区切ってみましょう。

第一に、信仰によって生きる人は主に祈り求めます。現状がどんなに悲惨であっても、ハバククは「この数年のうちに、あなたのみわざを示してください」と熱心に祈り求めました。信仰はまず、主に激しく求める面があります。

第二に、信仰によって生きる人は主が偉大なみわざをなされると確信しています。3節からの長い部分において、主は必ず来られること、そのときに国々は震え上がること、山や川さえ主の憤りによって動かされること、主はご自分の民を救うために敵の頬を打ち砕かれ、暴虐な戦士たちの頭を突き刺されることなどが述べられています。

第三に16節にあるように、信仰によって生きる人は主のみわざがなされるのを静かに待ち望みます。ハバククは、主の恐ろしいさばきが、自分たちを攻めているカルデア人の国、バビロニア帝国に下される日を静かに待っていました。実際にその日が来たのは半世紀以上も後のことでしたが。

第四に、信仰によって生きる人は現状に左右されずに喜びます。主のさばきの日には、敵軍が田畑を荒らすため、食物も家畜も不足するでしょう。でもハバククは、「私は主にあって喜び踊り、わが救いの神にあって楽しもう」と叫びます。物質的な豊かさが喜びの理由ではありません。主が悪を滅ぼし、救いのわざをなされるから喜ぶのです。

1章でハバククは、自国の罪深さを嘆いていましたが、この章では、主が将来になされることを信じて喜ぶようになっています。これが信仰です。私たちも、自分自身や自分の家庭、また自分の教会、自分の職場、自分の国など、どれをとっても嘆くことがあるかもしれません。しかし信仰によって生きるとは、その中で主が驚くべきみわざをなされるように祈り求め、確信し、待ち望み、喜ぶことなのです。

主よ。私は様々な問題に悩むことがあります。でも私はあなたに拠り頼み、信仰によって生きていきます。

ゼパニヤ書

1章

今日から三日間に渡って学ぶゼパニヤ書は、1章1節からわかるように、南王国のヨシヤ王の時代に与えられた預言です。2章にはニネベの滅びが預言されているので、この書はハバクク書よりは早く、ナホム書と同じ頃に書かれたものでしょう。著者ゼパニヤはヒゼキヤ王から四代目の孫で、貴族階級の生活もよく知っていたようです。今日の1章は南王国の罪に対するさばきを記しています。9節と13節で三つの部分に区切って、その内容を検討してみましょう。

第一の部分です。主のさばきは地の面のすべてのものに及びますが、南王国ユダに住む、主を求めない人々には特に厳しく下ります。まず偶像に仕える祭司たち、天の万象を拝む者、また傲慢にふるまう首長たちや王子たち、外国の異教の習慣を取り入れた者、神殿を冒涜する者、主人の家を欺く僕たちなど、上から下まですべての罪人がさばかれるのです。

10節からの第二の部分では、エルサレムの丘とその近郊から嘆きの声が聞こえると預言されています。魚の門はエルサレムの城壁の北側にあり、そこから北に広がる低地が「第二区」あるいは「マクテシュ区」といわれる商業地でした。この住民は金持ちでしたので、「良いことも、悪いこともしない」神に拠り頼むことなど、馬鹿らしくてできないと思っていたようです。しかし主の日には彼らの財産は略奪され、家もぶどう畑も奪われてしまいます。

14節以降の第三の部分は、主の日がどんな日かを示しています。イスラエルの民は、主の日は敵が滅ぼされる日だと考えていました。しかし実はそれは敵味方の区別なく、罪を犯したすべての人に対するさばきの日なのです。それは主の激しい怒りの日であり、主の愛を無視した者に対する主のねたみの火によって、全土が焼き払われる日なのです。

主の日は、主が人間の歴史に介入される日です。それは主に従わない者にとっては恐ろしい日です。でも主を愛する者にとっては喜びの日であることが、新約聖書になるとはっきりわかります。初代教会が主イエスの復活を記念して設けたのが「主の日」でした。あなたにとって、主の日とは恐ろしい日でしょうか。それとも喜びの日でしょうか。真剣に自問自答してみる必要があるでしょう。

主よ。あなたが大いなる権威をもってこの地上をさばかれる主の日を、心から待ち望む者とさせてください。

2章

ゼパニヤ書2章は、3節で前後に分けられます。前半は南王国に対する悔い改めの勧告ですが、後半は諸外国に対するさばきの宣言で、両者は対照的な内容になっています。

前半部分で預言者ゼパニヤは、南王国の「恥知らずの国民」に訴えています。「主の怒りの日」があなたがたを襲い、風に吹き散らされる籾殻のようにならないうちに、主を尋ね求めよと。へりくだったときに初めて、主を尋ね求め、義や柔和さを尋ね求めることができるのです。自分の生き方に問題はない。自分は立派にやっている。そう思う者は主を求めず、悔い改めに至ることもありません。

4節以降の後半部分には、南王国の周囲の四つの国々が挙げられています。まず西にあるペリシテの都市国家が南から順に名指しされ、彼らのさばきが宣告されます。彼らの土地は南王国ユダの所有となるのです。それは、悔い改めた南王国を主が顧みて、その繁栄を元どおりにされるからです。

次に、東にあるモアブとアンモンの滅びが預言されます。彼らは神の民をそしって高ぶりました。それゆえ、彼らの国はソドムやゴモラのようになります。そしてこの地も神の民の「残りの者」が受け継ぐことになるのです。

さらにはるか南にあるクシュ人、すなわちエチオピア人のさばきが簡単に述べられた後に、北の国であるアッシリアに対するさばきが宣告されます。その当時は繁栄の極致にあったニネベが荒野の動物が住む所になるとの預言です。それは彼らが「私だけは特別だ」とおごっていたからにほかなりません。他の国々を侵略しながら、自分たちの国だけは侵略されないと思っている傲慢さが彼らを滅ぼしました。

主は全世界を治めておられます。どんな国々であっても、どんな人々であっても、主の支配を認めてへりくだって歩むならば、主はその人を訪れてくださいます。でも傲慢にふるまうならば、滅びがその人に近づいてきます。

旧約時代のゼパニヤは、「主を尋ね求めよ。そうすれば、主の怒りの日に、かくまってもらえるかもしれない」としか言えませんでした。でも主イエスが十字架で贖いを完成された今は、「神に近づきなさい。そうすれば、神はあなたがたに近づいてくださいます」との確実な約束があるのです。

主よ。私はあなたとともに謙遜に歩みます。そうでなければ、私は正しく生きることができませんから。

3章

ゼパニヤ書3章は8節で二つに分けられます。前半ではさばきが、後半では救いがテーマとなっていることは明白でしょう。この章でも前半部と後半部は対照的です。

前半ではまず、神の呼びかけを聞こうともせず、神に近づこうともしないエルサレムの罪が示されます。政治家たちは雄獅子や狼のように、弱い者の骨をかじり、宗教家たちも神を裏切って聖なる物を冒していました。彼らは、ご自分の公正を示される主にとって、恥を知らない人々でした。

それゆえ主は、2章の諸外国と同じようにこのエルサレムをも滅ぼされます。それでも主は、「わたしを恐れ、戒めを受け入れよ。そうすれば、その住まいは断ち切られない」と語り続けられるのです。この御声さえも聞かないなら、主は憤りと燃える怒りを彼らに注がざるをえません。

9節からの後半部はこの書のクライマックスとも言える箇所で、主のあわれみのゆえに滅びから救われた「残りの者」について、彼らの三つの特色を述べています。第一に、彼らは主の御名を呼び求める者です。主の御名を呼び求めるならだれも救われ、世界の国々から、遠くクシュの川の向こうから、主への贈り物を携えて来ます。

第二の特色は、主の前にへりくだる者です。主のほかに自分の頼りとする方がない民、主の名に身を避ける民こそ「残りの者」であり、主はこの貧しい民を守り養われます。

「残りの者」の第三の特色は、主が内住される者です。この箇所での「娘シオン」とは、狭い意味のイスラエル民族ではなく、救いの勇士である主を心の内に抱いている者たちすべてを意味していると思われます。主は、全地に散らされたこの民を神の国に集め、地のあらゆる民の間で栄誉ある名を与えてくださるのです。

ゼパニヤ書は、イスラエルと諸外国とを同じように扱っています。主は、彼らの罪のゆえにどちらも滅ぼし、主のあわれみのゆえにどちらも救ってくださるのです。わが国にも少数の「残りの者」がいます。一億二千万の人口の中で、主に祈り、へりくだり、主の内住を信じている者たちこそ、この国を救う者たちです。あなたは自分がその「残りの者」の一人であるという自覚を持っているでしょうか。

主よ。私を「残りの者」としてください。あなたが心の内に住んでおられることを信じて、私は今日も歩みます。

1章

今日明日と学ぶハガイ書はたった二章の短い書ですが、次のゼカリヤ書と密接な関係にあります。ゼカリヤ書の前編と言えるかもしれません。紀元前六世紀の後半、ペルシア王キュロスの命令によってバビロン捕囚から帰還したイスラエルの民は、真っ先に、破壊されていたエルサレム神殿を再建しようとしました。しかしそれを妨害する人たちがいて、再建工事は十八年間も中断されたのです。その頃登場したのが、預言者ハガイでした。今日の1章は、紀元前五二〇年の第六の月におこった三つのことを記録しています。

第一に、主は民の現状を鋭く指摘されました。神殿は廃墟のままなのに民は豪華な板張りの家に住み、「様々な問題があるので、主の宮を建てる時はまだ来ていない」と言っている。自分のことしか考えないから、必死に働いて金を儲けても、穴のあいた袋に入れるようなものだ。そういう状態で良いのかをよく考えよ、と主は仰せられたのです。

第二に、7節から11節には、民のなすべきことが命令されています。犠牲を惜しまずに宮を建てよ。自分中心に生きる者に、わたしは祝福を注がない。自分の家のために走り回る者に対して、天は露を滴らすのをやめ、地はその産物を出すのをやめた。わたしはまた、日照りを呼び寄せた。神を第一としないなら祝福はないと、と主は宣告されるのです。

そして第三に、この主のことばに応答した人々のことが記されています。王家の血筋を引く総督ゼルバベルと大祭司ヨシュア、それに信仰深い「残りの者」がハガイの語る主のことばに聞き従い、立ち上がりました。主もまた「わたしは、あなたがたとともにいる」と約束されたので、最初に主のことばがあって後三週間余りで工事は再開されたのです。

現代でも、会堂建築のためには大きな犠牲が必要です。しかし、それよりも自分の生活のほうを大切に思い、いろんな理由をあげて「主の宮を建てる時はまだ来ていない」と言う場合もあるでしょう。いえ、会堂建築だけではありません。献金でも奉仕でも、まず自分の経済、自分の時間を優先し、「余裕ができたなら」と思ってはいないでしょうか。それでは祝福は注がれません。何を第一にするか、ということは、あなたの信仰の本質を示すことなのです。

主よ。神の国とその義とを第一に求めて生きていく者となるため、まず私の考え方を変えてください。

2章

ハガイ書2章には、神殿工事再開後にもう三度与えられた主のことばが記されています。9節と19節で区切りがつけられることはすぐわかることでしょう。

第一回目は、工事再開後一か月足らずの頃に与えられました。第七の月の二十一日というと、仮庵の祭りの最終日にあたり、本当は豊かな収穫を主に感謝する時でした。でも収穫が目に見えて多くなったわけではありません。さらに、建築が進む主の宮も、以前ソロモンが造った豪華なものに比べると、まるで無いに等しいような小さなものでした。人々が気落ちしている姿が目に浮かぶようです。

その時、主は指導者のゼルバベルとヨシュア、並びにすべての民に「わたしがあなたがたとともにいる」と励まされました。そして、「わたしは間もなく、天地を揺り動かす。この宮を栄光で満たす。この宮のこれから後の栄光は、先のものにまさる」と仰せられるのです。これは主イエスの来臨によって成就する約束でした。

第二回目の主のことばは、10節以降に示されています。それは神殿再建に着手した日からちょうど三か月目に与えられたもので、建築にあたる者たちがその聖さを保つことがどれほどむずかしいかを教えているのです。主は、「この民も、この国も、彼らが作ったすべての物も、汚れている」と厳しく語られます。きっと彼らは、建築を開始しても、収穫物が劇的に増えたわけではないので、疑いを持ちながら建築にあたっていたのでしょう。しかし主は、彼らが主のもとに帰って来るなら、豊かに祝福すると約束されています。

20節からの第三回目の主のことばは、その同じ日に語られています。それは、主がダビデ王の子孫にあたるゼルバベルを選んで、異邦の王国を滅ぼすとの預言でした。これが意味することは、次のゼカリヤ書で明らかになります。

神殿再建にあたっている人々にとって、目に見える祝福がないのは非常につらいことでした。それで彼らは不信仰になったのです。現代の私たちも同じでしょう。しかし私たちに与えられている最高の祝福は、私たちの名が天に書き記されていることです。このことに気がつかないなら、どんな奉仕をしても、それは聖なるものになりません。

主よ。見えない祝福を見ることのできる目を、私に与えてください。私はそれを信じ、喜んで歩みます。

1章

今日から二週間続くゼカリヤ書は、前のハガイ書の続編とも言えるものです。ハガイが神殿再建に焦点をあてているのに対して、ゼカリヤはより広く、未来の出来事までも預言している点、また幻が多数出てくる点がこの書の特色です。今日の1章は、6節と17節で三つに区切れるでしょう。

第一の部分は序文的な意味をもっています。ダレイオスの第二年、第八の月とは、ハガイの励ましによって神殿再建が始まってから二か月後のことでした。一生懸命に建築に励む民に対して、ゼカリヤは「悪の道と悪しきわざから立ち返れ」と語ったのです。「何と的外れなことを」と思われるでしょうか。いえ。実はハガイ書でも警告されていたように、どんなに一生懸命に奉仕をしていても、心が主から離れている場合もありえます。預言者が語る主のことばは、そんな民に「追い迫った」のです。

7節からの第二の部分は、6章まで続く八つの幻の第一番目のものです。序文の時から三か月後、ゼカリヤは馬に乗って世界を行き巡る御使いたちを見ました。世界は安逸を貪り、悪事を行っていたのです。主はこれらの諸国に対しては大いに怒られますが、七〇年近く荒れたままのユダの町々はねたむほど愛して、「再びシオンを慰める」と約束されました。この年は紀元前五二〇年で、エルサレムが陥落した五八六年から六六年が経過していたのです。

18節以降の第三の部分には、第二番目の幻が記されています。四つの角は、北王国ユダと南王国イスラエルと神殿のあるエルサレムの町を滅ぼした国々を象徴しますが、主はこれらの角を恐れさせる四人の職人の幻をゼカリヤに見せてくださいました。彼らは、アッシリア帝国やバビロニア帝国を打ち滅ぼすためにやって来たのです。

神殿再建という大事業に励んでいた民に、これらの幻を通して主は、「歴史は神が支配なさっている」という事実を示そうとされました。神殿建築はそのひとこまです。現在の私たちにも、主は同じことを示そうとされています。私たちをねたむほどに激しく愛してくださっている主は、どんな困難にある時でも、私たちを忘れてはおられません。私たちはただ、このお方のもとに立ち返ればよいのです。

主よ。私の人生はあなたの御手の中にあります。今私は罪を悔い改め、あなたの御腕の中に立ち返ります。

2章

ゼカリヤ書2章は、6章まで続く八つの幻の第三番目のものです。幻自体は前半5節までに書かれており、後半はこの幻についての解説と言えるでしょう。

これは、一人の若者が測り綱をもってエルサレムの大きさを測量しに行こうとしている幻でした。敵軍によって破壊された城壁を再建する準備だったのでしょう。そこへ御使いがやってきて、測量する必要のないことをその若者に告げ知らせたのです。なぜなら、主ご自身が城壁となってエルサレムを守られるからだと、御使いは言います。当時の大都市はみな、その町の安全を確保するために城壁に囲まれていましたから、この御使いのことばは驚くべきことでした。

6節からの後半部には、二つのことが述べられています。まず9節までは、捕囚から帰国することが許されたにもかかわらず、あえてバビロンに住んでいる者たちに、「シオンに逃れよ」と命じます。それは、主が捕囚となったイスラエルの民をご自分の瞳のように守られ、彼らを略奪する者に手を振り上げられるからです。

さらに10節から主は仰せられます。「わたしは来て、あなたのただ中に住む」と。終末の日には全世界の国々が主の民となって平和に暮らすようになり、主も彼らのただ中に住むと約束してくださいます。主は今、聖なる住まいである天におられますが、そこからこの地上においでくださって、この地上を聖なる地としてくださるというのです。これは何という大きな希望の日、大きな喜びの日でしょうか。

1章での二つの幻はイスラエルの国の回復を強調していました。しかし、この章の幻はイスラエルのみならず全世界の回復までも視野に入れています。エルサレムが城壁のない町となるためには、世界の国々がすべて、他の国を侵略しようと考えなくなることが必要だからです。

日本国憲法は軍事力を持たないことを明言していますが、数年後には、自国の防衛を目的として、自衛隊が作られました。「他の国々から侵略されるかもしれない」という心配があったからでしょう。でも聖書は、そんなことを心配する必要のない時が来ると明言します。主がその聖なる住まいから来られるその日を、切に待ち望もうではありませんか。

主よ。早く来てこの世界を支配してください。一日も早く、平和な御国をこの地に来たらせてください。

3章

ゼカリヤ書3章は、6章まで続く八つの幻の第四番目のものです。イザヤ書6章を思い出させるような厳かな箇所と言えます。この章には「大祭司にふさわしい者」という題をつけ、5節で前後二つに区切って学んでみましょう。

前半で主はゼカリヤに、当時の大祭司であったヨシュアが汚れた服を着ていることを訴えているサタンの幻を見せられました。でも主は汚れた服を脱がせ、きよい礼服を着せられたのです。これは何を意味しているのでしょうか。

ヨシュアはバビロン捕囚から帰ってきた者の一人でした。あるいは聖なる大祭司としてふさわしくない異教的な習慣が身についていたのか、あるいは道徳的に非難される何かがあったのか、サタンはそれを取り上げて主に訴えたのです。でも主はヨシュアを「火から取り出した燃えさし」と言われ、さばきの火から救われた者であることを強調されました。そして聖なる礼服を彼に与えてくださったのです。

これを見たゼカリヤは、きっと喜びをこめて「きよいターバンをかぶらせなければなりません」と言ったのでしょう。ゼカリヤはこの幻を通して、主ご自身が、汚れた者でも大祭司にふさわしい者としてくださることを悟ったのでした。

6節からの後半部で主は、きよくされたヨシュアに「わたしの道に歩み、わたしの戒めを守るなら」と仰せられます。礼服を与えられた大祭司だからこそ、その後に主の戒めを守らねばならないのです。でも人間である以上、どんな大祭司でも完全ではありません。だから主は、「わたしのしもべ、若枝を来させる」と預言されます。これは救い主イエスのことです。このお方にはすべてを見通す目があり、主のものであるとの文字が彫られています。このお方が来られる時、全世界は本当の平和で満たされるのです。

罪を赦されて聖なる礼服を着せられ、そして自分から戒めに従って歩む者こそ、大祭司にふさわしい者です。プロテスタント教会は「すべての信者は祭司だ」と主張しますが、それはこの二つを経験してこそ実現するのです。罪の赦しと主への服従。あなたは、この二つを自分のものとしているでしょうか。救い主イエスは、この二つことを私たちに経験させるために、この地上に来られたのです。

主よ。私は、聖なる礼服を与えられたことを感謝して、今日も喜んであなたのみことばに従って歩みます。

４章

ゼカリヤ書4章には第五の幻が記されています。3節までには幻そのものが描かれており、4節からは幻の意味が説明されていると考えれば、わかりやすいでしょう。

細部にこだわらずに文脈から重要点を探るなら、七つのともしび皿を持つ金の燭台と、その背後にある二本のオリーブの木がこの幻の中心だとわかります。12節で明確に記されていますが、ともしびの燃料となるオリーブ油が背後の木から常に供給されていることも大切なポイントです。

後半部分には御使いからの三つのメッセージが述べられています。第一に示されるのが、あの有名な「権力によらず、能力によらず、わたしの霊によって」というメッセージです。総督ゼルバベルの前には、破壊された昔の神殿の瓦礫が山のように積まれていました。しかし、集団的な権力や個人的な能力ではなしえないことを、主の霊はなしとげられます。この確信に立つとき、瓦礫の山は平らにされ、神殿が再建されて、その上に「かしら石」が置かれるのです。

第二のメッセージは、神殿の礎を据えたゼルバベルが必ずそれを完成するとの励ましです。彼が神殿再建に着手したときに、「とても完成なんかできるものか」と蔑んだ人々がいたのでしょう。しかし彼は最後まで、工事に使う重り縄を手放しませんでした。神殿は、七つのともしび皿が周囲を照らすように、全世界を照らす希望の光となるのです。

そして第三に、二本のオリーブの木は「二人の油注がれた者」だとのメッセージが伝えられます。総督ゼルバベルと前の章で学んだ祭司ヨシュアが、神から特別に油注がれた者として神殿再建に用いられるという意味でしょう。けれどこのオリーブの木が油を産出できるのは、太陽や水という神からの恵み、神の霊の恵みによることは明らかです。

今でも私たちは、どんなことをする時でも、「権力によらず、能力によらず、わたしの霊によって」という大原則を忘れてはなりません。家族の救いも、教会の成長も、会堂の建築も、根本的には主の霊によるのです。私たちは主の霊によって励まされて、困難な事業にあたるのです。ですからたとい完成してもそれは自分の誇りにはなりません。ただ主の霊にすがって、今日も生きていきましょう。

主よ。私は今日も聖霊に頼って生活します。一足ひとあし主にすがって、幼子のように歩んでいきます。

5章

ゼカリヤ書5章は、4節までに六番目の幻、それ以降に七番目の幻を記していることがわかるでしょう。

六番目は、長さが九メートル、幅が四メートル半の巨大な飛んでいる巻物の幻でした。まるで魔法のじゅうたんのようです。この巻物には十戒をはじめとして様々な律法が書かれていたと思われます。「盗むな」とか「偽って誓うな」という戒めは、巻物に書かれていた律法の代表として挙げられているのでしょう。この律法に照らし合わせて、全地の面にある罪が暴露され、それらが正しくさばかれるのです。

5節からは第七番目の幻、二三リットルもの大きさのエパ枡の幻で、その中にはすべての罪悪を代表する一人の女が座っていました。このエパ枡を、こうのとりのような翼をもつ二人の女が、シンアルと呼ばれているバビロンの国へ持って行ったのです。このエパ枡は偶像崇拝を意味しているのかもしれませんが、いずれにせよ、この幻はすべての罪がイスラエルから取り去られることを暗示しています。

今までの幻をふりかえってみると、第一から第三の幻は全世界とイスラエルに対する神のさばきと回復を示すもの、第四と第五の幻は選ばれた者たちがその使命を果たすように励ますものでした。この章では、第六の幻で指摘された罪が、第七の幻でイスラエルから取り除かれることを教えているように思われます。これら一連の幻によって、主はご自身の救いの計画を示しておられるのではないでしょうか。

神はまず罪を指摘し、その罪をさばかれることを宣言されます。神は正義を貫かれる方だからです。しかし、神に選ばれた者たちのとりなしによって、罪が取り除かれ、回復されることをも教えておられます。今までの多くの預言者と同じメッセージが、ここにもはっきり見られます。

昔も今も、このメッセージは変わりません。罪は、神が取り除いてくださらない限り、なくなるものではないのです。旧約時代には、このような幻によっておぼろげに示されていた真理は、主イエスの登場によって明確になりました。主イエスの十字架こそ、神のとりなしを現します。主イエスの贖いを信じる以外に、罪が除かれる道はありません。この信仰によって、罪赦された者の歩みをしましょう。

主よ。御子イエスの十字架を感謝します。罪深い私ですが、今日もこの十字架を仰いで生きていきます。

6章

ゼカリヤ書6章は、8節までに1章から続いていた八つの幻の最後のものを描き、後半には以上の幻の結論として大祭司ヨシュアに冠がかぶせられたことを記しています。

まず前半の幻を見てみましょう。これは1章の最初の幻と似たところがあります。1章では全世界の様子を調べることが主眼点でした。しかしここでは全世界を征服することが目的とされています。また、第七の幻は罪が取り除かれることを示していましたが、その直後に全世界が主なる神の支配下におかれることが宣言されるのです。そして神の怒りは鎮められ、全世界に本当の平和が満ちるようになります。

9節からの後半の記事は幻ではなく、実際にあったことだと思われます。捕囚から帰ってきたばかりの三人の人からささげ物を受け取ったゼカリヤは、それを金細工人のヨシヤのところへもっていって冠を作らせ、それを大祭司ヨシュアにかぶらせたのです。これは、今までに何度か学んだ「象徴的行為」と理解するのが適切でしょう。そこには二つの重要な預言的意味があります。

第一に、ヨシュアはギリシャ語読みでは「イエス」である点です。このお方は若枝としてダビデの家を回復させ、当時建築中だった神殿ではない、本当の霊の家を建てて全地を支配される。またこのお方は祭司でもあり、政治と宗教との間に平和の一致がある。これは明確なメシア預言です。

第二に、ヨシュア、つまりメシアの冠は遠く離れていた者たちのささげ物によって作られた点です。これは全世界の人々によって建てられる主の神殿、つまり目に見えない普遍的教会を預言していると解釈できます。これもあのペンテコステの日以来、歴史上に実現してきたのです。

ゼカリヤは、当時建築中の神殿を目の前に見ながら、さらにそれを超えた世界大の神殿に思いを馳せていたのではないでしょうか。私たちも、たといどんなに小さな教会に集っていても、世界に広がる偉大な教会を思い見ましょう。そして全世界の人々がこの教会に集う日が早く来るように祈りましょう。小さな教会が多いこの日本だからこそ、現状を正しく認識しながらも、「わが霊によるなり」と言われる主に信頼し、大きな幻をもって前進しようではありませんか。

主よ。あなたの教会は必ず成長すると信じます。常に大きな幻を抱いて福音を伝える勇気を与えてください。

7章

ゼカリヤ書7章は次の8章とともにイスラエルの回復を預言しています。前の章までの幻はダレイオス王の第二年に与えられたものでしたが、この章はそれから二年後の出来事を記します。これは紀元前五一八年のことで、神殿が破壊されてからちょうど七〇年目、神殿再建が始まって満二年が過ぎた時です。3節と7節とで三つに分けてみましょう。

第一の部分はこの預言がなされた背景を記しています。ここでベテルは人名として扱われていますが、地名と理解するほうが良いでしょう。北王国にあったこの町には、捕囚から帰還した人々が二〇〇人以上いたとエズラ記2章は述べます。その町から、エルサレムの祭司と預言者に質問状が送られてきました。神殿が破壊されてもう七〇年たつし、神殿再建も進んでいる。だから、破壊された時を覚えるためにしていた第五の月の断食を止めてもいいだろうかとの質問でした。

4節からの第二の部分は、この質問に対する答えです。イスラエルの人々は、第五の月のみならず第七の月にも断食していました。でもそれは「神殿破壊は自分たちの罪が原因だった」と主の前に悔い改める心からの断食ではなく、ただ自分たちの不幸を悲しむだけの断食だったことを主は厳しく指摘されています。このような利己的な断食の問題性は、捕囚前の預言者たちがすでに警告していたことでした。

続いて8節からの第三の部分は、本当の断食とは何かを教えています。主が求められるのは、個人的にも社会的にも正しく歩むことである。捕囚前の預言者たちはこれを何度も告げたが、民は耳を鈍くして聞き入れなかった。それゆえ主は大きな御怒りを下し、彼らは捕囚となり、また慕わしいこの国も荒れすたれてしまった。ゼカリヤは、本当の断食とは主の御心を行うことだ、と答えたのでした。

主イエスもパリサイ人の偽善的な断食を批判されました。断食だけでなく、礼拝出席や祈り、献金や奉仕も、神の御心にかなうものではなく、自己満足的なものに陥る危険性がいつもあります。私たちも、祈りが自分の願いをかなえてもらうためだけのものだったり、献金が祝福を得るためだけのものだったりすることはないでしょうか。もしそうなら、今正直に悔い改めましょう。主はそれを望んでおられます。

主よ。利己的で形式的な私の行動を悔い改めます。どうか、すべての点で、誠実に歩む者とさせてください。

8章

ゼカリヤ書8章には、「万軍の主はこう仰せられる」という定型句が十度も繰り返されて、回復されたイスラエルに対する豊かな祝福が述べられています。祝福の内容から考えると、8節と19節で三つに分けられるでしょう。

第一の部分では四度の定型句の後に、主はエルサレムのただ中に住まわれ、そこで老いも若きも男も女も、多くの人々が平和に過ごす日がくると約束なさっています。このことはたとい人間の目には不思議に見えても、ねたむほどにエルサレムを愛される主の恵みによって確実に実現するのです。このとき、彼らは主の民となり、主も彼らの神となることが、だれの目にもはっきりとわかるようになります。

9節からの第二の部分にはさらに四度の定型句があり、ハガイ書で扱われていた神殿建築や、直前の7章での断食の問題が再度論じられます。神殿の礎が据えられる以前にはなかった豊かな祝福が、「今」注がれると主は仰せられます。それはイスラエルの民が真実と平和のさばきを行うようになるからです。第五の月と第七の月以外に、第四の月や第十の月にも行っていた断食が、そのときには楽しみと喜びとなり、嬉しい例祭となることが約束されています。

20節からの第三の部分には、二度の定型句の後に、多くの人々が主の恵みを尋ね求めて全世界からエルサレムに来ることが預言されています。以前にはエルサレムを攻撃するためにやって来た外国語を話す民が、今度は祝福を求めて来るという大転換がおこるのです。それは、ユダヤ人が立派だからというのではなく、主なる神が彼らとともにおられることを諸国の民が知ったからにほかなりません。

これは、今までに学んだ多くの預言者が何度も語ってきた「終わりの日」の祝福を表しています。6章でも見た「若枝」であるメシアがおいでになった後に実現することです。今のこの時代には「本当にそんなことがあるのか」と不思議に思えるかもしれませんが、みことばを信じましょう。主が私たちとともに住み、私たちが神の民となるその日を、心から待ち望みましょう。黙示録の末尾にも約束されているこの日こそ、私たちにとっても真の望みの日です。この望みを抱くとき、断食は喜びの祭りに変わるのです。

主よ。あなたが共におられることこそ私の喜びです。この喜びを回りの人々にも流れ出させてください。

9章

ゼカリヤ書9章から本書の後半部分が始まります。前半のような年号や時代を暗示する出来事が書かれていないので、いつ頃、だれが記したかには諸説があります。私たちは、ゼカリヤがその生涯の晩年に、主から未来のことを啓示されて書いたものと考えて、内容を検討してみましょう。まず9章は、救い主なるメシアが敵に勝利される姿を描いています。8節と10節で三つに区切るとわかりやすいでしょう。

第一の部分は、「勝利の戦い」の記録と言えます。主ご自身がイスラエルの周辺諸国を占領されるのです。北にあるダマスコやハマテ、北西にあるツロやシドン、西にあるアシュケロン、ガザ、エクロン、アシュドデなどのペリシテ人の町々。これらすべてがユダの国に併合されます。また、主ご自身が見張っておられるので、イスラエルを虐げる者はもはやだれもいなくなることも預言されるのです。

第二の部分は、「勝利の入城」について述べます。主は決して軍事力で勝利を取られるのではありません。勇壮な軍馬にまたがってエルサレムに凱旋されるのではなく、重い荷物を背負う柔和なろばに乗って入城されます。主は、戦いを終わらせ、諸国の民に平和を告げることを使命とされているからです。これは、主イエスが十字架にかかるためにエルサレムに入城されたとき、文字通り成就しました。

11節からの第三の部分には、「勝利の結果」が描写されています。主の契約の血によって、捕らわれ人はサタンの支配から解放され、主が人生の暴風の中でも彼らの盾となられるので、勝利に勝利を重ねます。また、彼らは主の民の群れとなり、野獣の攻撃から救われ、主の王冠にきらめく宝石のようになるのです。なんと幸いなことでしょうか。

これらの預言は、私たちの生涯にもそのまま実現します。主イエスは、私たちを罪の世界に陥れようとしているサタンの力から私たちを解放し、私たちの心の中に入ってくださいます。さらに羊飼いのようにすべての誘惑から守ってくださり、ついには私たちを主の冠の宝石の一つとしてくださるのです。そうしていただける者は本当に幸いです。しかし主は力ずくであなたの心に入られはしません。あなたが自分の意志で心の扉を開くのを待っておられるのです。

主よ。私はあなたを心の中にお迎えします。今日も私の心の中にいて、すべての誘惑から守ってください。

10章

ゼカリヤ書10章には、主がイスラエルの羊飼いとなって彼らを祝福されることが預言されています。3節と7節で三つの部分に区切ると、文脈がはっきりするでしょう。

第一の部分は、主なる神こそイスラエルの人々に祝福を与えてくださる方であることを宣言しています。1節の「後の雨」とは麦の収穫期の春に降る雨のことで、この雨がなければ収穫は激減します。そこでイスラエルの民はテラフィムといわれる偶像や占い師に、雨が降るように祈り求めていました。しかし主は、そんな空しいものにではなく、主ご自身に雨を求めよと仰せられます。そして主は、民にこのことを教えない不忠実な羊飼いを罰し、ご自身が真の羊飼いとなって民を訪れ、祝福しようと約束されるのです。

4節からの第二の部分には、主がともにおられるゆえに、民は敵に打ち勝つようになることが記されています。彼らの中から勇敢な兵士や指揮者が出て来て、敵を泥のように蹴散らします。主がユダの家を力づけ、あわれまれ、彼らの祈りに答えられるので、彼らもその子らも、主にあって大いに楽しむようになると預言されています。

8節からの第三の部分は、諸国の民の間にまき散らされていたイスラエルの民を、主は再び約束の地に集められると約束しています。エジプトやアッシリアに捕らえられていた多くの人々は、その子らとともに帰って来ます。彼らは、ヨルダン川の東のギルアデの地や、北のほうのレバノンにまで住むようになりますが、それでもまだ足りないぐらいです。この時、エジプトやアッシリアの誇りは低くされます。しかし、イスラエルの力は主にあり、彼らは主の名によってしか歩き続けることができないことを忘れてはなりません。

この章では、「主が」とか「わたしが」という言葉が強調されていることに注目してください。以上のようなすばらしい祝福を与えてくださるのは、偶像でも指導者でもなく、主なる神ご自身なのです。現在の私たちに与えられているすべての祝福も、主から来ていることに心を留めなければなりません。他の神々からでないことは明白ですが、また、自分の力で勝ち得たものでもないのです。このことを心の中にしっかりと刻みつけ、今日も主に感謝して歩みましょう。

主よ。罪深く愚かな私に、日々の糧や家族、また職場や学校を与えてくださっていることに心から感謝します。

11章

ゼカリヤ書11章は、主が真の羊飼いであるとの前の章のテーマを受け継ぎ、それとは対照的な偽りの牧者の罪を厳しく指摘しています。3節、6節、14節で四つの部分に分けて学ぶと、全体の内容がよくわかるでしょう。

第一の部分には、レバノンの杉の木、バシャンの樫の木、ヨルダンの茂みなど、当時有名だった緑の木々が北から順に滅ぼされていく有様が描かれています。これは、牧者である指導者が正しく羊を導かなかったゆえのさばきでした。

4節からの第二の部分では、イスラエルの住民が「屠られる羊」に譬えられ、悪い牧者が何のあわれみもなく羊を売っていたことが述べられています。羊を買った者たちも、羊を屠って責めを覚えることはありません。これは、イスラエルの民がアッシリアやバビロニアに捕囚となったことを意味しているのでしょう。このような罪のゆえに、主はこの地を打ち砕き、彼らを救い出されません。

7節からの第三の部分はゼカリヤの象徴的行為を描いています。この現状を憂えたゼカリヤは、神の御旨を示すために自分が牧者になり、神と人の間には「慈愛」を、人々の間には「結合」をもたらすために預言しました。でも民はそれを受け入れず、自分もたった銀三十シェケルの賃金しか貰えないような悲惨な結果となったのです。彼は「慈愛」も「結合」も、もはやこの国に通用しないことを悟りました。

15節からの第四の部分で主は、イスラエルの民がゼカリヤを受け入れなかったゆえに、愚かな牧者をこの地におこすと仰せられます。彼は迷い出た羊を尋ねず、傷ついた羊を癒やさず、かえってその羊の肉を食らうのです。しかし主ご自身が、そんな牧者をいつか必ずさばかれます。

ゼカリヤは、迷いの中にあるイスラエルの民を正しく導くために良い牧者となろうとしました。でも民は彼を受け入れませんでした。主イエスも「わたしは良い牧者です」と仰せられたのに、民は受け入れませんでした。今も主は民を導くために良い牧者を教会に遣わされようとしています。しかし神の「慈愛」がわからないとき、牧者と羊の間に、また羊と羊の間に「結合」が失われてしまうのです。深く反省し、常に主の「慈愛」を覚える者となりましょう。

主よ。私にあなたの慈愛を深く知らせてください。そして私たちの群れが強く結合できるようにしてください。

12章

ゼカリヤ書12章から14章までには、「その日」あるいは「主の日」という表現が何度も出てきます。今日の章だけでも七回を数えます。それは、今まで の預言書でも学んだように、主なる神が人間の歴史に介入され、すべてを正しくさばかれる終末の日です。今日の12章では、その日に主は、敵によって苦しめられていたエルサレムの町を回復すると宣告なさっています。9節で前半と後半に二分して内容を学んでみましょう。

まず前半部分は、外面的な回復について記しています。終末の日、地のすべての国々がエルサレムを包囲しますが、主はエルサレムを動くことのない重い石とされ、包囲した国々のすべての馬を打ち、その軍隊を焼き尽くされるのです。エルサレムに陣取るユダの首長たちも、自分たちの力は万軍の主にあることを明確に認識していました。主は、ユダの天幕つまりユダの国の全領土を守られ、エルサレムの住民を大切にかくまわれるのです。彼らはみな、エルサレムを建設したダビデ王のように勇敢で、主の使いのようになると預言されています。でもこれらはすべて、人間ではなく主ご自身がなされることだということを忘れてはなりません。

10節からの後半部では、内面的な回復が述べられます。主は、軍事的にエルサレムを回復してくださるばかりではなく、その住民の内面に恵みと嘆願の霊を注いでくださるのです。彼らはそれまで、主から遣わされた預言者たちをどれほどひどく迫害してきたことでしょうか。それは主ご自身を剣で突き刺すようなものでした。でもその日には、殉教した預言者たちのために、自分のひとり子を失ったかのごとく嘆くようになります。まず王の血統のダビデの氏族と祭司の血統のレビの氏族が、そして残りの氏族も、犯した罪を自分のこととして心から悔い改めるようになるのです。

主の日は、まずエルサレムの回復から始まります。現代に当てはめて言うならば、クリスチャンの回復から始まるのです。主の日は、サタンの力が打ち破られる日というだけでなく、私たち一人ひとりが主の前で真剣に悔い改める日でもあります。私たちの罪が主イエスを十字架につけたのだということをはっきりと認め、自分の罪を正直に告白することこそ、私たちが主の日になすべきことです。

主よ。私は今、あなたの前に一人で立ち、心を点検して罪を悔い改めます。どうか私を回復させてください。

13章

ゼカリヤ書13章には、前の章に続いて「主の日」に起こる出来事が預言されています。一読すれば、6節で前後二つに分けられることは容易に理解できるでしょう。

前半は、エルサレムの民の罪と汚れをきよめる泉が開かれることを記しています。これは前の章の後半で学んだイスラエルの内面的な回復の続きです。まず罪の悔い改めが明確にされた後に、主はきよめの御業を行ってくださるのです。ここには二つのことからのきよめが書かれています。

一つは、偶像からの聖別です。長くイスラエルを迷わせていたもろもろの偶像が断ち滅ぼされ、真の神のみが礼拝されるようになります。さらにもう一つは、偽りの預言者たちが除かれることです。主の名を使って嘘を告げている者は、その両親が彼を突き刺します。だれもが偽りの預言者を見抜けるようになるので、彼らは預言者の制服とでもいえる毛衣を着なくなり、また預言のときに自分につけた傷を説明するために苦しい言い訳をするようになるのです。

7節からの後半部は、主の日のクライマックスとでも言える出来事を預言しています。一人の羊飼いが打ち殺され、その羊の群れが散らされてしまうのです。マタイ福音書26章には、主イエスの十字架の場面でこの箇所が引用されています。しかしその迫害の中から残された三分の一の者が、試練の火によって精製され、きよい主の民とされるのです。

この箇所はイザヤ書53章と同じく、主イエスの受難の預言と解釈することができるでしょう。羊のように愚かな人間は自分の力で自分をきよめることはできません。しかし罪なきお方が身代わりの死を遂げてくださったとの事実に感動した者は、自分も苦難を経験することによってきよめられていくのです。苦難ときよめとは不可分の関係にあります。

主の民の回復とは、自分に都合の良いことをしてくれる偶像や偽りの預言者からきっぱりと離れ、たといそれが苦難の道であっても、常に主の御名を呼んで「主は私の神」と告白して歩むところに実現します。それはご利益宗教と全く逆の道です。苦難を避けず、その中で練りきよめられることを喜びとする生涯です。主イエスがたどられたのは、まさにそういう道でした。あなたはこの道を歩めるでしょうか。

主よ。自分の力ではとても歩めない道です。でも、私の先を歩んでくださるあなたに従って進んでいきます。

14章

ゼカリヤ書14章には、12章から始まった「主の日」に起こる出来事の最終場面が、エルサレムを舞台として描かれています。5節と15節で三つの部分に区切って学んでみましょう。

第一の部分では、それが「戦いの日」であることが示されています。前章の最後の部分に記されていた敵軍によるエルサレム攻撃の有様がより詳しく描写されているのです。ここで、「主が出て行かれる」という一文に注目ください。主がエルサレムの東にあるオリーブ山の上に立ち、敵を木端微塵に打ち破られるのです。そのときオリーブ山は二つに裂けるので、主の民はそこを通って逃げることができます。エルサレムが攻撃されたことは歴史上に何度もありましたが、主の日には、主が現実に来臨されて戦われるのです。

6節からの第二の部分で教えられるのは、主の日は「救いの日」であることです。王となられた主の栄光の輝きのゆえにもはや太陽は必要でなくなります。いつでも光があり、豊かな水が流れ出るのです。イスラエルの全土はアラバ、つまり平地となります。主が臨在されるエルサレムは特別に高められて人々は安らかに住み、どんな敵の攻撃からも守られます。主は敵の中に疫病をはやらせ、同士討ちするようになさり、彼らの財宝や家畜は奪い取られるのです。

第三の部分は16節からです。この部分は、主の日が「聖なる日」であることを示唆しています。生き残ったすべての民はエルサレムで万軍の主である王を礼拝し、奴隷状態から解放されたことを喜ぶ仮庵の祭りを祝います。主を礼拝しない者には祝福は与えられませんが、礼拝する者にとっては、たとい馬につける鈴やいけにえの肉を煮る鍋でさえも、「主への聖なるもの」となるのです。もちろん彼ら自身も聖なるものとされ、もはや損得勘定で礼拝する者はいません。

ゼカリヤ書9章以降の未来を預言する部分は、かくして大団円を迎えます。ゼカリヤは、この「主の日」が来るのを心から待ち望みつつ、この箇所を記したにちがいありません。私たちも、同じ気持ちでこの預言を読みたいと思います。私たちの将来にもきっと様々な戦いがあるでしょうが、主はすべての試練から私たちを救い出し、「主への聖なるもの」としてくださることを信じて進みましょう。

主よ。私は自分のすべてをお献げします。あなたご自身が、私を聖なるものへと造りあげてください。

マラキ書

1章

今日から始まるマラキ書は旧約聖書最後の書物で、エズラ記やネヘミヤ記と同時代の、紀元前五世紀中ごろの作だと推測されています。これら三つの書は、時代背景も共通しています。バビロン捕囚から帰還して後、困難を乗り越えて神殿を完成させたイスラエルの民でしたが、それですぐに生活が豊かになったのではありませんでした。その結果、主に対する不信感が様々なところに生まれてきたのです。今日の1章でも、5節を境として二つの疑問が出されています。

第一に、「主はどのように私たちを愛されたのか」という疑問です。私たちは多くの犠牲を払って神殿を再建したではないか。主が私たちを愛しておられるなら、その苦労に報いてもっと生活を豊かにしてくれてもいいではないか、というふうにイスラエルの民は考えたのでしょう。

主の答えはこうでした。エサウとヤコブは兄弟だが、わたしはヤコブを愛し、エサウを憎んだ。それはヤコブが正しかったからではなく、わたしの選びのゆえだ。エサウの子孫のエドム人が廃墟を建て直そうと言っても、わたしはそれを壊す。でも、あなたがたの神殿は完成したではないか。

第二の疑問は6節以降です。「子なら父を敬うのが当然なのに、祭司たちはわたしを敬わずかえって蔑んでいる」という主のことばに対して、祭司たちは「どのようにして、私たちはあなたの名を蔑んだのか」と反論します。

彼らは盲目の動物や病気の家畜を主へのささげ物として献げていました。それに義憤を感じて、神殿の扉を閉じる祭司もいませんでした。主の名は他の国々の間では偉大なのに、神の民は主の名を汚している。それを注意すると、「なんと煩わしいことか」とうそぶく始末です。損傷のあるものを献げるような者を、主は受け入れなさるでしょうか。

「神が自分を愛しているなら、もっと物質的に豊かにしてくれれば良いのに」とつぶやきながら、傷のあるものしか献げない愚かな民に警告するため、主はマラキを遣わされました。そしてこの書を読む私たちにも、主は同じ警告をしておられます。もし私たちが物質的な貧しさにつぶやき、惜しみながら献金をしているなら、私たちも彼らと同罪です。今、正直に反省してみるべきではないでしょうか。

主よ。目に見えることだけを祝福と考えたり、千円の献金を惜しんだりしている愚かな私を赦してください。

2章

マラキ書2章も9節で前半と後半に分けられるでしょう。まず前半は、前の章の後半に続いて祭司たちに語られている警告です。祭司たちが主に栄光を帰することを心に留めないなら、祝福をのろいに変えると主は仰せられます。しかも、「糞をまき散らす」というような激しい表現さえ使っておられるのです。それは、民の罪をとりなすために主によって特別に選ばれた祭司たちが、その責任を果たさないでいたからでした。出エジプト記やレビ記に記されている、祭司の祖先レビと結ばれた契約が守られていないからでした。

本来の祭司は、5節以降に記されているように、まず自分自身が主を恐れ敬い、民にも真理を教えて彼らを罪から立ち返らせる「主の使い」であるべきでした。しかしそれとは逆に、彼らは多くの者を教えによってつまずかせたのです。それゆえ主は、彼らを蔑まれる者となさいます。

次に10節からの後半部では、イスラエルの民が一体性を失っていることが指摘されています。彼らは、唯一の父なる神によって創造された民でした。この父なる神と一つ思いになって歩むことこそ、この民の取るべき道でした。でも実際には、民は主を裏切って「異国の神の娘」である偶像に仕えるという悲惨な情況だったのです。

それは人と人との裏切りともなりました。神によって一体とされたはずの夫婦が離婚するという悲劇があちこちでおこっていたのです。しかも再婚の相手は金持ちの異国人だったことが、エズラ記に示唆されています。かくして、神の霊の宿っている宮であるはずの夫婦が崩れていきました。主は、「妻を憎んで離婚するなら、暴虐がその者の衣をおおう」と、離婚の悲劇を明言しておられます。

最後の17節は次の章との関連で明日学びますが、これら二つの問題を見るだけでも、「昔も今も同じだな」と思わざるをえません。現在、教会における牧師はもちろんのこと、一般社会でも「教師」と呼ばれる人々が本当に正しく人々を導いているかが問われています。また、離婚は大きな社会問題にもなっています。指導者がその責任を果たし、結婚を尊ぶことは、神からの絶対的な命令です。今の教会そして社会が健全であるために、どうしても必要なのです。

主よ。私はあなたのみことばを私の生活基準とし、正しい結婚生活をおくるよう励みます。助けてください。

3章

マラキ書3章では、前の章に続いてさらに三つの問題が提示されていますす。5節と12節で区切ってみましょう。

第一の部分は、2章末尾で「悪を行う者もみな主の目にかなっているなら、さばきの神はどこにいるのか」とつぶやいていた民に対しての主の回答です。主は、民をさばく道を整えるためにまず「わたしの使い」を遣わし、その後「契約の使者」である主ご自身がさばきのために来ると仰せられます。この方は、金や銀を精錬する火のように、粗悪なものを取り除き、民を純粋なものにされるのです。悪を行う者が主の目にかなっているはずがありません。しかし民は、このお方の来られる日に、耐えられるでしょうか。

6節からの第二の部分には、つぶやく民にも「わたしに帰れ」と招かれる主に対して、「どのようにして、私たちは帰ろうか」と言う民への答えが記されています。収入の十分の一と奉納物とを主に献げることは、律法の重要な定めでしたが、当時の民の多くはそれを行っていませんでした。主に帰るとは、主に信頼して自分の人生も財産もすべてのものを委ねることです。ささげ物は、そのことを表現する一つの手段でした。主は、ご自身を信頼してすべてを委ねる者を祝福されないはずがありません。

13節以降の第三の部分では、「神に仕えるのは無駄だ。悪を行っても栄えている者がいるからだ」と言う者に対して、主が答えておられます。これはヨブをはじめ、詩篇の作者や預言者も真剣に問うたことでした。この世では確かにそのように見える時がありますが、主の「記憶の書」の中では、主を恐れる者とそうでない者とははっきりと区別されています。主が事を行われる日に、主は神に仕える者を確実に「わたしの宝」としてくださるのです。

以上の三つは、現代でも多くの人々が尋ねる質問です。もしあなたが「真面目に礼拝に出席し、献金をささげ、神を信じて歩んでいるが、何一つ良いことがない」と失望しておられるのなら、今、知ってください。主はあなたの誠実な歩みを「記憶の書」の中に記しておられることを。主がすべてをさばかれる日には、必ず豊かに祝福してくださることを。忍耐強く、その日を待ち望みましょう。

主よ。私は、あなたが再び来られる日を待ち望みます。その日まで、私はあなたを恐れて誠実に歩み続けます。

4章

マラキ書4章は旧約聖書最後の章です。不思議にも新約聖書をすでに念頭においているような書き方がされています。多くの人々が不信仰に陥っていた暗い時代に、マラキは義の太陽が昇るのを待っていました。そこで本章には「暁を待ち望んで」という題をつけ、3節と4節で三つの部分に区切って、何が暁なのかを考えてみたいと思います。

第一にそれは、真の義が現れる時です。確かにマラキの時代には悪者が栄えていました。しかし「その日」には、主なる神が高ぶる者や悪を行う者を義によってさばき、彼らを高熱の太陽光線で藁のように焼き尽くされます。でも主を恐れる者たちには、牛舎の子牛を喜ばせるような暖かい光となるのです。それは遠い先のことかもしれませんが、必ずその日が来ることを、マラキは確信していました。

第二に4節から、暁とは真の律法が現れる時と言うことができます。暗い世界に住む者は、どちらに進むべきか、その方向が全くわかりません。しかし律法は光を与えます。確かに、詩篇119篇にあるように「みことばは、私の道の光です」。その日にはモーセが教えた律法が、石の板にではなく、心の板に書かれるようになります。頭だけではなく、心の中に記憶されるようになるのです。

第三のことは5節以降に述べられています。その暁とは、真の預言者が現れる時です。「主の大いなる恐るべき日」が来る前に、父なる神と子なるイスラエルの間に和解をもたらすため、先駆者「エリヤ」が遣わされます。この地を聖絶の物として打ち滅ぼすことなど、あわれみ深い主にとっては耐えられないことだったからでしょう。

そして確かに暁はやって来ました。バプテスマのヨハネの登場です。いえ、もっと驚くべきことがおこりました。「わたしは世の光です」と仰せられるイエス・キリストこそ、暗い旧約時代を経て昇った義の太陽です。多くの預言者が待ち望んでいたお方が、罪ある人間世界にお生まれになりました。新約聖書は、これを伝えることを目的としています。

私たちは、真の義と、真の律法と、真の預言者を正しく知るために、さらに聖書に親しみましょう。ぜひ新約聖書も続けて読んでください。

主よ。旧約聖書を読み通せたことを感謝します。さらに新約聖書も読み通す忍耐力を、私に与えてください。

旧約聖書から新約聖書へ

二年半余りかけて、旧約聖書三九巻の通読に挑戦していましたが、やっと終わりましたね。「ヤッタ！」とガッツポーズをとっても、決して大げさではありません。それほど値打ちのあることです。何回かあるいは何十回か、抜けた日があっても、それはささいなこと。また、「読むには読んだが、何も覚えていない」というのが本音であっても、気落ちしなくて結構です。いつか必ず、「そういえば、ここは昔読んだことがあるな」と思う日が来るはずです。

ある方が、「もし私が旧約聖書の時代に生きていたなら、とっくに滅ぼされていたと思います」とおっしゃいました。正直な告白です。多くの方々も同じ感想をもっておられるでしょう。確かに旧約聖書の示す神は、正しく生きるように子どもをしつける「厳しい父」、あるいは「罪人を裁く王」というイメージが強いのです。イエス・キリストがお生まれになった時代の人々も、同じイメージを抱いていました。

しかし旧約聖書の神は、人間が罪のゆえに滅びるのをほってておけないあわれみ深いお方でもあることが、あちこちで教えられていることも見逃してはなりません。「厳しい父」であると同時に「優しい父」であり、「罪人を裁く王」であると同時に「罪人を赦す王」でもあるのです。

イエス・キリストは、当時の人々が漠然と抱いていた神のイメージを、目の前に明確に示されました。「わたしを見た人は、父を見たのです」と明言されたように、見えない神を見える形で示されたのです。ですから、新約聖書の最初の福音書は、主イエスのご人格と行動を克明に描いています。いえ、福音書のみならず、その後のすべての書も、イエス・キリストがどういうお方かを教えていると言っていいでしょう。明日からの学びはその点に注目してください。

『3分間のグッドニュース』シリーズは、新約聖書も出版されています。一人で聖書を読んで難解だった個所でも、この手引きを用いるなら、少しはよく理解できるでしょう。また、忙しい時には、二章か三章、まとめて読んでくださっても結構です。かえって章と章のつながりがはっきりするかもしれません。明日から八か月余り、楽しみながら、ご一緒に新約聖書も読み通しましょう。

主よ。明日から始まる新約聖書の学びで、より深く主イエスがわかるように、弱い私を助けてください。

著者略歴：

鎌野善三（かまの・よしみ）

1949 年、兵庫県に生まれる。

国際基督大学卒業後、関西聖書神学校、Western Evangelical Seminary、Fuller Theological Seminary で学ぶ。

３つの教会の牧師として奉仕した後、2015 年 4 月から関西聖書神学校校長として後輩の指導に当たった。現在、西宮聖愛教会牧師。

著書:3 分間のグッドニュース［律法］（改訂新版 2019、²2022）、3 分間のグッドニュース［歴史］（改訂新版 2019、²2021）、3 分間のグッドニュース［詩歌］（改訂新版 2019、²2022）、3 分間のグッドニュース［福音］（改訂新版 2019、²2021）、チャレンジ！ 聖書通読（2021、²2022、以上ヨベル）
3 分間のグッドニュース［律法］（2002、³2016）、3 分間のグッドニュース［歴史］（2002、⁴2016）、3 分間のグッドニュース［詩歌］（2003、⁴2016）、3 分間のグッドニュース［預言］（2004、⁴2017）、3 分間のグッドニュース［福音］（2001、⁶2016）

3 分間のグッドニュース［預言］
――聖書通読のためのやさしい手引き書

2020 年 7 月 30 日 改訂新版　第 1 刷発行
2022 年 10 月 1 日 改訂新版　第 2 刷発行

著　者 ── 鎌野善三
発行者 ── 安田正人
発行所 ── 株式会社ヨベル　YOBEL, Inc.
〒 113-0033 東京都文京区本郷 4-1-1　菊花ビル 5F
TEL03-3818-4851　FAX03-3818-4858
e-mail : info@yobel. co. jp

装丁 ── ロゴスデザイン：長尾　優

印刷所 ── 中央精版印刷株式会社

配給元―日本キリスト教書販売株式会社（日キ販）
〒 162 - 0814　東京都新宿区新小川町 9 -1
振替 00130-3-60976　Tel 03-3260-5670

ISBN978-4-909871-22-0 C0016

聖書は、『聖書 新改訳 2017』（新日本聖書刊行会発行）を使用しています。

【書評再録：『本のひろば』２０２０年３月号】

「牧会」の中から生まれた貴重な手引き書

鎌野善三著
3分間のグッドニュース「律法」
――聖書通読のためのやさしい手引き書

評者：坂野慧吉

以前、鎌野善三先生から、「3分間のグッドニュース」をプレゼントしていただいて、興味深く読ませていただいたことがある。今回新改訳聖書２０１７版が出版されるに当たり、その中の「律法」の部分を改訂して出版された。クリスチャンにとって、「旧・新約聖書」を通読することは、とても大事なことである。私も50年ほど前、クリスチャンになったばかりの時に、通読した記憶がある。しかし、それはただ「通読した」という記憶があるだけで、ほとんど何も覚えていないし、恵みを味わった記憶もない。その後、「注解書」を見ながら、「通読した」こともあり、また、何も参考にしないで「通読した」こともある。また今も出版されている「通読のための助けになる」テキストに従って通読したこともある。

このような「通読」が無駄であったとは思わない。聖書を読んですべてを「理解」し、すべてを「記憶し」、すべてを「実行する」のはなかなか難しいと思う。このような、経験をしているクリスチャンは少なくないと思う。「聖書通読」のためには「注解書」ではなく、「神学書」でもなく、「説教集」でもない。「聖書通読の助け」が必要とされている。このような必要に鎌野善三先生の「3分間のグッドニュース」は大きな助けとなる。今回の改訂版を読ませていただいて、さらに読みやすくなっていると実感できる。

第一に、「創世記」「出エジプト記」「レビ記」「民数記」「申命記」のそれぞれのはじめに、コンパクトな「解説」がなされているのはありがたいと思う。これを読むことによって、それぞれの書物の概要を知り、記された目的やテーマを知ることができ、それによって「創世記」「出エジプト記」などを「読むための土台」が据えられる。

第二に、通読のために、聖書の箇所「一章」ずつが分けられ、何よりも、最初に「聖書本文」を読むように、すすめられている。これは、とても大切なことである。聖書通読の目的は、何よりも牧師や聖書学者の「解釈」を知り、それを理解することではなく、「聖書そのもの」を読み、味わい、自分のものとすることにあるからである。

第三に、聖書箇所を読んだ後に、1ページにコンパクトにまとめられた解説を読むことが奨められている。聖書を読み、聖書を味わい、その後に聖書の解説を読むということである。聖書を味わう時、私はその箇所を何回も読み、その箇所を思い巡らし、聖霊の光によって、深い洞察が与えられ、慰めと希望が与えられる。時に深く罪を示される。その後に、解説を読むと、また違った観点から光が与えられる。この「グッドニュース」は分かりやすい。そして決して自分の解釈を押し付けない。

第四に、著者がその箇所から神によって示されたことをさりげなく、短く記している。これも大いに参考になる。

最後に、祈りが記されている。聖書を読んで理解しただけではみことばは自分のものにならない。「みことばへの応答」としての「祈り」が大事である。著者は、短くご自分の「祈り」を記されている。これも味わい深い。実際に鎌野先生が祈ったいのりであろう。

先生の「牧会」の中から生まれた貴重な書物であり、さらに「聖書通読」が進められるために、本書が用いられることを願っている。

（さかの・けいきち＝浦和福音自由教会牧師）